AF523546

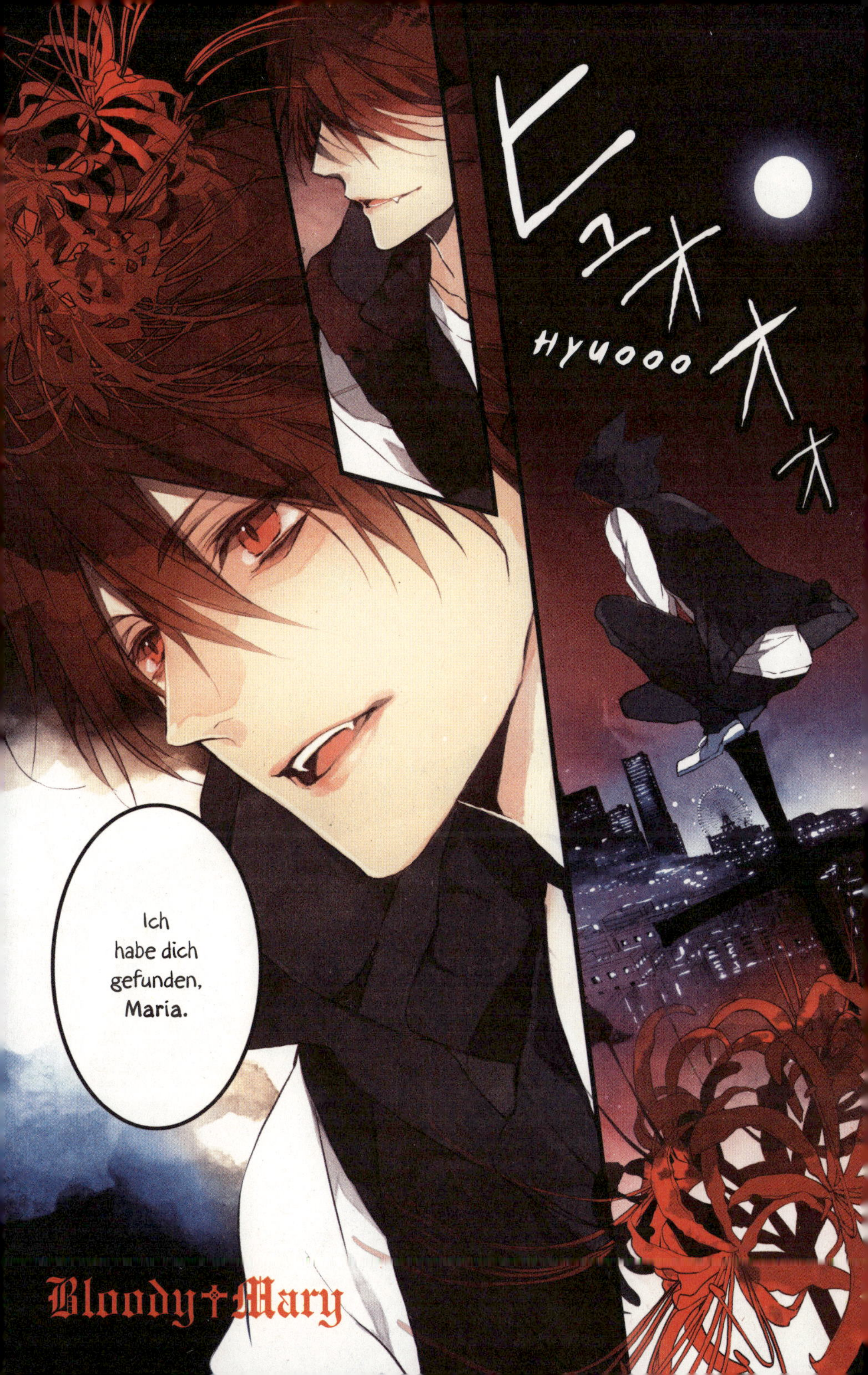
ヒュオォォォ
HYUOOO
Ich habe dich gefunden, Maria.
Bloody✝Mary

BLOOD✠1 Der Vampir, der sterben will

1✠Mary

A vampire who wants to die. And a priest who wants to live.
Crossing purposes in life and death.

Akaza Samamiya

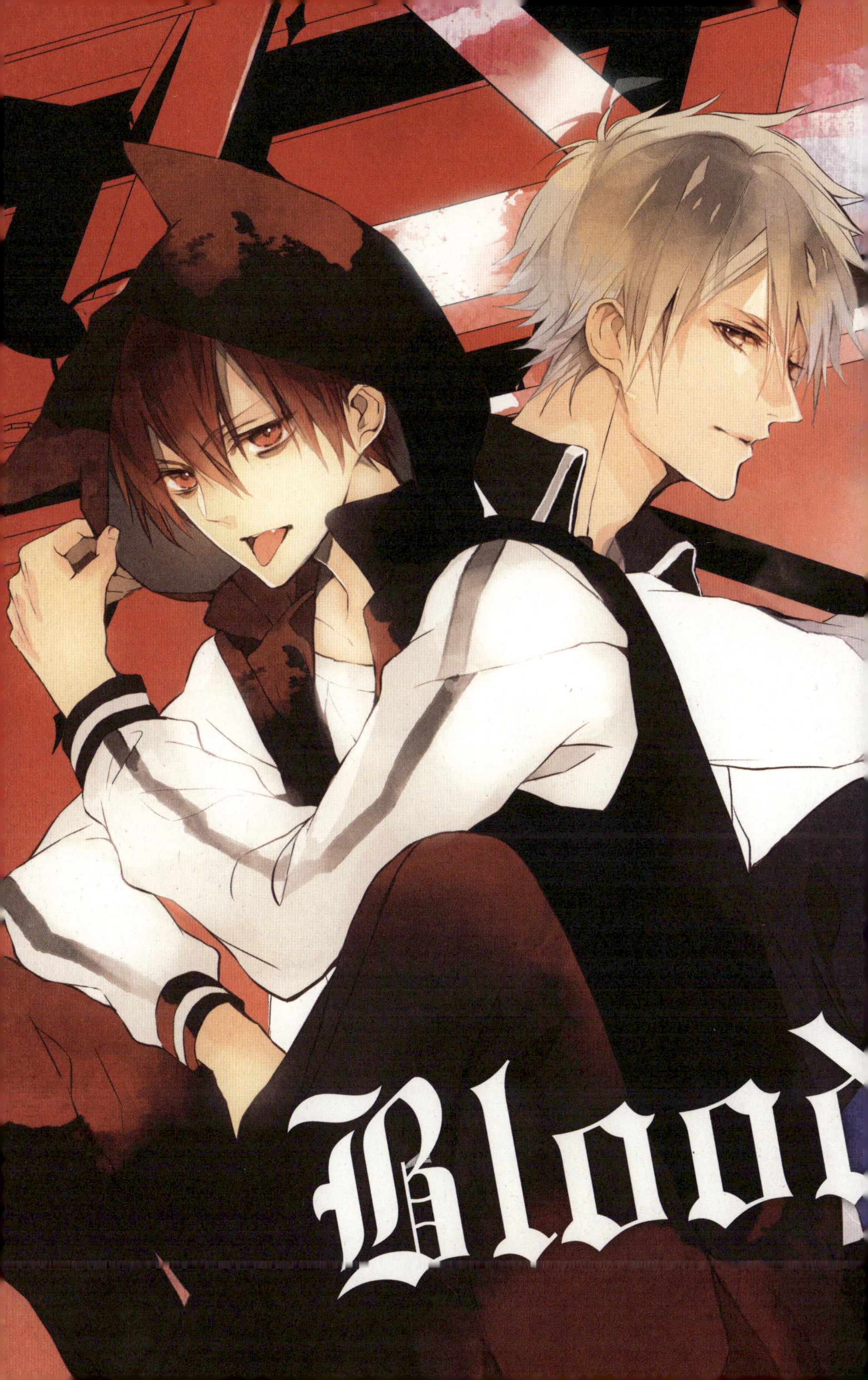
Bloo

Akaza Samamiya präsentiert

Bloody+Mary

1

A vampire who wants to die. And a priest who wants to live.
Crossing purposes in life and death.

Inhalt

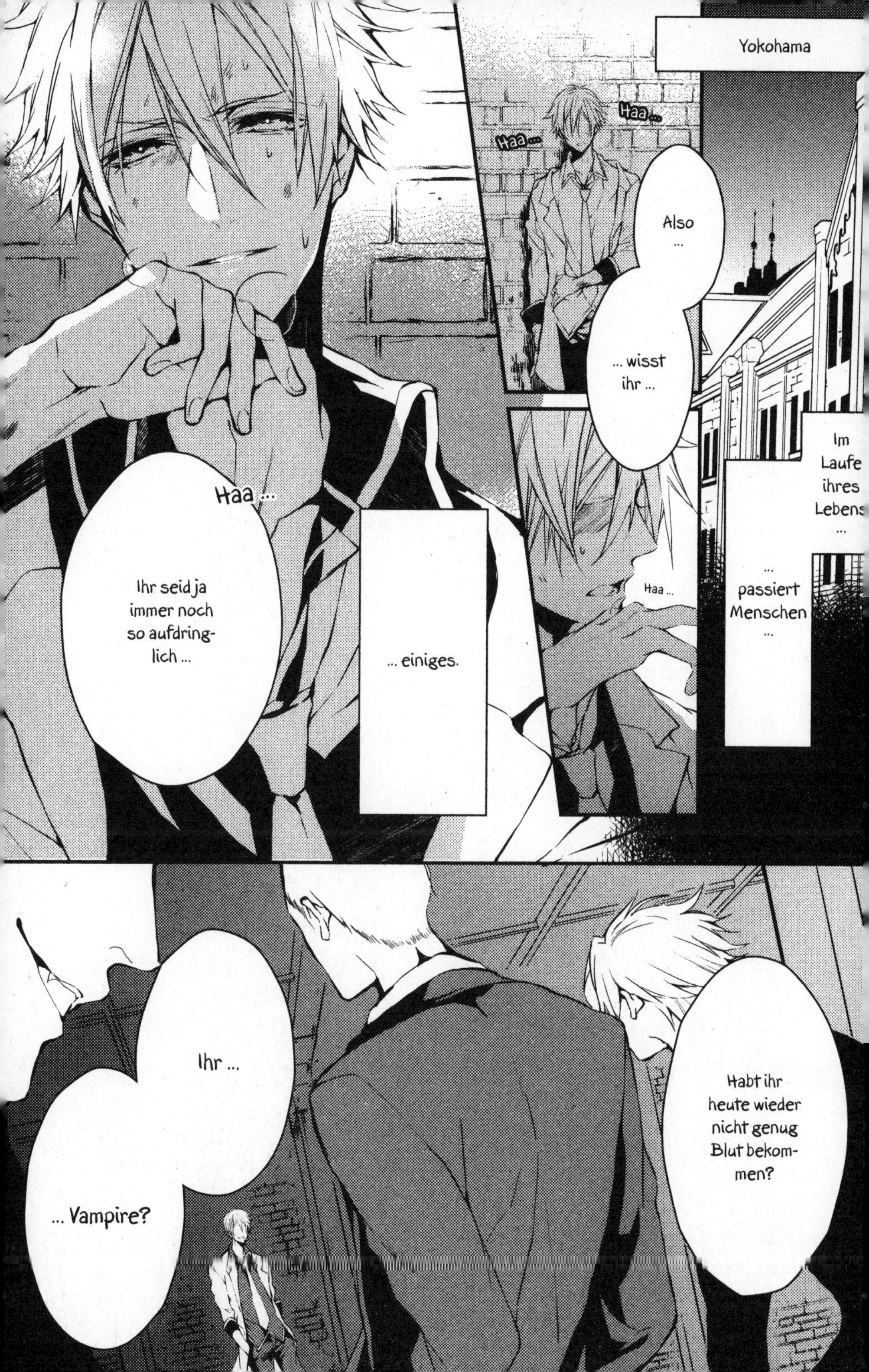
Yokohama
Haa ...
Haa ...
Also ...
... wisst ihr ...
Im Laufe ihres Lebens ...
... passiert Menschen ...
... einiges.
Haa ...
Haa ...
Ihr seid ja immer noch so aufdring-lich ...
Habt ihr heute wieder nicht genug Blut bekom-men?
Ihr ...
... Vampire?

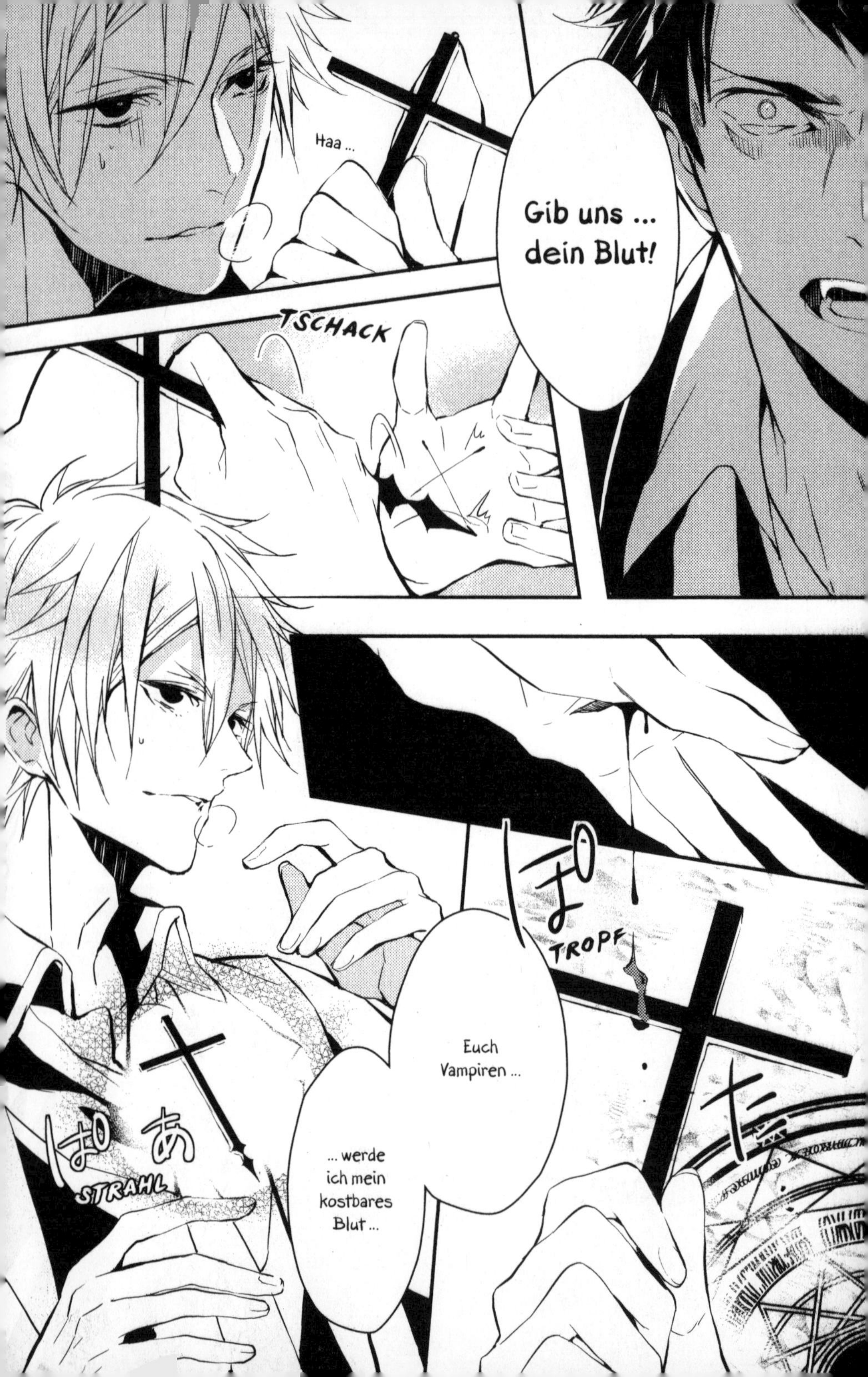
Gib uns ... dein Blut!
Haa ...
TSCHACK
TROPF
Euch Vampiren ...
... werde ich mein kostbares Blut ...
STRAHL

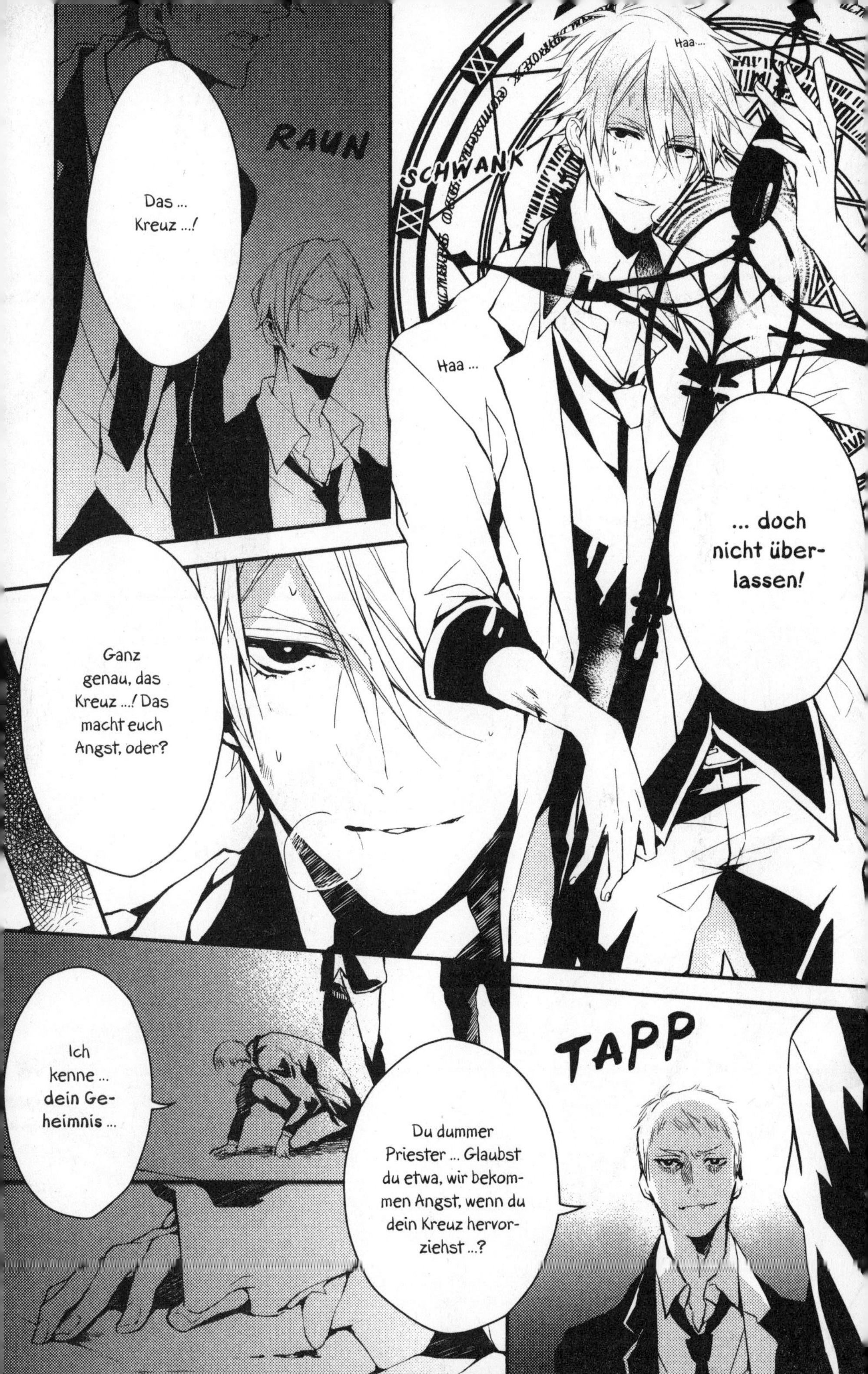
Haa ...
SCHWANK
Haa ...
... doch nicht überlassen!
RAUN
Das ... Kreuz ...!
Ganz genau, das Kreuz ...! Das macht euch Angst, oder?
TAPP
Du dummer Priester ... Glaubst du etwa, wir bekommen Angst, wenn du dein Kreuz hervorziehst ...?
Ich kenne ... dein Geheimnis ...

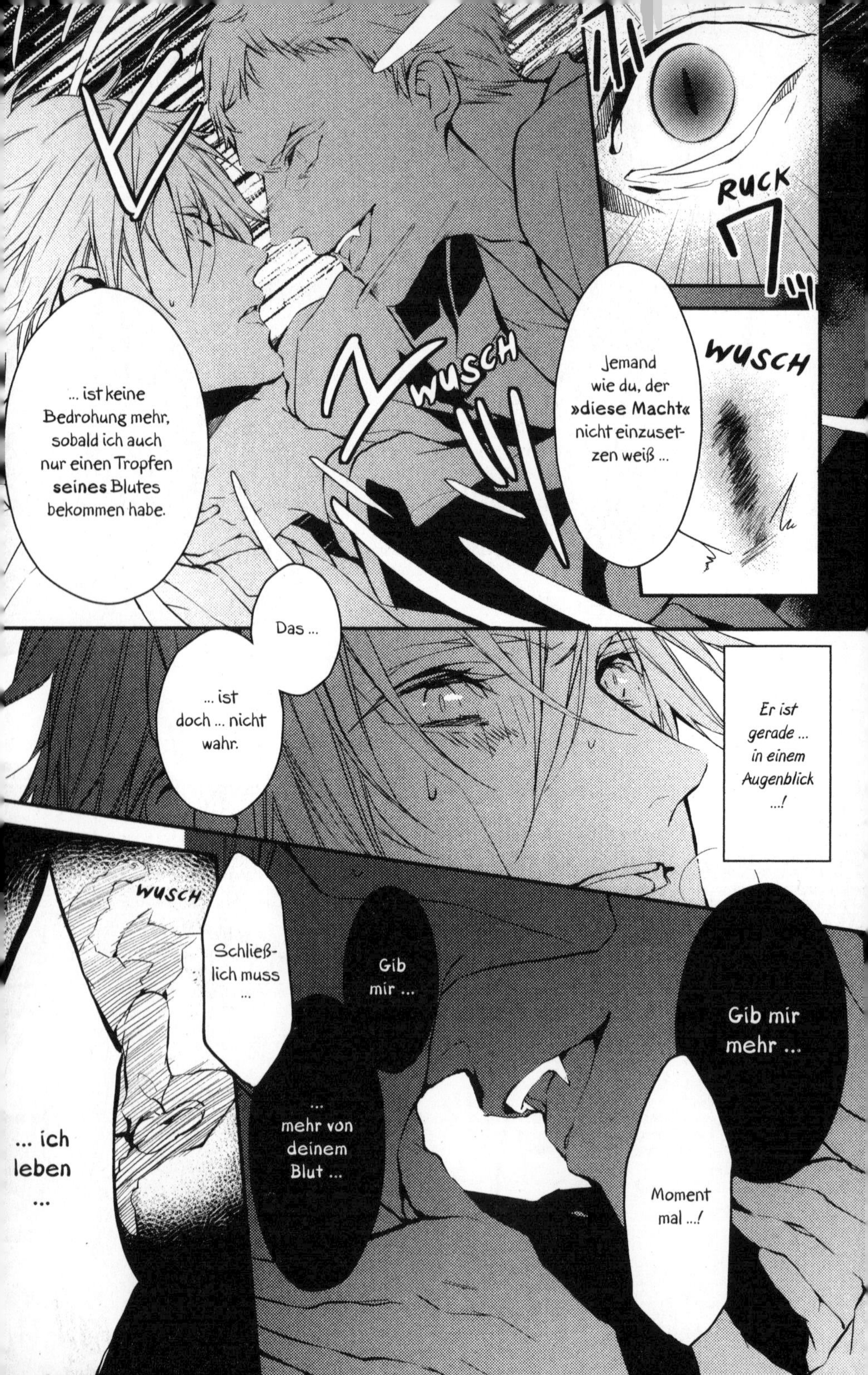
RUCK
WUSCH
Jemand wie du, der »diese Macht« nicht einzusetzen weiß ...
WUSCH
... ist keine Bedrohung mehr, sobald ich auch nur einen Tropfen seines Blutes bekommen habe.
Er ist gerade ... in einem Augenblick ...!
Das ...
... ist doch ... nicht wahr.
Gib mir mehr ...
Moment mal ...!
Gib mir ...
... mehr von deinem Blut ...
Schließlich muss ...
WUSCH
... ich leben ...

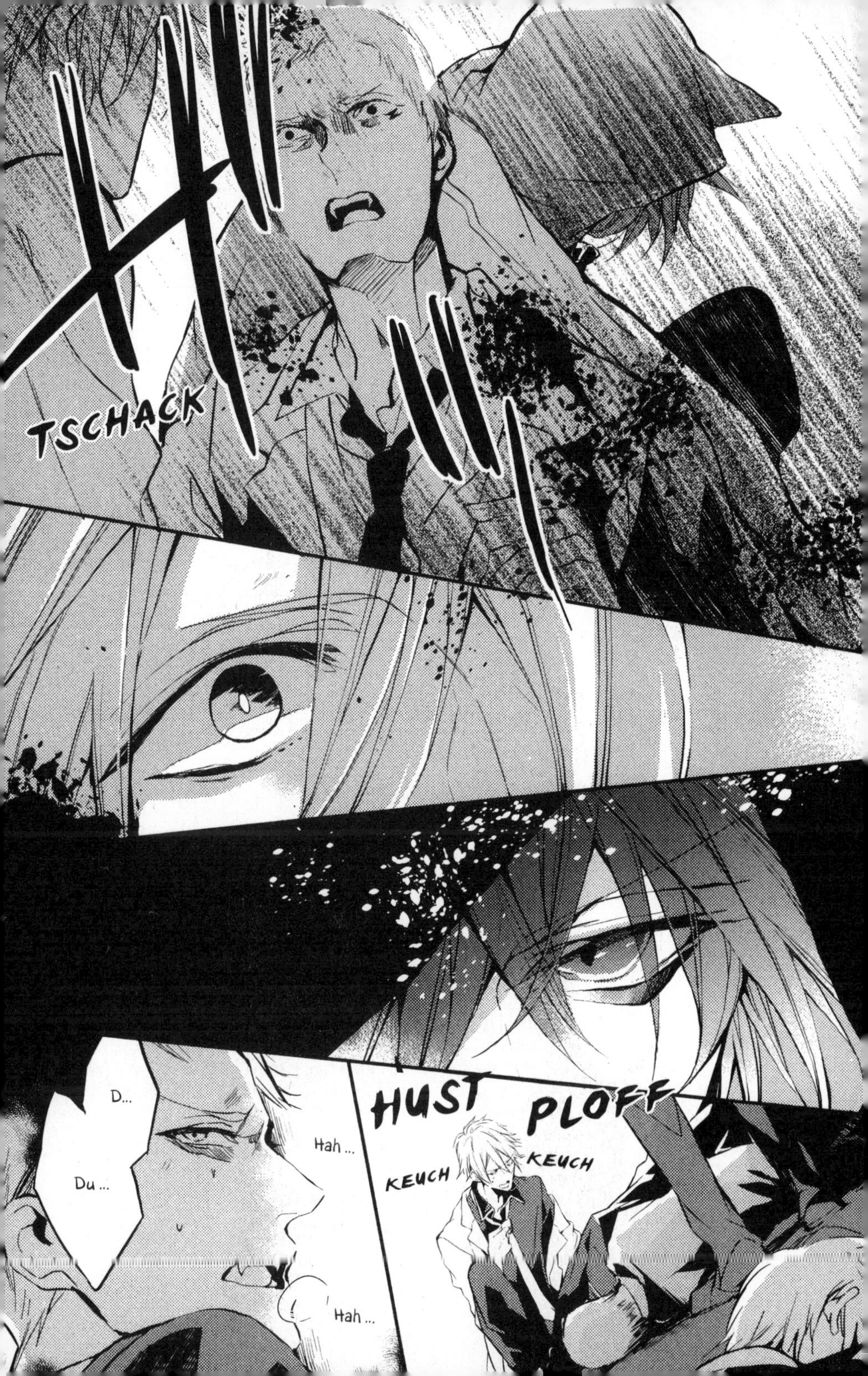
TSCHACK
PLOFF
HUST
KEUCH
KEUCH
D...
Du ...
Hah ...
Hah ...

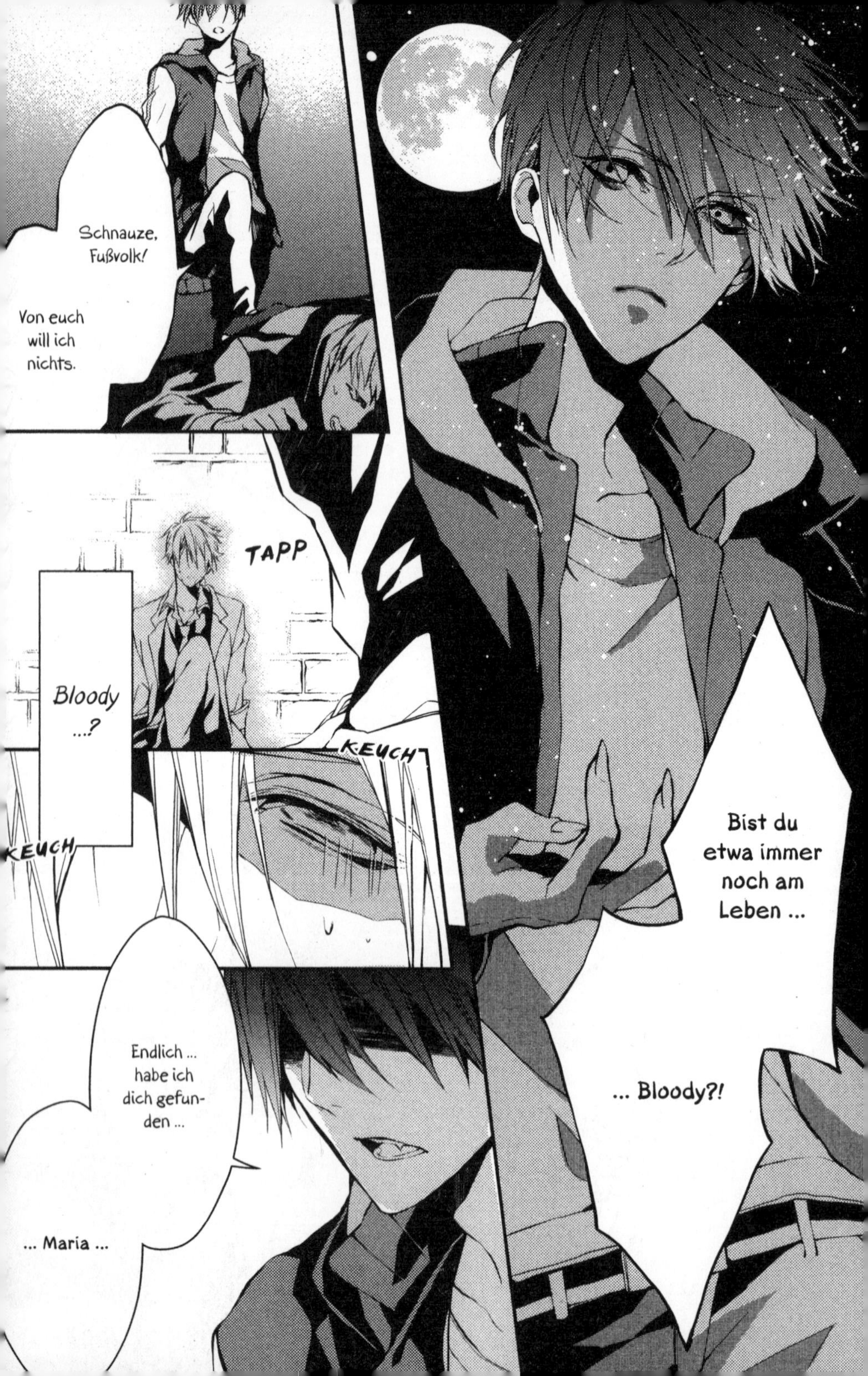
Bist du etwa immer noch am Leben ...
... Bloody?!
Schnauze, Fußvolk!
Von euch will ich nichts.
TAPP
Bloody ...?
KEUCH
KEUCH
Endlich ... habe ich dich gefunden ...
... Maria ...

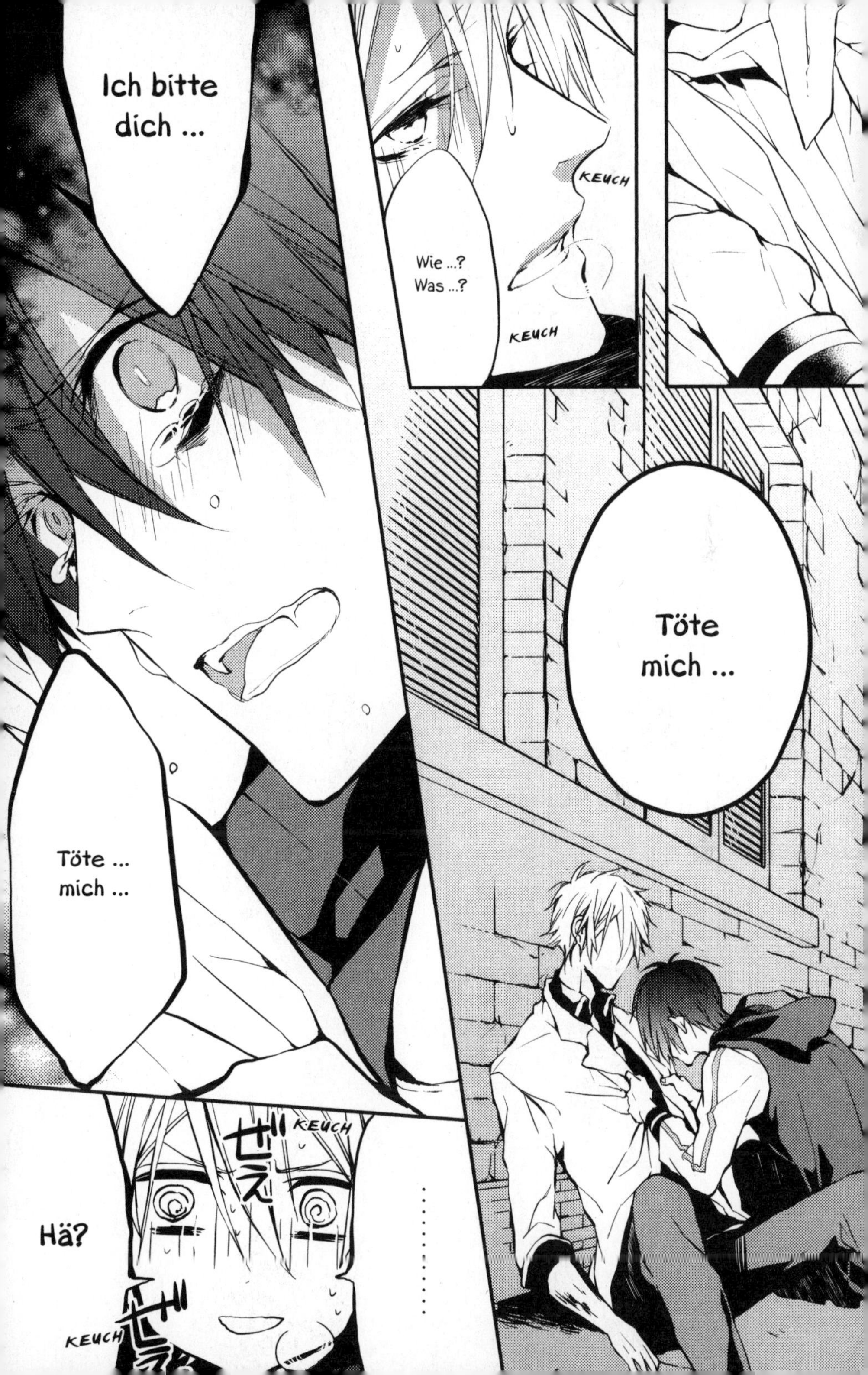

KEUCH
Wie ...? Was ...?
KEUCH
Ich bitte dich ...
Töte ... mich ...
Töte mich ...
KEUCH
......
Hä?
KEUCH

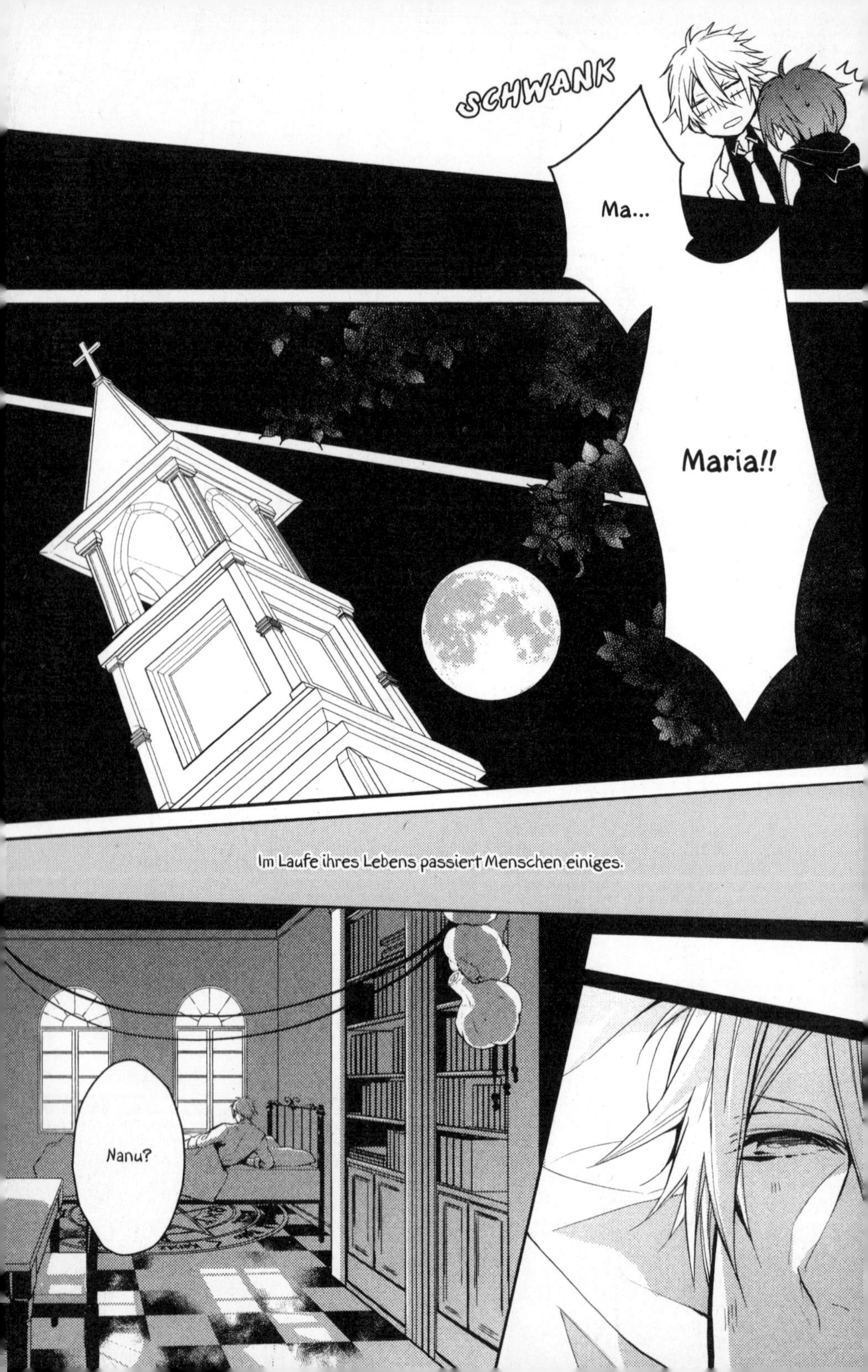

SCHWANK

Ma...

Maria!!

Im Laufe ihres Lebens passiert Menschen einiges.

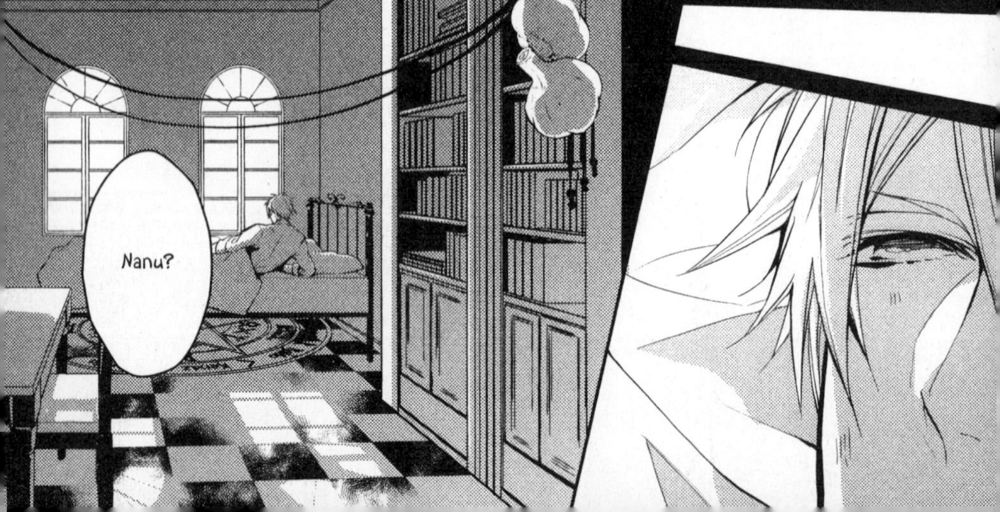

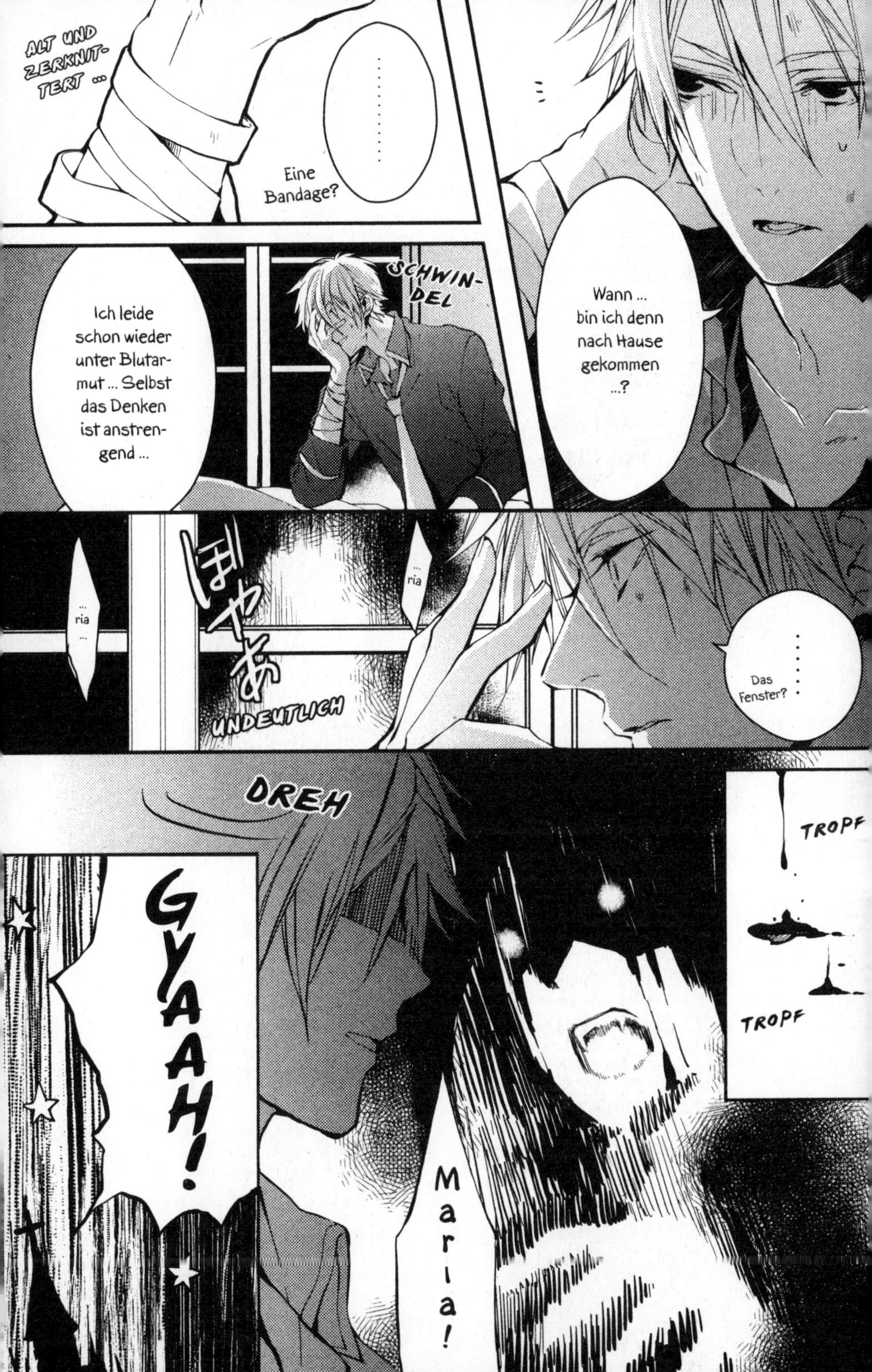

Alt und zerknittert ...
......
Eine Bandage?
...
Wann ... bin ich denn nach Hause gekommen ...?
Schwindel
Ich leide schon wieder unter Blutarmut ... Selbst das Denken ist anstrengend ...
......
Das Fenster?
... ria
ぼやぁ
Undeutlich
... ria ...
Tropf
Tropf
Dreh
Maria!
Gyaah!

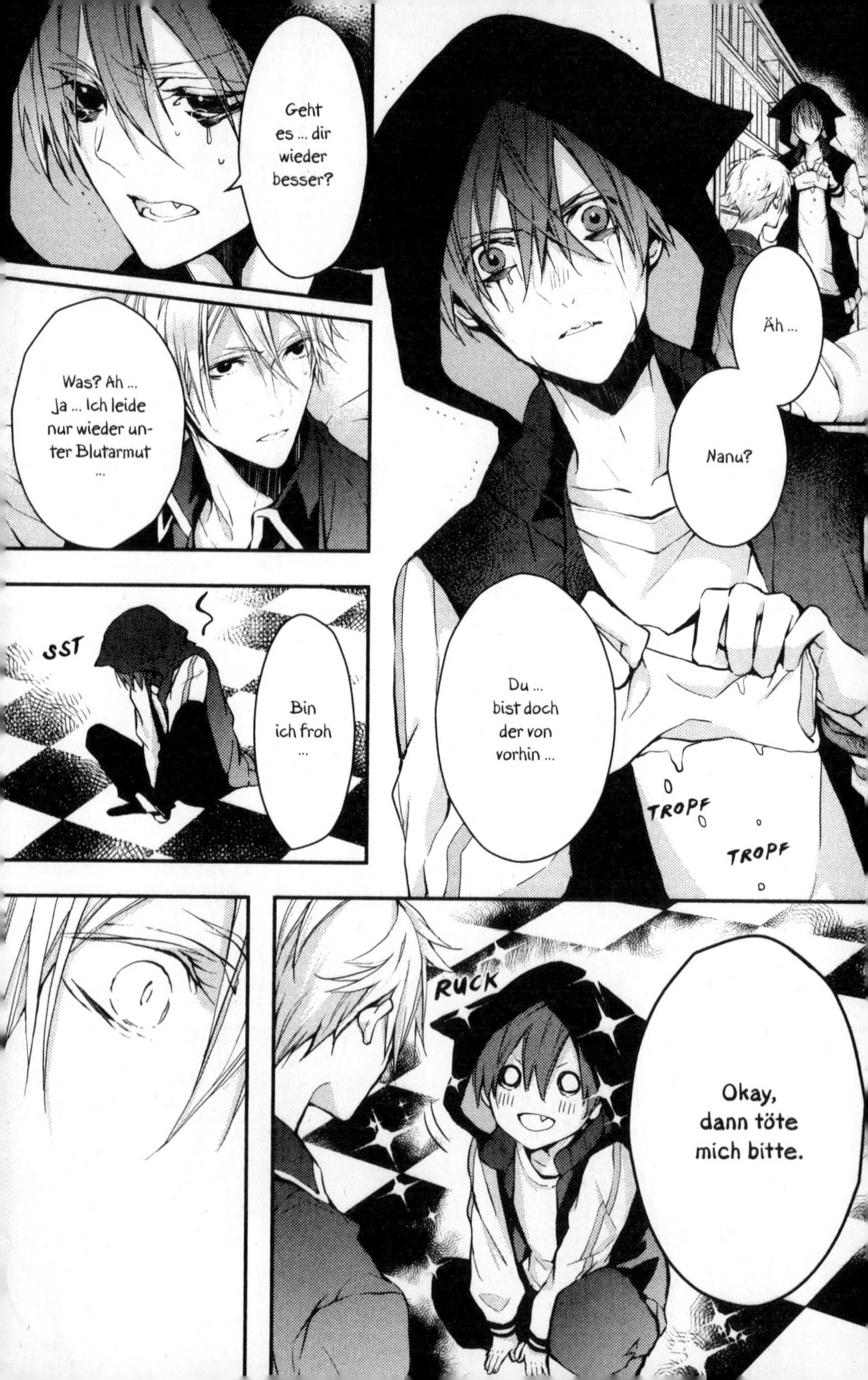
Äh ...
Nanu?
Du ... bist doch der von vorhin ...
TROPF
TROPF
Geht es ... dir wieder besser?
Was? Ah ... Ja ... Ich leide nur wieder unter Blutarmut ...
SST
Bin ich froh ...
RUCK
Okay, dann töte mich bitte.

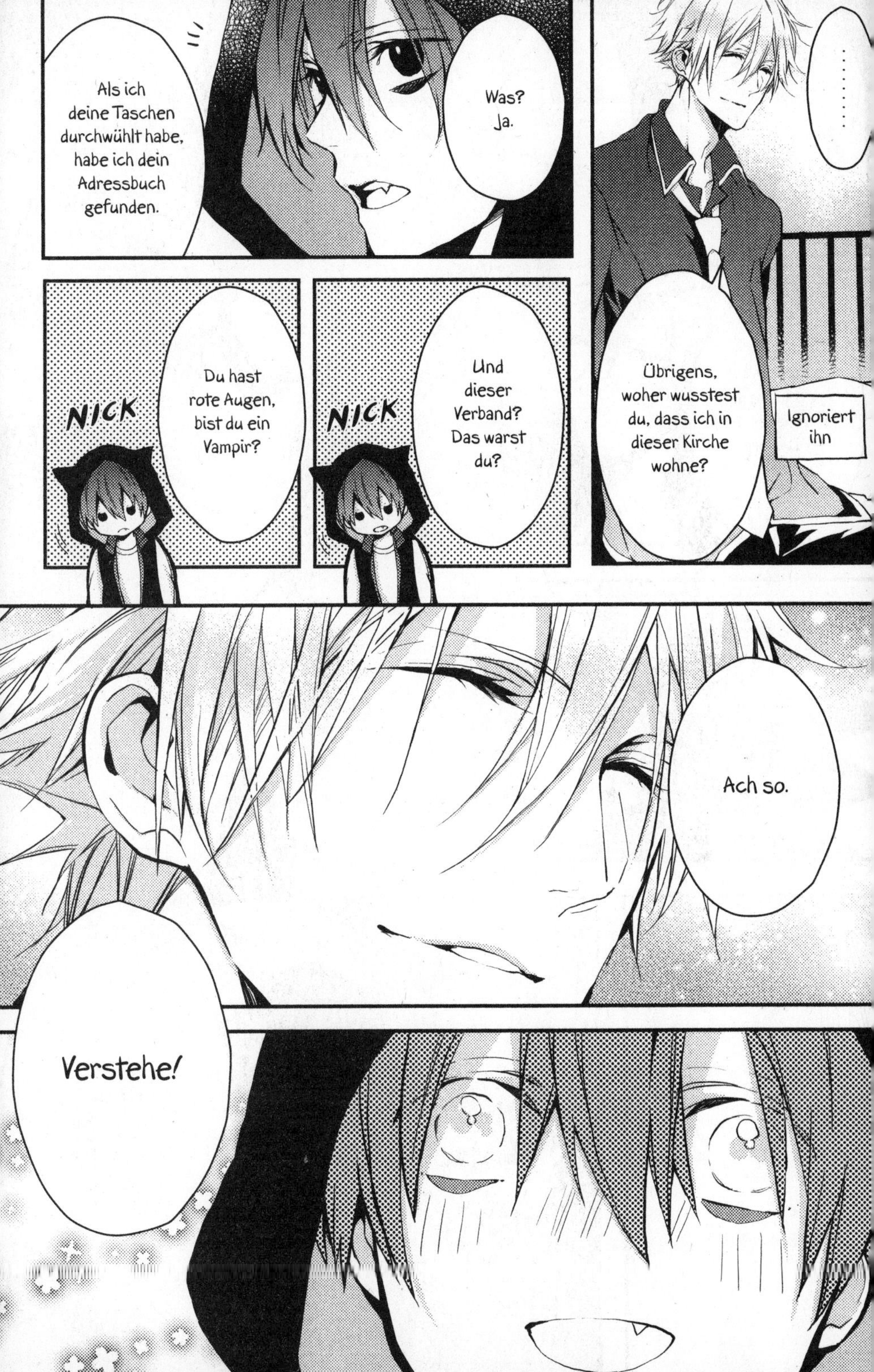
……
Ignoriert ihn
Übrigens, woher wusstest du, dass ich in dieser Kirche wohne?
Was? Ja.
Als ich deine Taschen durchwühlt habe, habe ich dein Adressbuch gefunden.
NICK
Und dieser Verband? Das warst du?
NICK
Du hast rote Augen, bist du ein Vampir?
Ach so.
Verstehe!

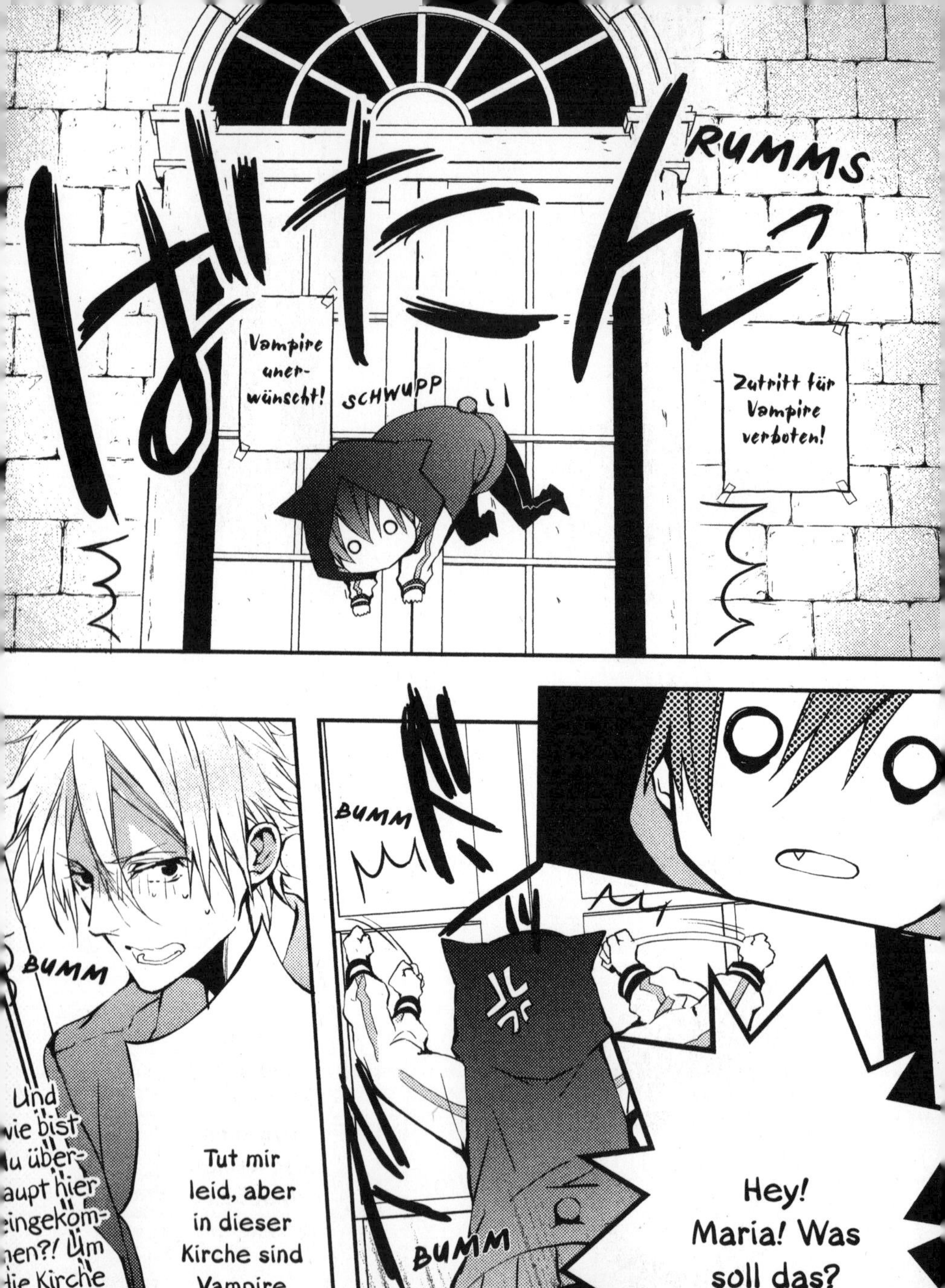
RUMMS
Zutritt für Vampire verboten!
Vampire unerwünscht!
SCHWUPP
BUMM
Hey! Maria! Was soll das?
BUMM
BUMM
Tut mir leid, aber in dieser Kirche sind Vampire nicht erwünscht!
Und vie bist u überaupt hier ingekomnen?! Um die Kirche st doch ein Bannkreis gezogen?!

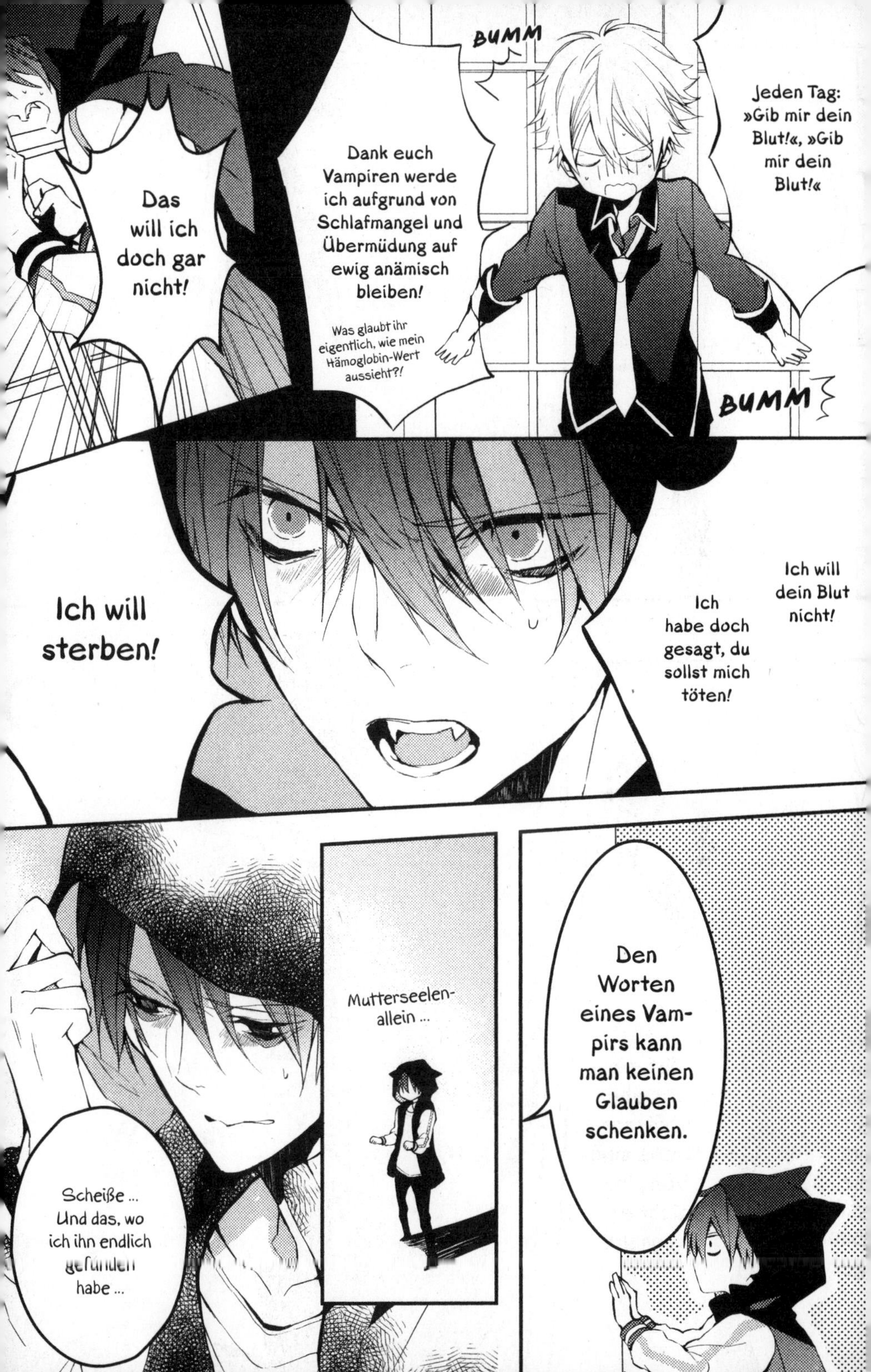
BUMM
Jeden Tag: »Gib mir dein Blut!«, »Gib mir dein Blut!«
BUMM
Dank euch Vampiren werde ich aufgrund von Schlafmangel und Übermüdung auf ewig anämisch bleiben!
Was glaubt ihr eigentlich, wie mein Hämoglobin-Wert aussieht?!
Das will ich doch gar nicht!
Ich will dein Blut nicht!
Ich habe doch gesagt, du sollst mich töten!
Ich will sterben!
Den Worten eines Vampirs kann man keinen Glauben schenken.
Mutterseelen-allein ...
Scheiße ... Und das, wo ich ihn endlich gefunden habe ...

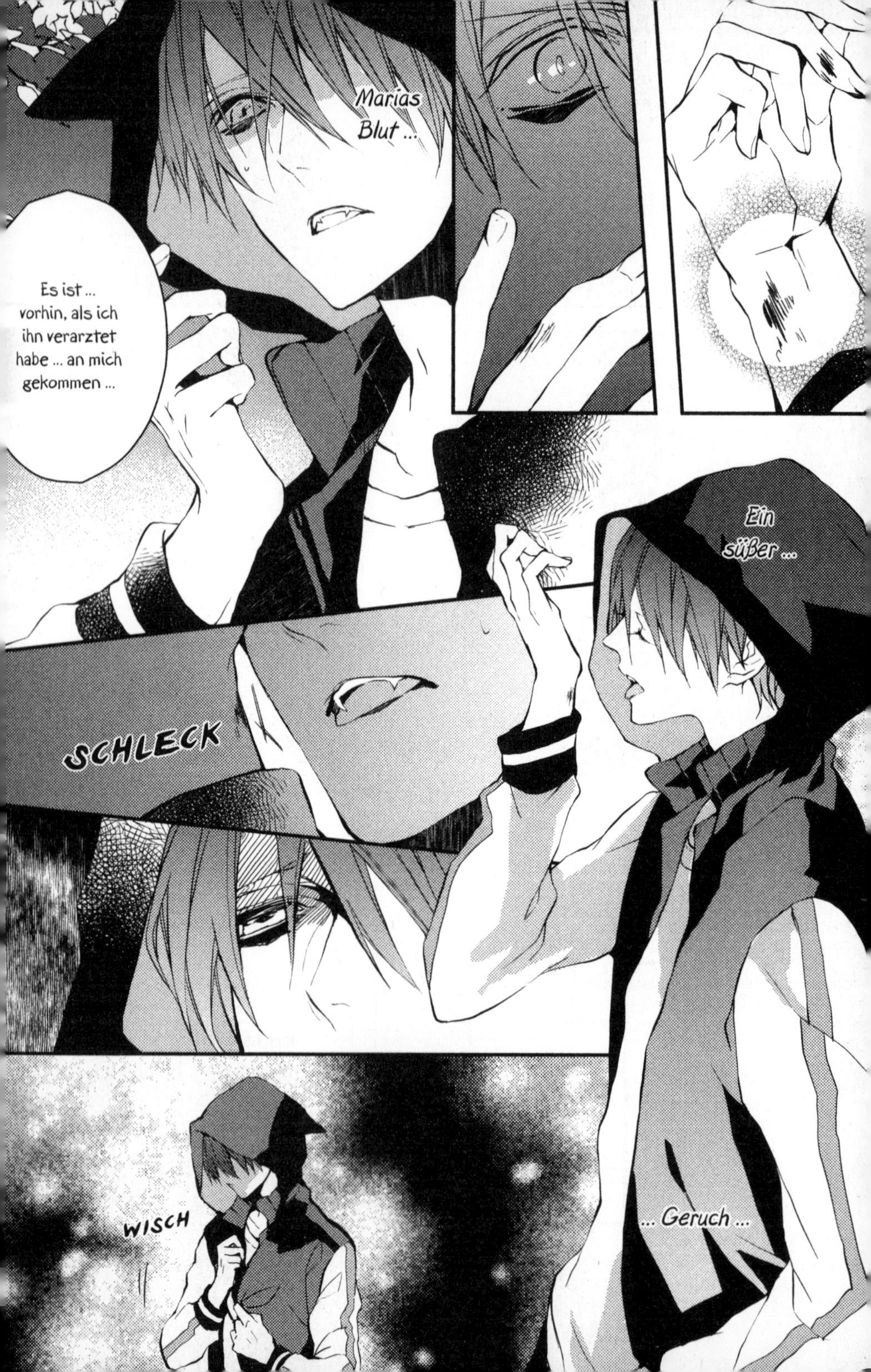
Marias Blut ...
Es ist ... vorhin, als ich ihn verarztet habe ... an mich gekommen ...
Ein süßer ...
SCHLECK
... Geruch ...
WISCH

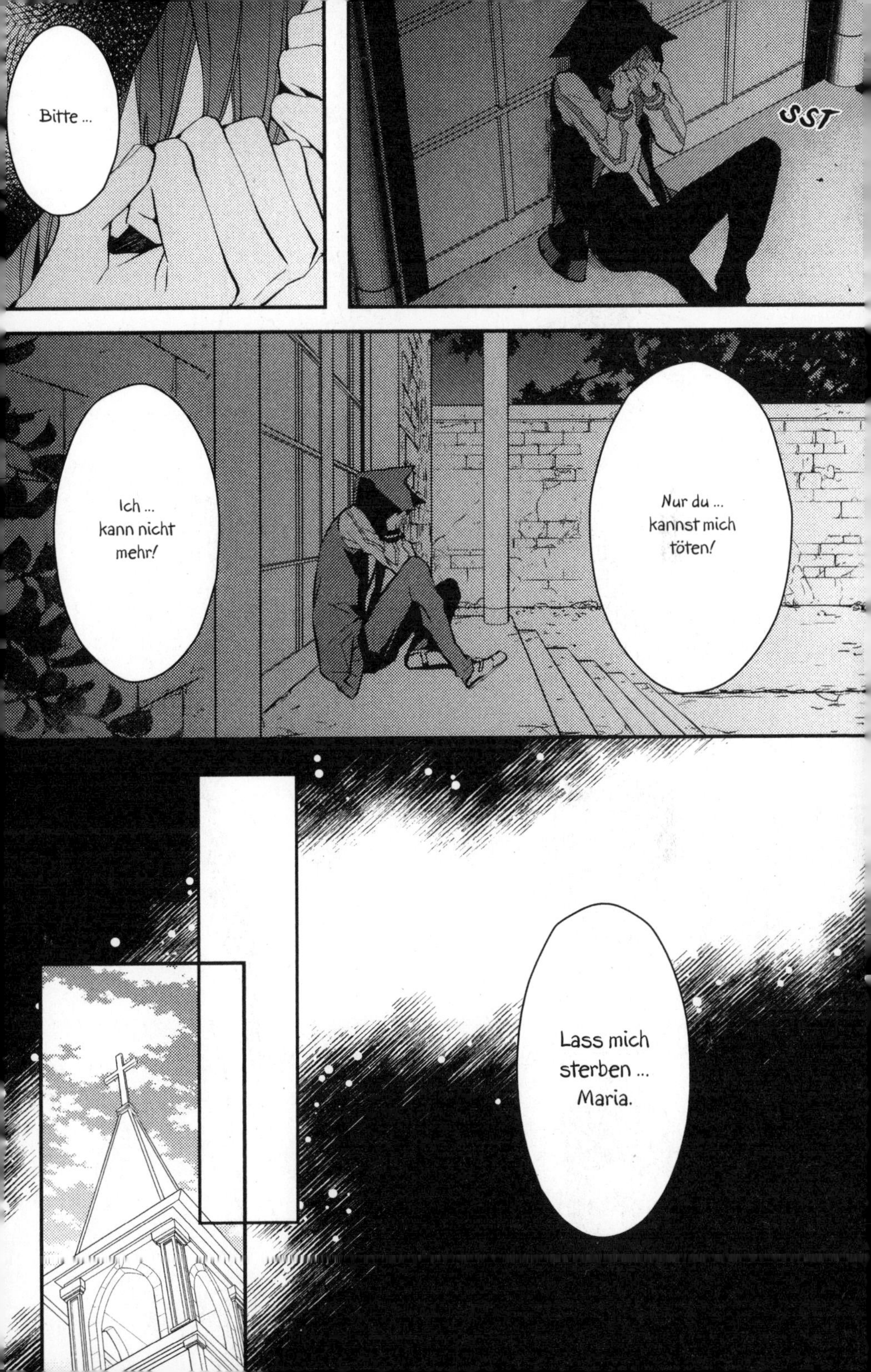
Bitte ...
SST
Ich ... kann nicht mehr!
Nur du ... kannst mich töten!
Lass mich sterben ... Maria.

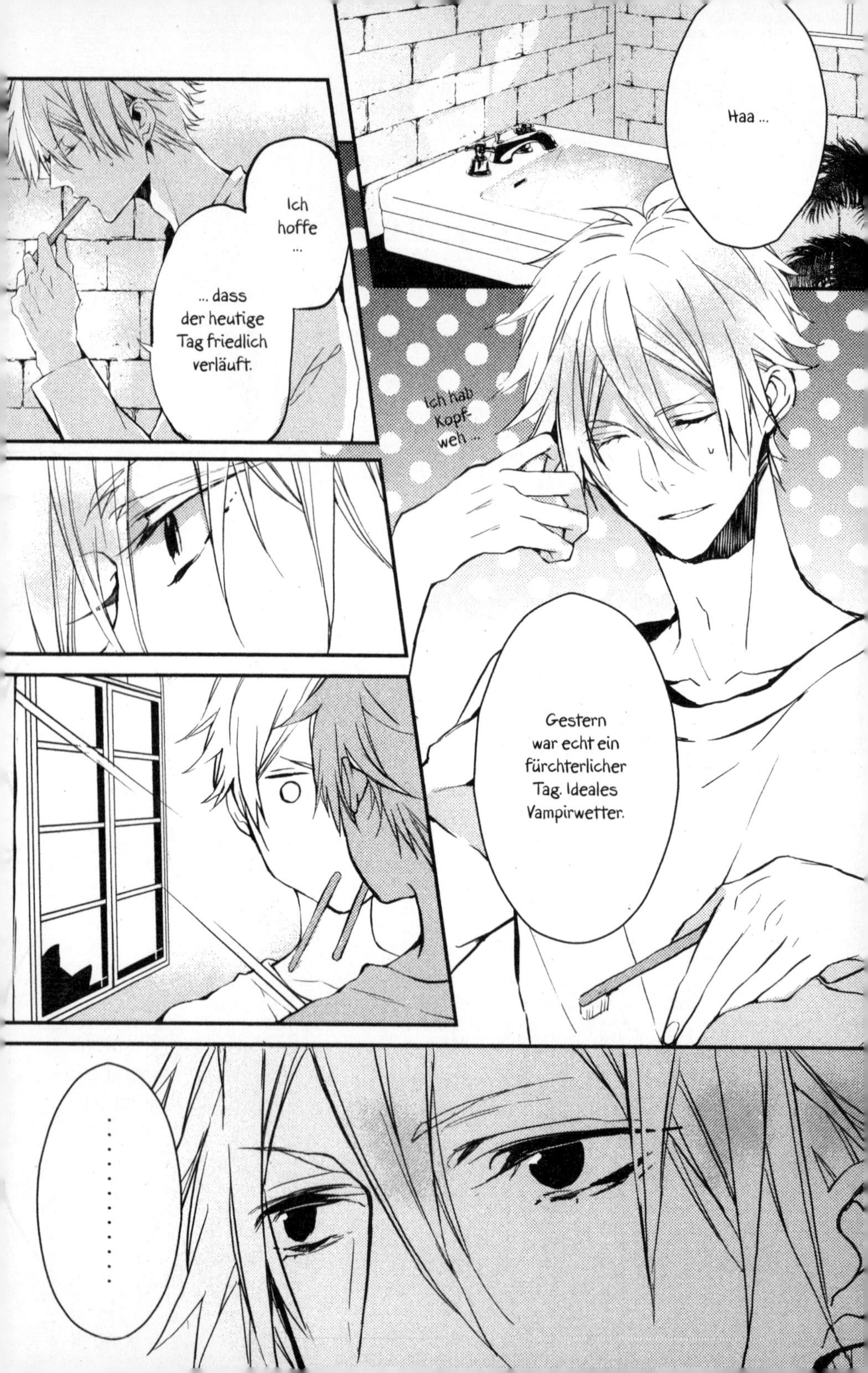
Haa ...
Ich hab Kopf-weh ...
Gestern war echt ein fürchterlicher Tag. Ideales Vampirwetter.
Ich hoffe ...
... dass der heutige Tag friedlich verläuft.
....

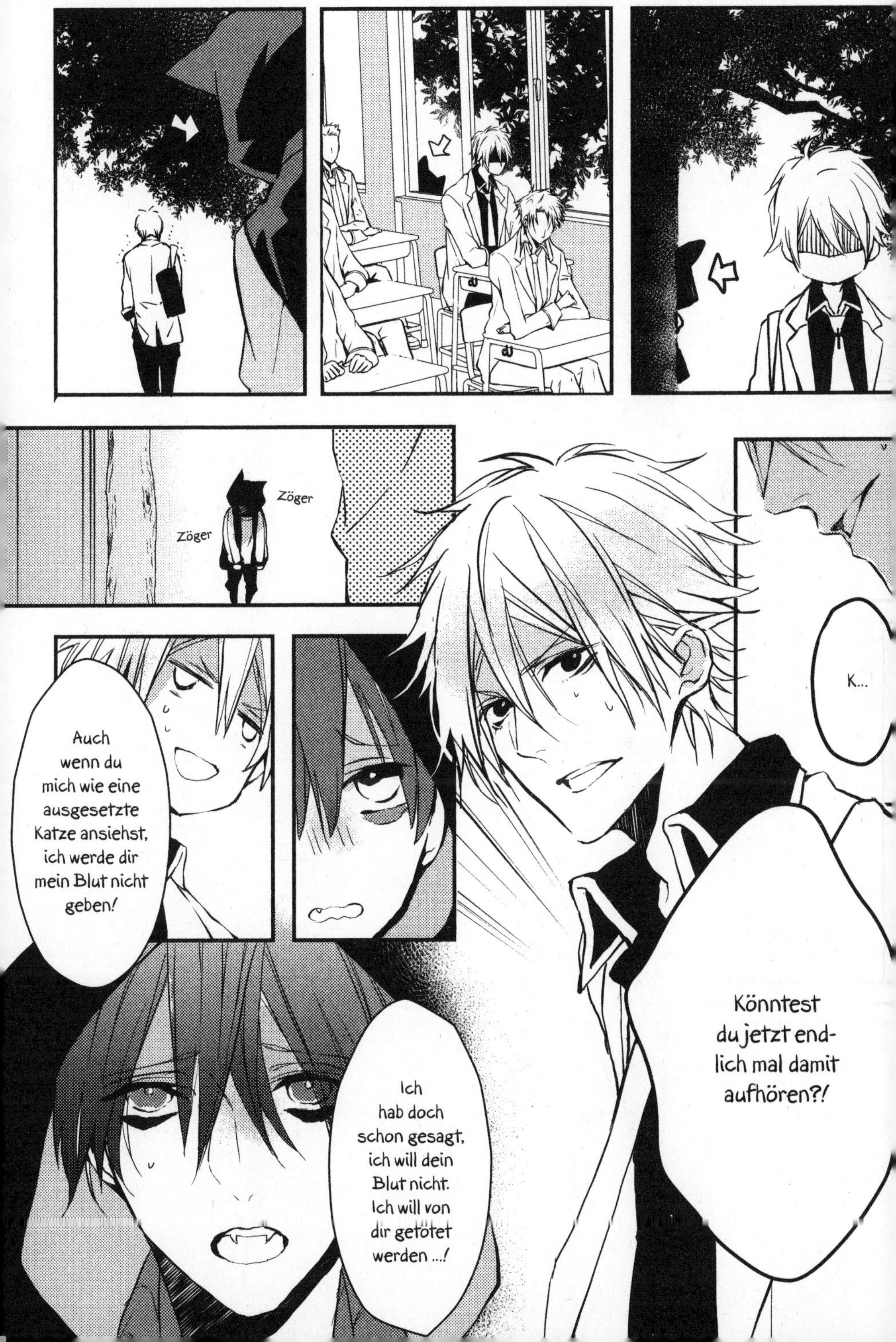

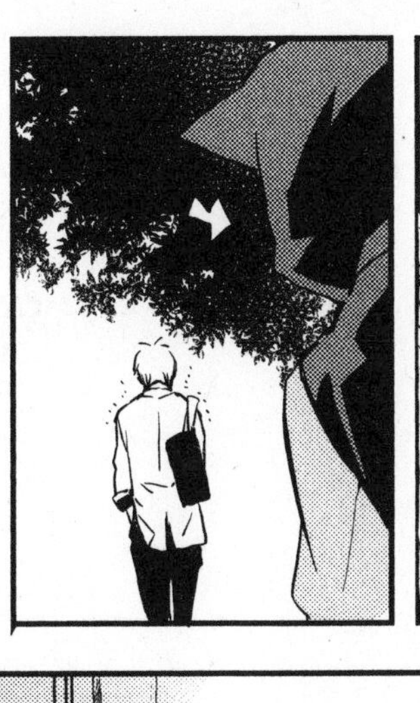

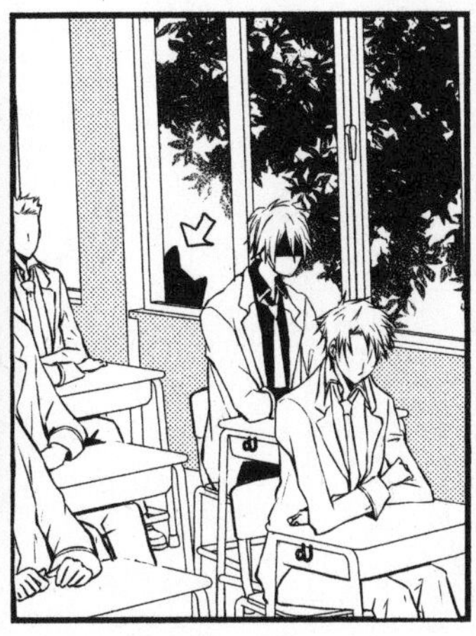

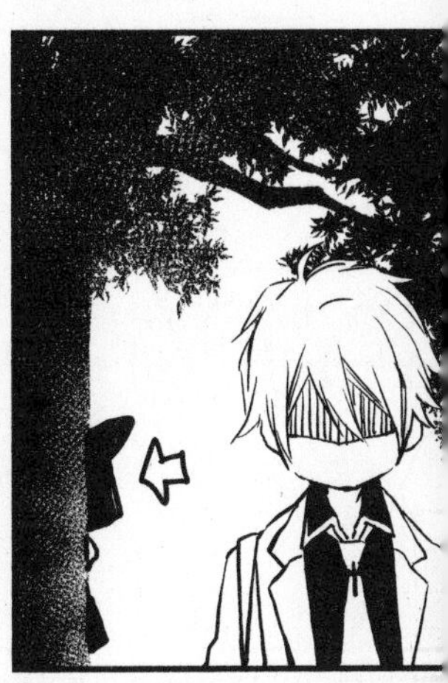

Zöger
Zöger
K...
Auch wenn du mich wie eine ausgesetzte Katze ansiehst, ich werde dir mein Blut nicht geben!
Könntest du jetzt endlich mal damit aufhören?!
Ich hab doch schon gesagt, ich will dein Blut nicht. Ich will von dir getötet werden ...!

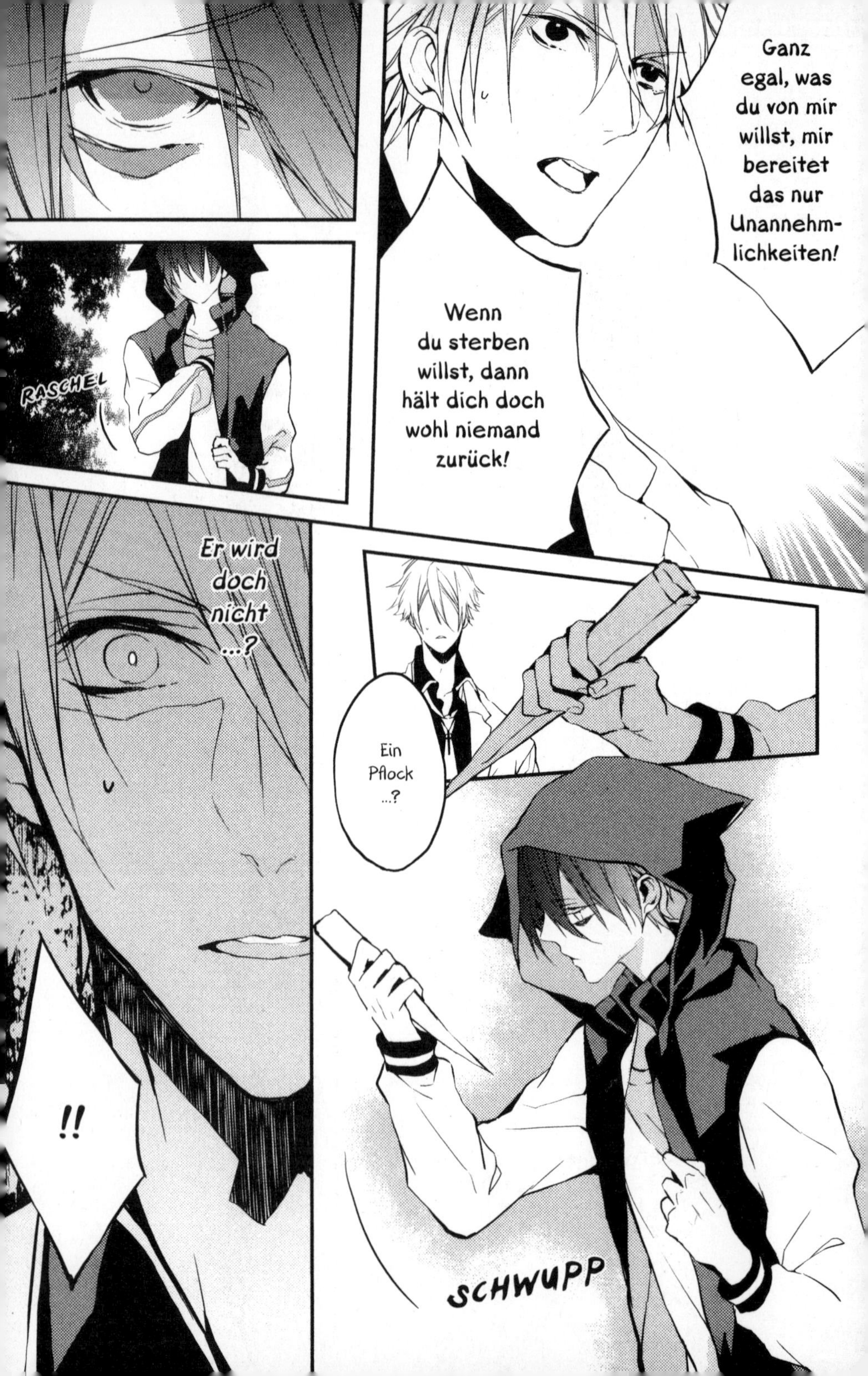
Ganz egal, was du von mir willst, mir bereitet das nur Unannehm-lichkeiten!
RASCHEL
Wenn du sterben willst, dann hält dich doch wohl niemand zurück!
Er wird doch nicht ...?
Ein Pflock ...?
!!
SCHWUPP

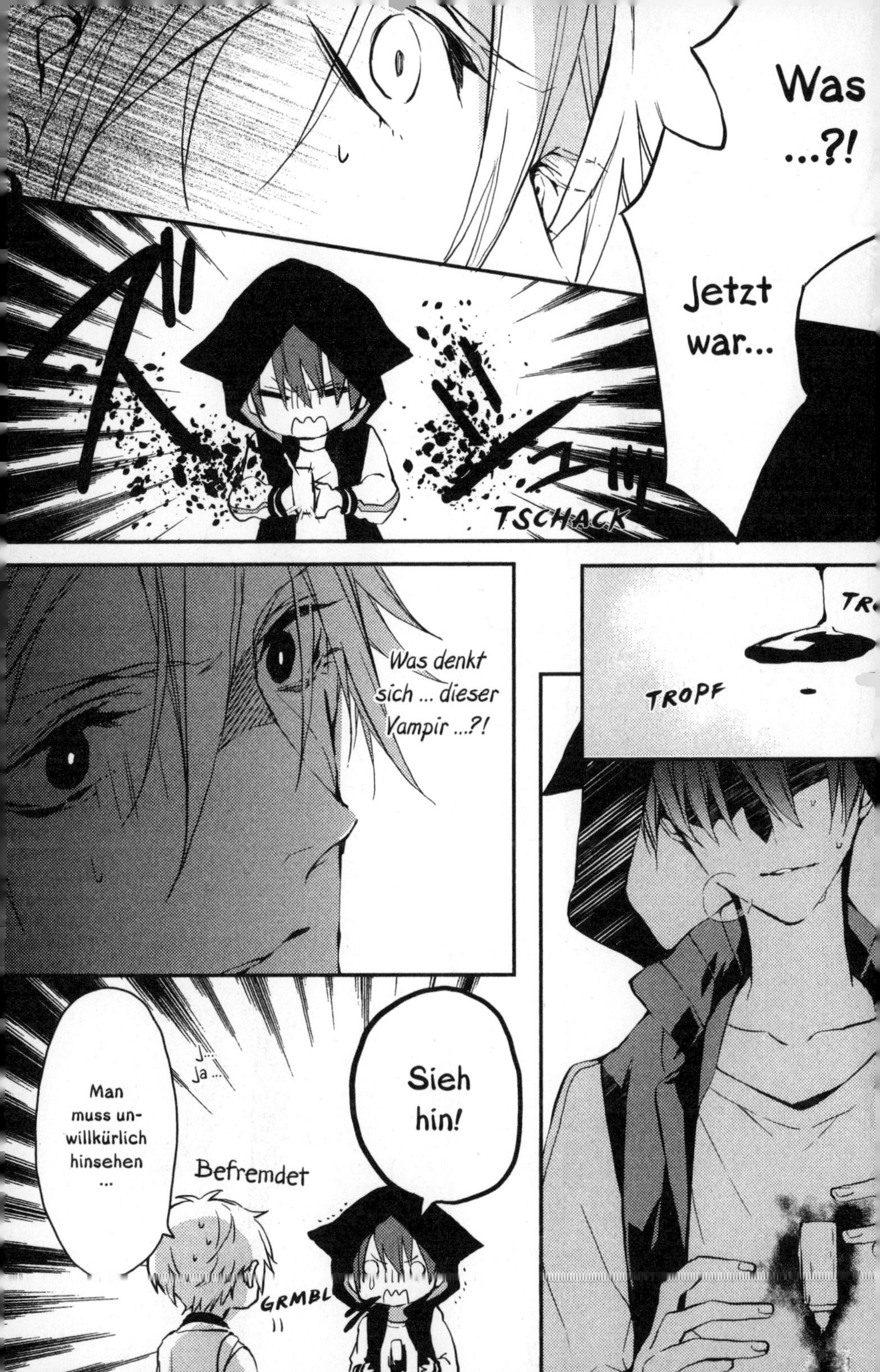
Was ...?!
Jetzt war...
TSCHACK
TROPF
Was denkt sich ... dieser Vampir ...?!
Sieh hin!
Befremdet
GRMBL
J... Ja ...
Man muss un-willkürlich hinsehen ...

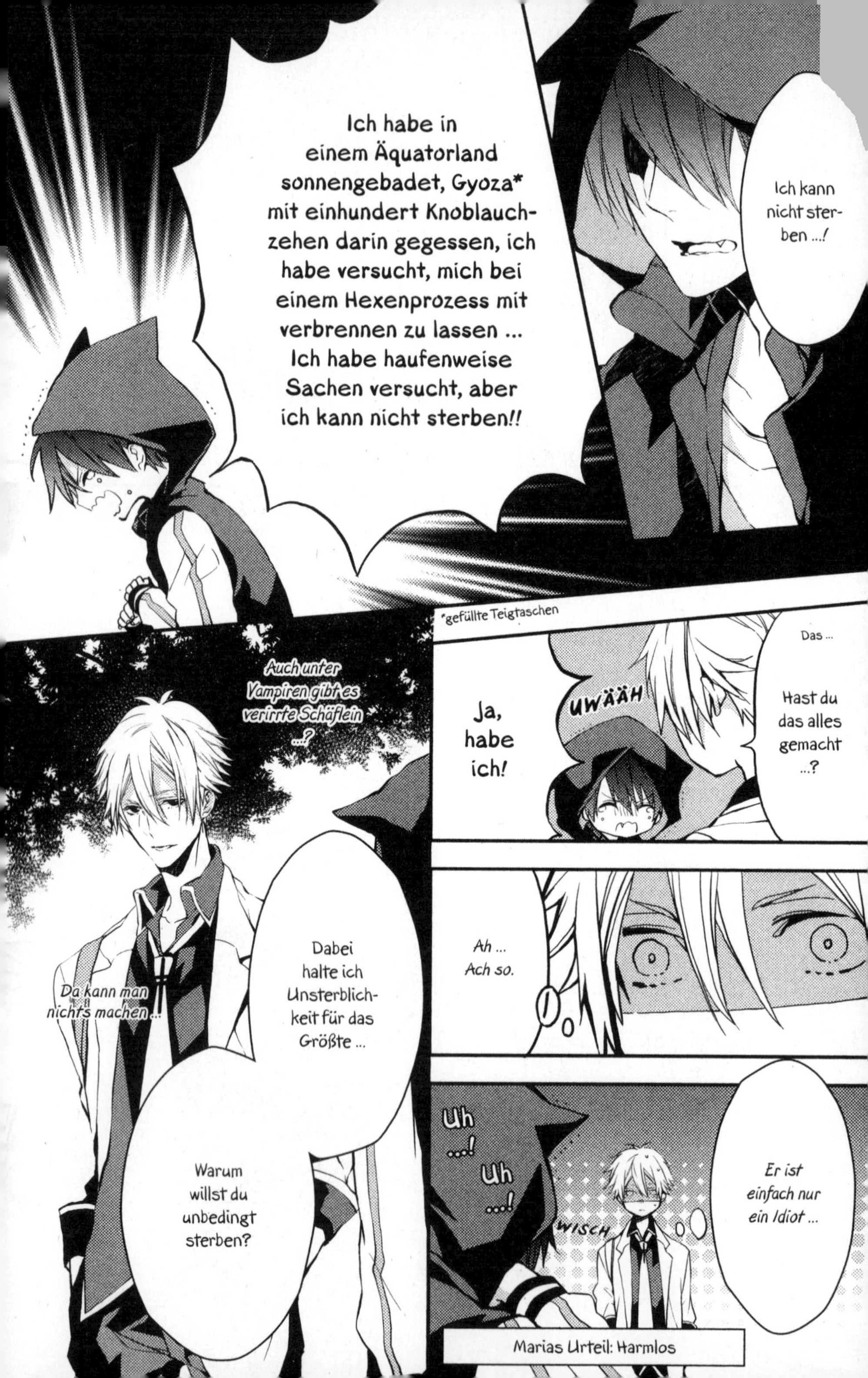
Ich kann nicht sterben ...!
Ich habe in einem Äquatorland sonnengebadet, Gyoza* mit einhundert Knoblauchzehen darin gegessen, ich habe versucht, mich bei einem Hexenprozess mit verbrennen zu lassen ... Ich habe haufenweise Sachen versucht, aber ich kann nicht sterben!!
*gefüllte Teigtaschen
Das ...
Hast du das alles gemacht ...?
UWÄÄH
Ja, habe ich!
Ah ... Ach so.
Er ist einfach nur ein Idiot ...
Uh ...! Uh ...!
WISCH
Marias Urteil: Harmlos
Auch unter Vampiren gibt es verirrte Schäflein ...?
Dabei halte ich Unsterblichkeit für das Größte ...
Da kann man nichts machen ...
Warum willst du unbedingt sterben?

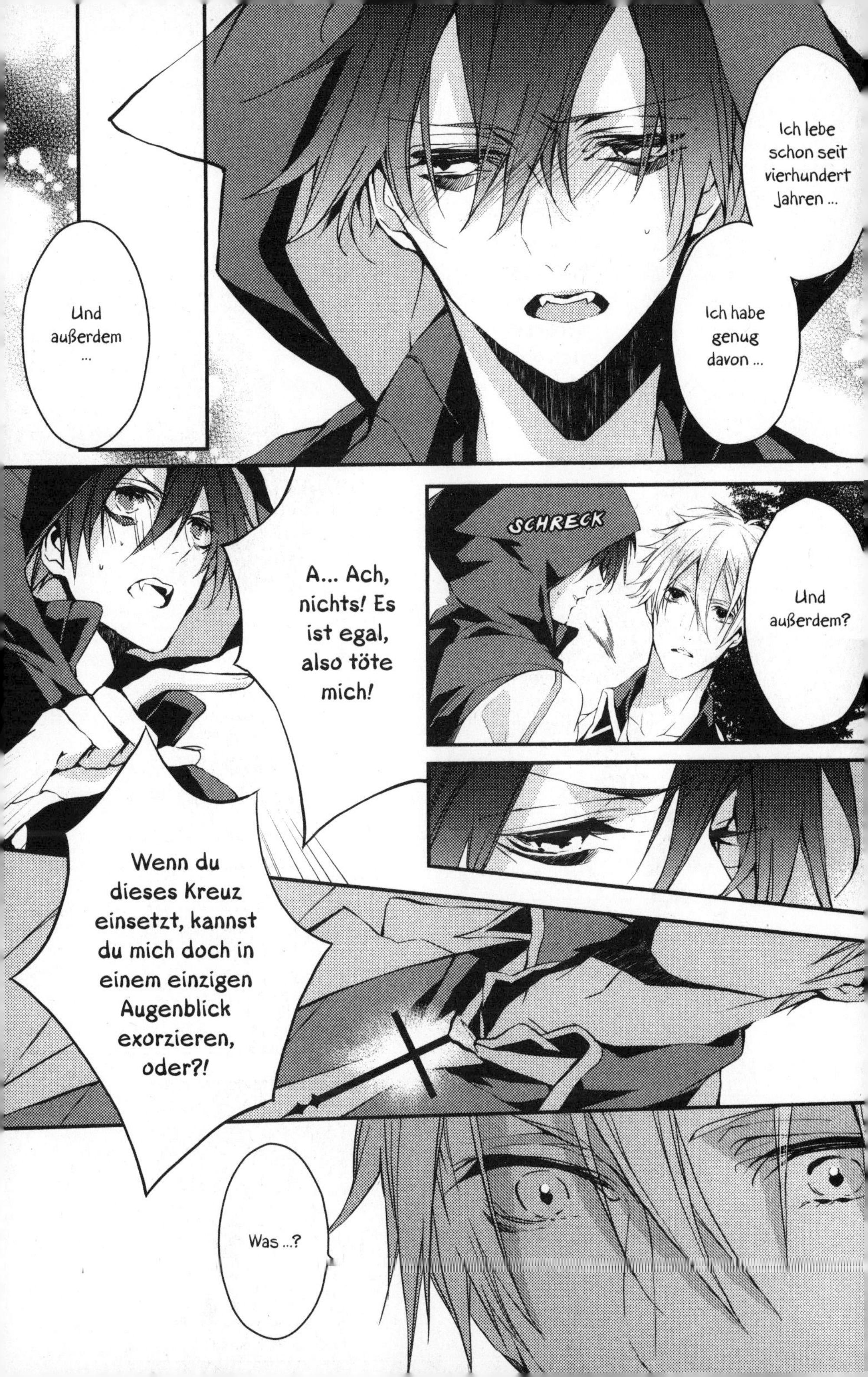
Ich lebe schon seit vierhundert Jahren ...
Ich habe genug davon ...
Und außerdem ...
SCHRECK
Und außerdem?
A... Ach, nichts! Es ist egal, also töte mich!
Wenn du dieses Kreuz einsetzt, kannst du mich doch in einem einzigen Augenblick exorzieren, oder?!
Was ...?

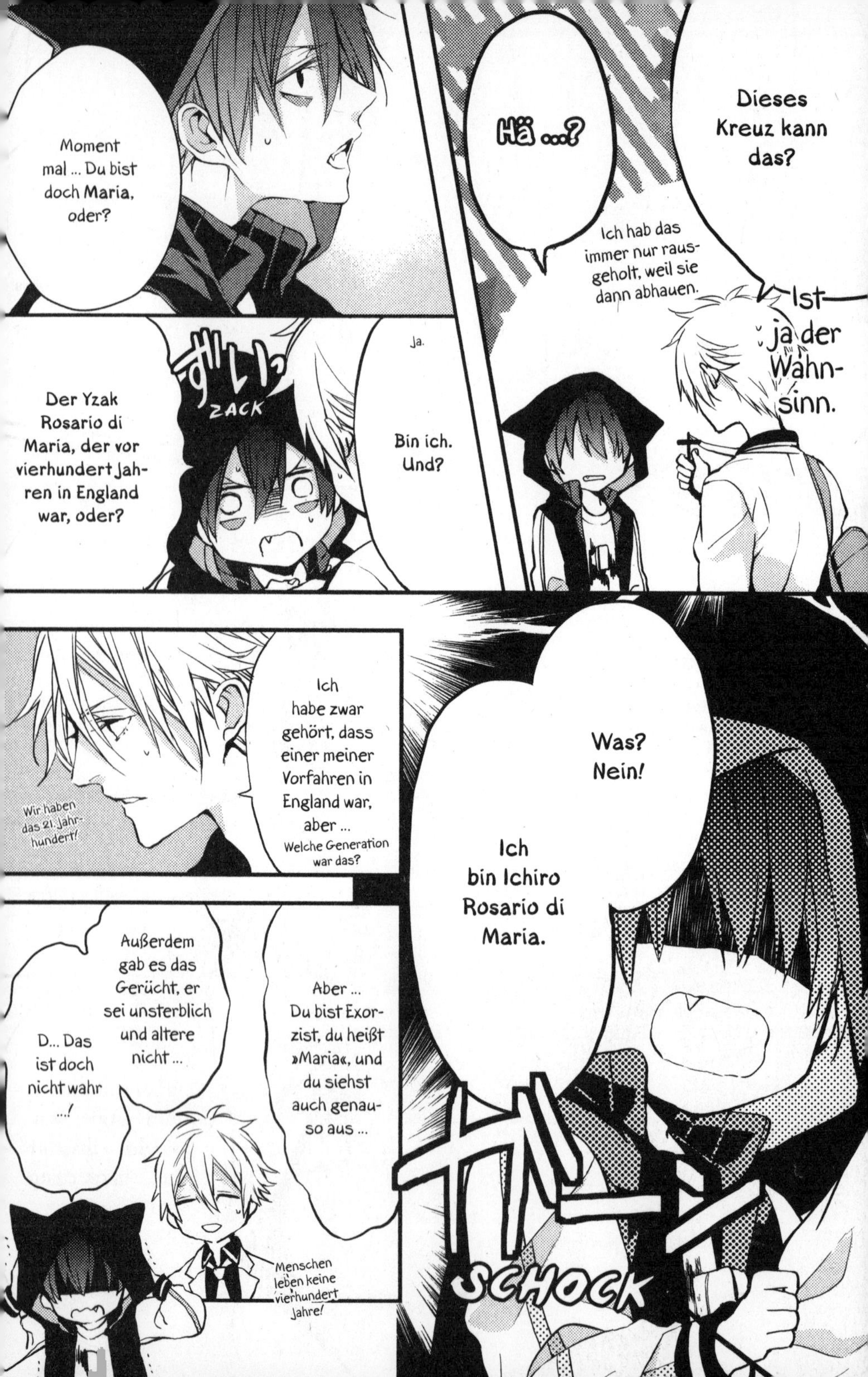
Dieses Kreuz kann das?
Ist ja der Wahnsinn.
Ich hab das immer nur rausgeholt, weil sie dann abhauen.
Hä ...?
Moment mal ... Du bist doch Maria, oder?
Ja.
Bin ich. Und?
ZACK
Der Yzak Rosario di Maria, der vor vierhundert Jahren in England war, oder?
Was? Nein!
Ich bin Ichiro Rosario di Maria.
SCHOCK
Ich habe zwar gehört, dass einer meiner Vorfahren in England war, aber ...
Welche Generation war das?
Wir haben das 21. Jahrhundert!
Aber ... Du bist Exorzist, du heißt »Maria«, und du siehst auch genauso aus ...
Außerdem gab es das Gerücht, er sei unsterblich und altere nicht ...
D... Das ist doch nicht wahr ...!
Menschen leben keine vierhundert Jahre!

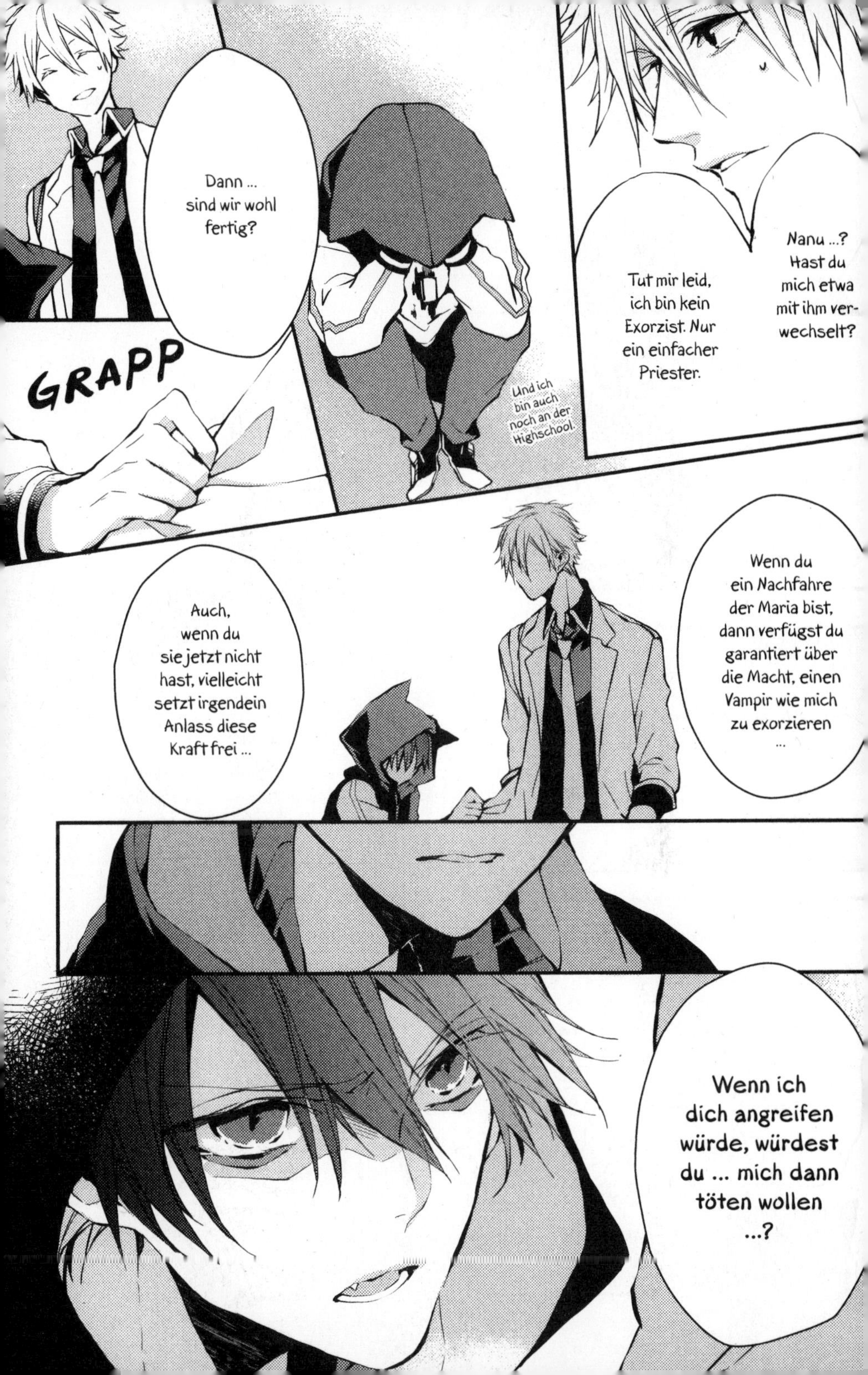
Nanu ...? Hast du mich etwa mit ihm verwechselt?
Tut mir leid, ich bin kein Exorzist. Nur ein einfacher Priester.
Und ich bin auch noch an der Highschool.
Dann ... sind wir wohl fertig?
GRAPP
Wenn du ein Nachfahre der Maria bist, dann verfügst du garantiert über die Macht, einen Vampir wie mich zu exorzieren ...
Auch, wenn du sie jetzt nicht hast, vielleicht setzt irgendein Anlass diese Kraft frei ...
Wenn ich dich angreifen würde, würdest du ... mich dann töten wollen ...?

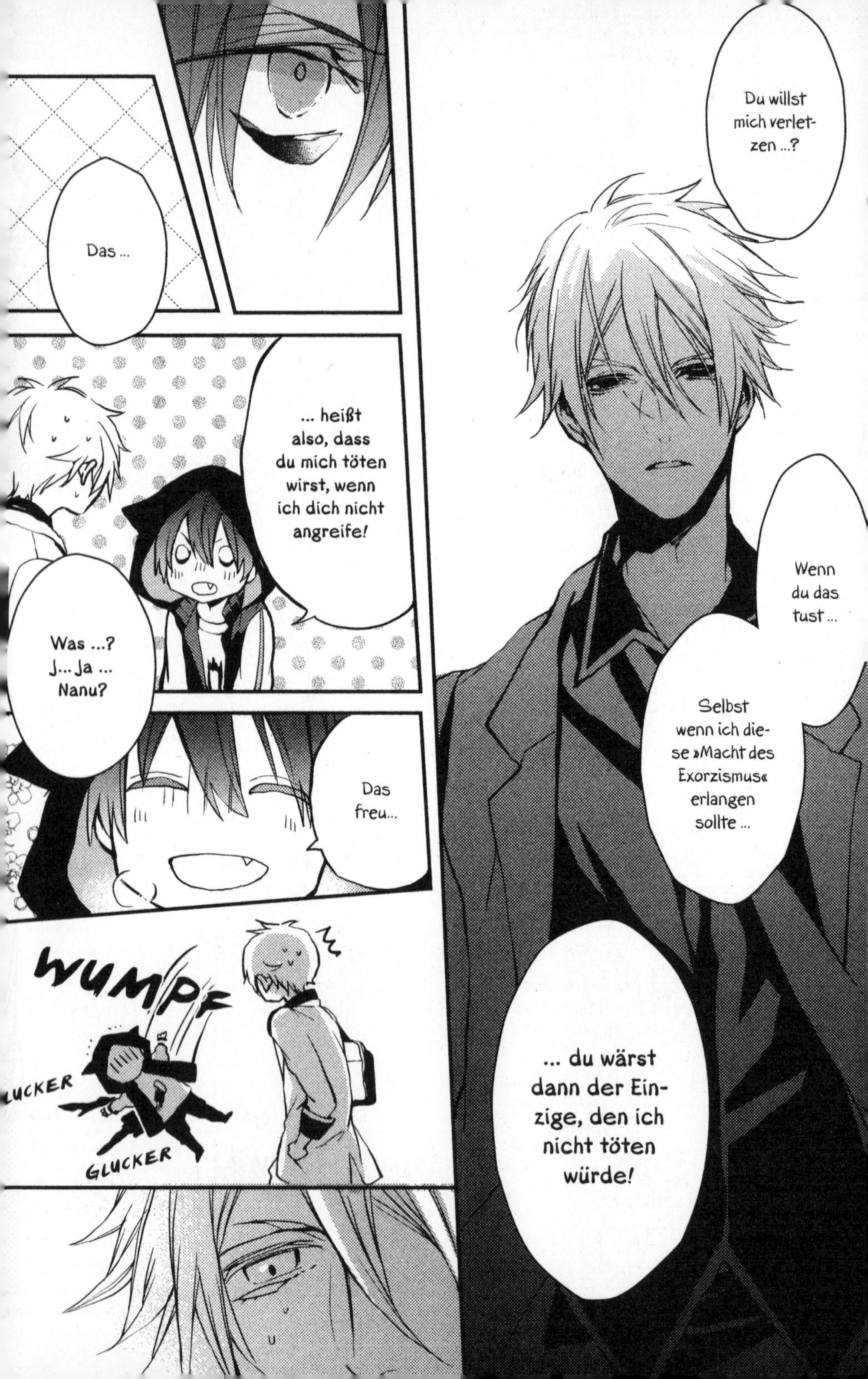
Du willst mich verletzen ...?
Wenn du das tust ...
Selbst wenn ich diese »Macht des Exorzismus« erlangen sollte ...
... du wärst dann der Einzige, den ich nicht töten würde!
Das ...
... heißt also, dass du mich töten wirst, wenn ich dich nicht angreife!
Was ...? J... Ja ... Nanu?
Das freu...
WUMPF
LUCKER
GLUCKER

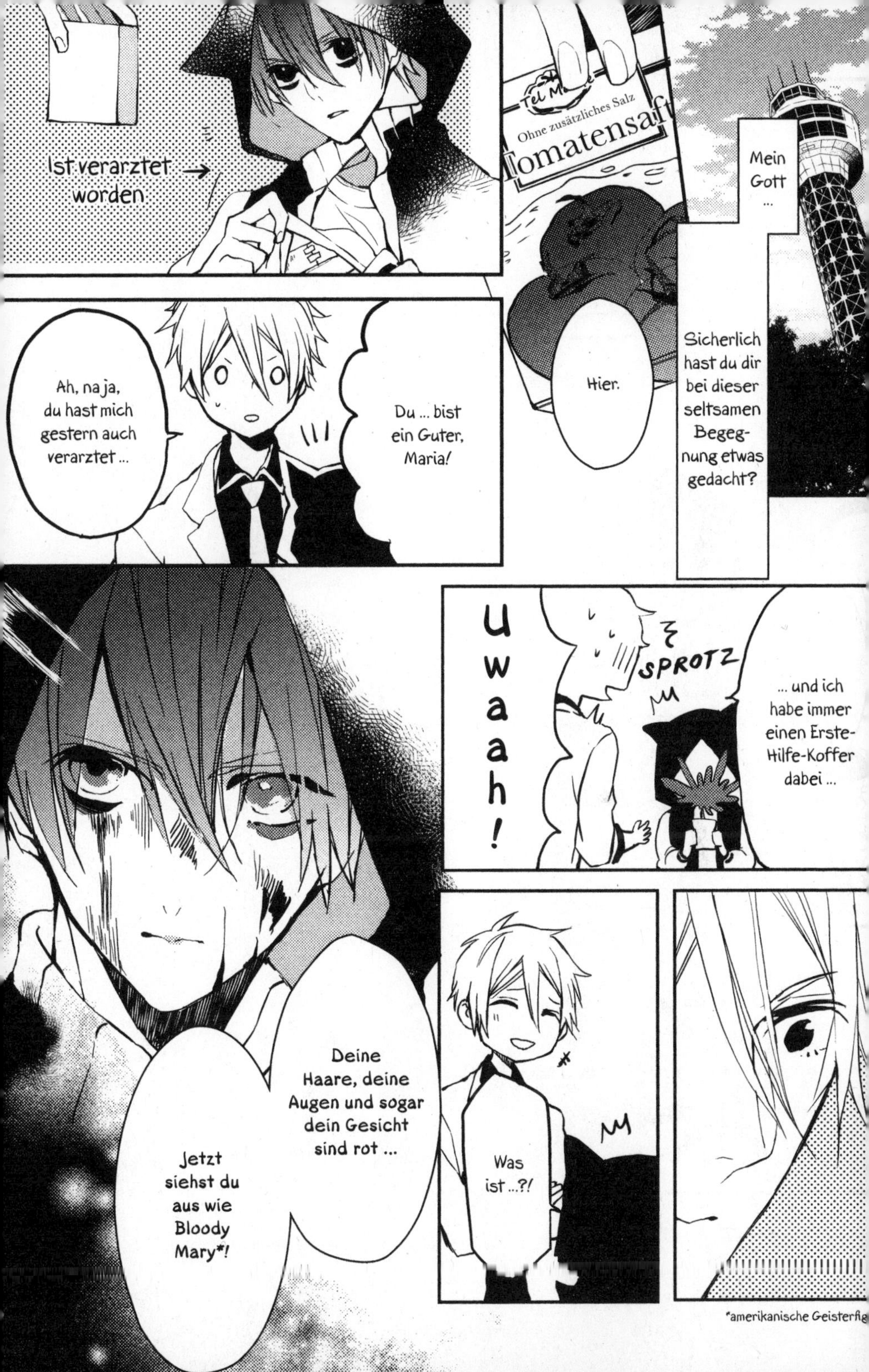

*amerikanische Geisterfig

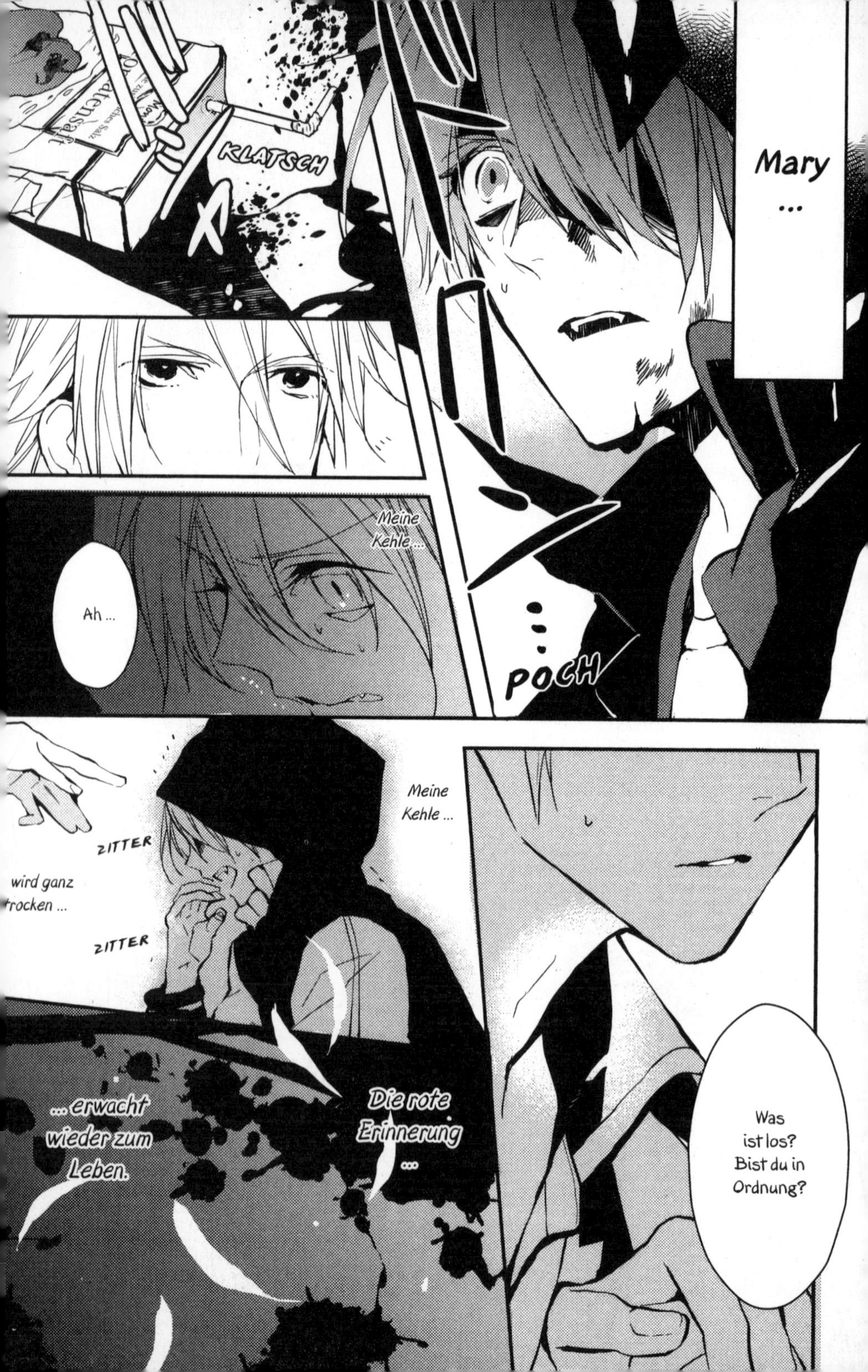
Mary ...
KLATSCH
Meine Kehle ...
Ah ...
POCH
Was ist los? Bist du in Ordnung?
Meine Kehle ...
ZITTER
wird ganz trocken ...
ZITTER
Die rote Erinnerung ...
... erwacht wieder zum Leben.

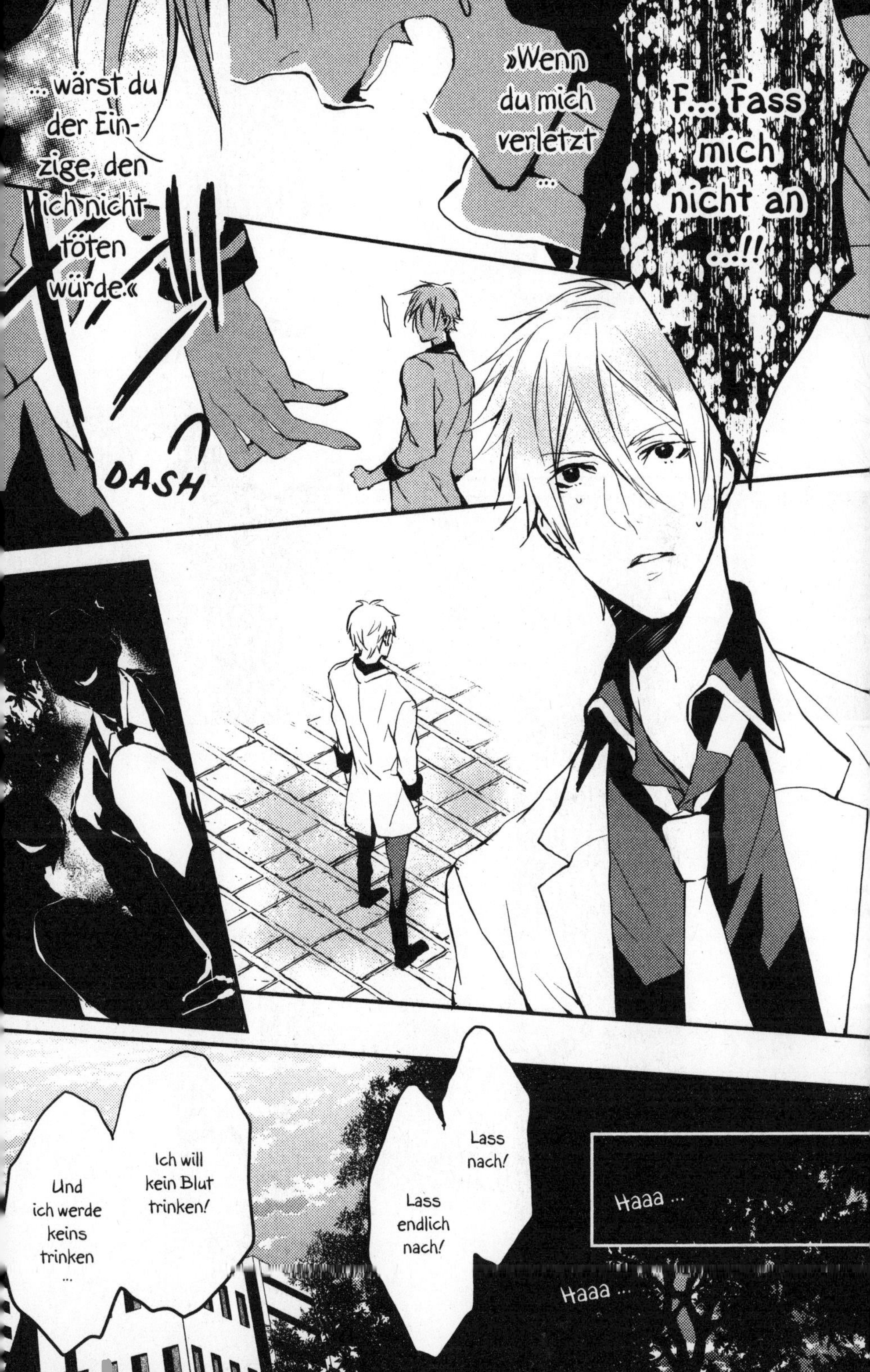
F... Fass mich nicht an ...!!
»Wenn du mich verletzt ...
... wärst du der Einzige, den ich nicht töten würde.«
DASH
Haaa ...
Haaa ...
Lass nach!
Lass endlich nach!
Ich will kein Blut trinken!
Und ich werde keins trinken ...

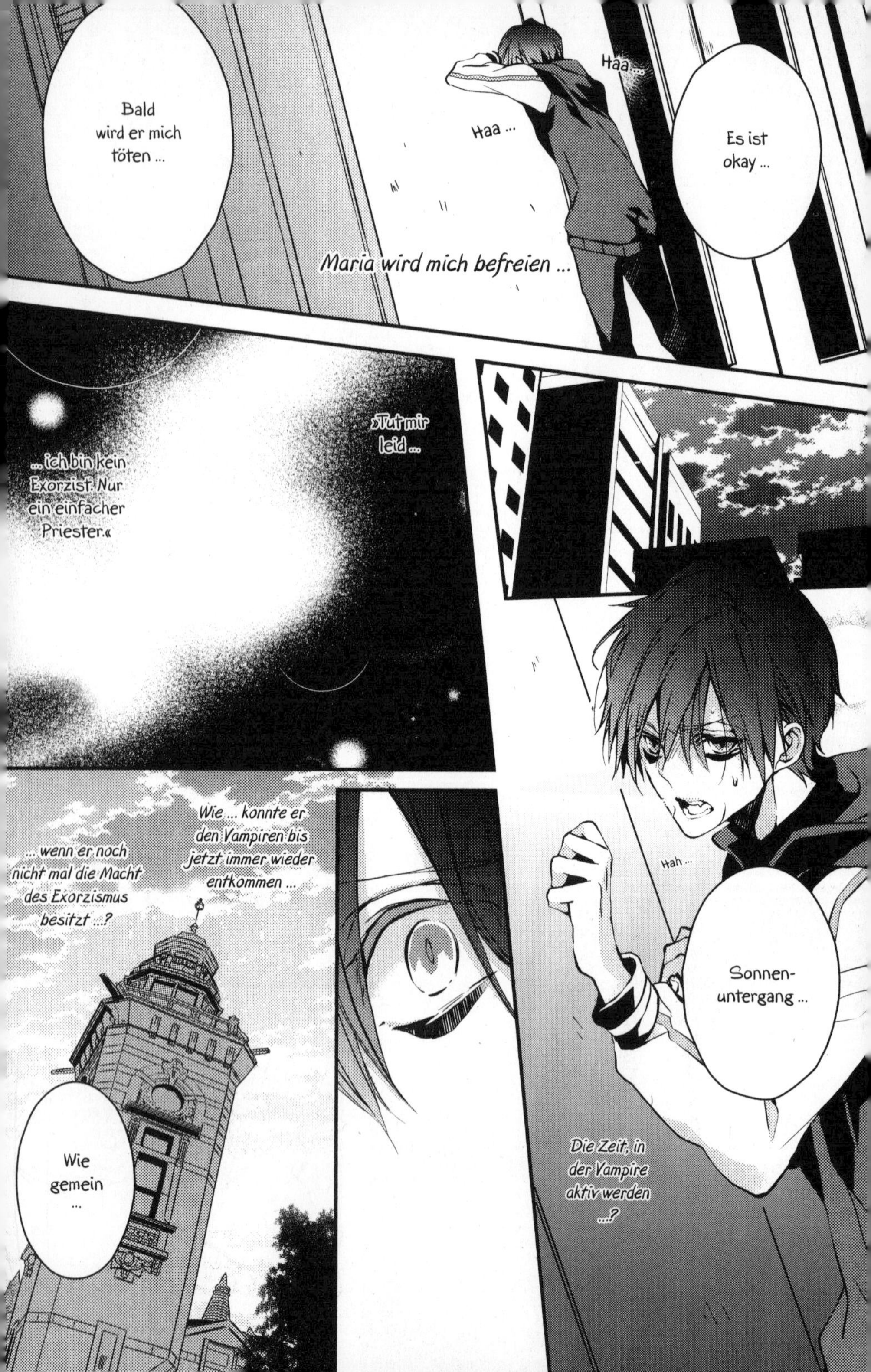
Es ist okay ...
Haa ...
Haa ...
Bald wird er mich töten ...
Maria wird mich befreien ...
»Tut mir leid ...
... ich bin kein Exorzist. Nur ein einfacher Priester.«
Hah ...
Sonnen-untergang ...
Die Zeit, in der Vampire aktiv werden ...?
Wie ... konnte er den Vampiren bis jetzt immer wieder entkommen ...
... wenn er noch nicht mal die Macht des Exorzismus besitzt ...?
Wie gemein ...

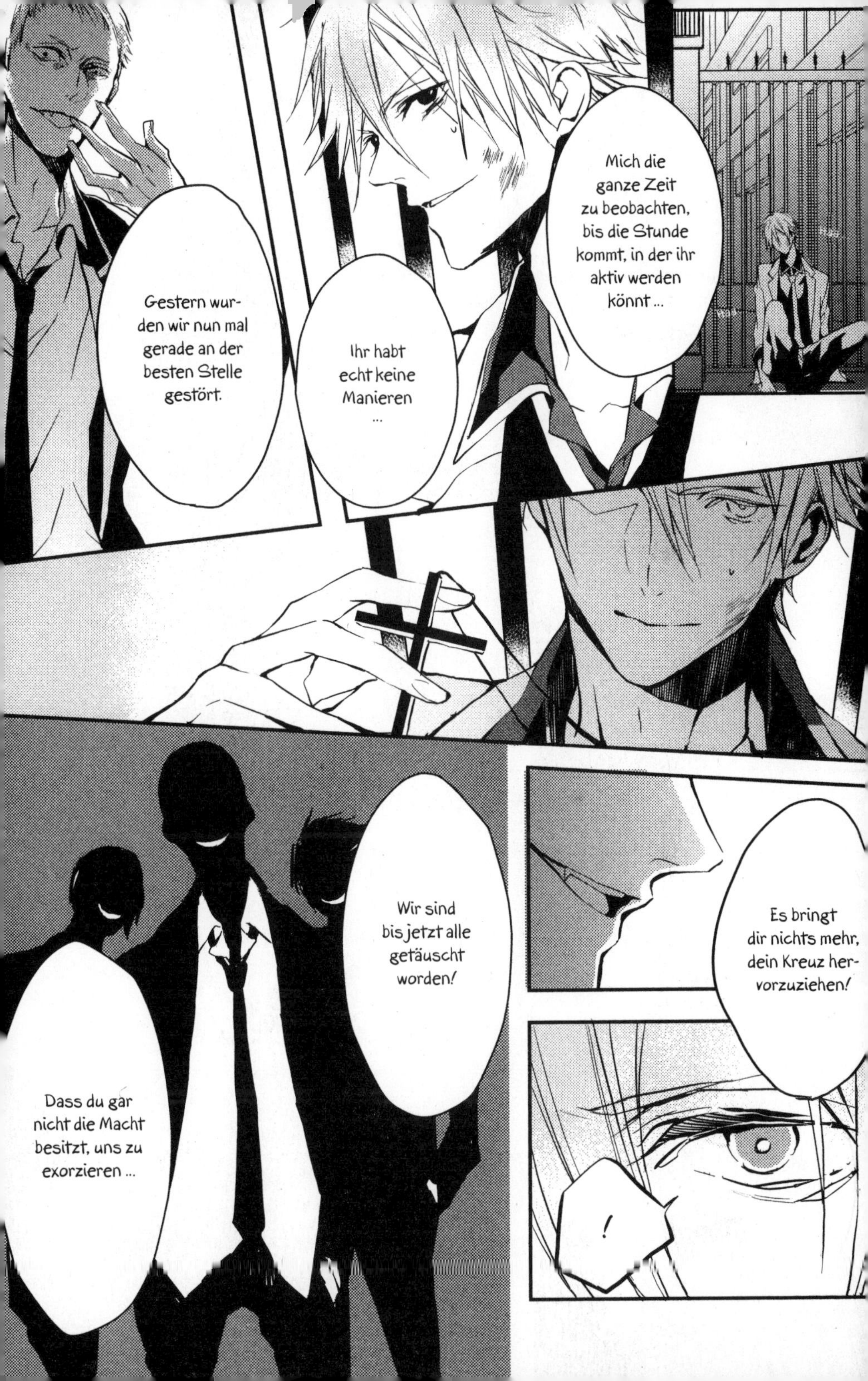

Mich die ganze Zeit zu beobachten, bis die Stunde kommt, in der ihr aktiv werden könnt ...
Ihr habt echt keine Manieren ...
Gestern wurden wir nun mal gerade an der besten Stelle gestört.
Es bringt dir nichts mehr, dein Kreuz hervorzuziehen!
!
Wir sind bis jetzt alle getäuscht worden!
Dass du gar nicht die Macht besitzt, uns zu exorzieren ...

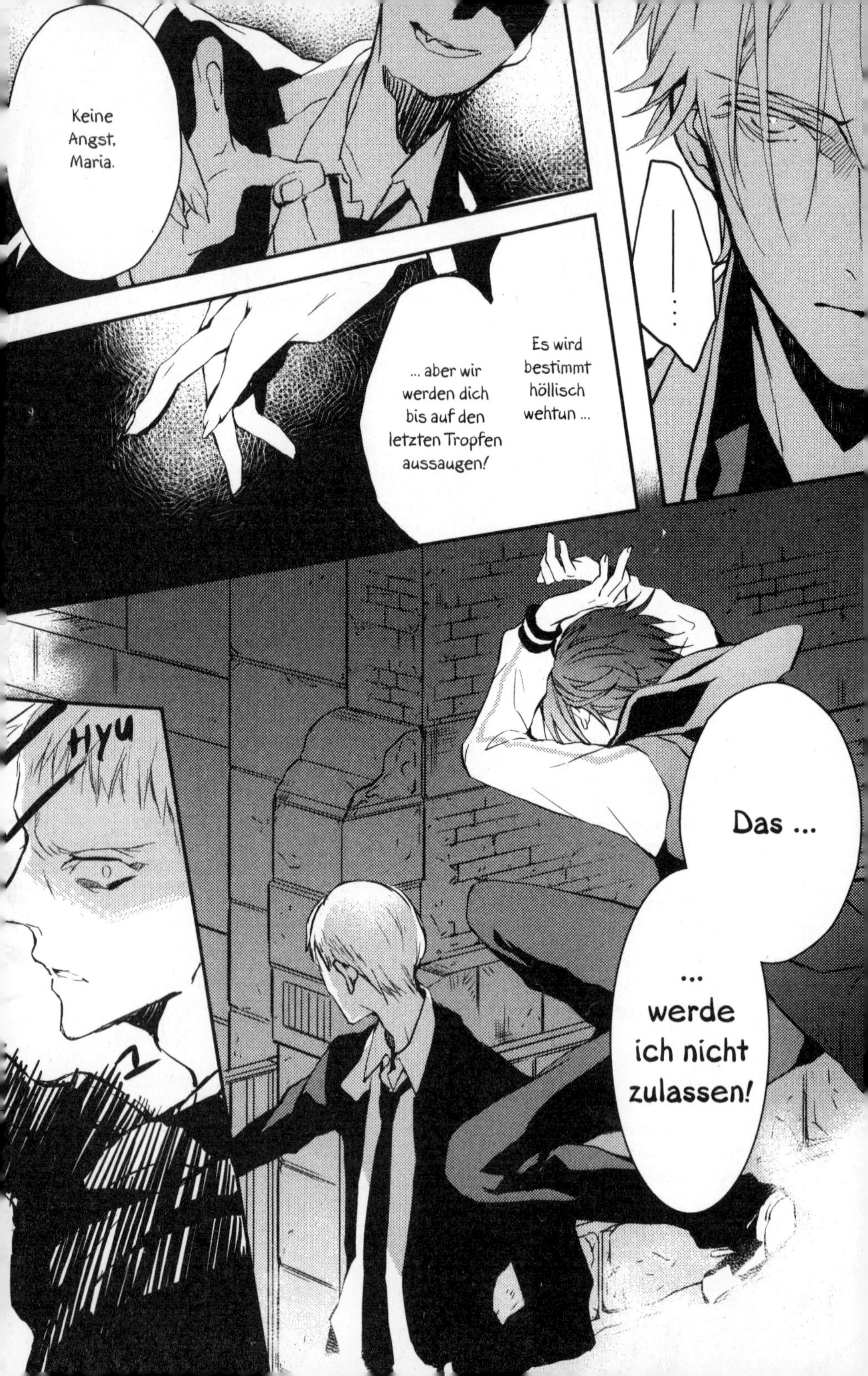
…
Keine Angst, Maria.
Es wird bestimmt höllisch wehtun …
… aber wir werden dich bis auf den letzten Tropfen aussaugen!
Das …
… werde ich nicht zulassen!
Hyu

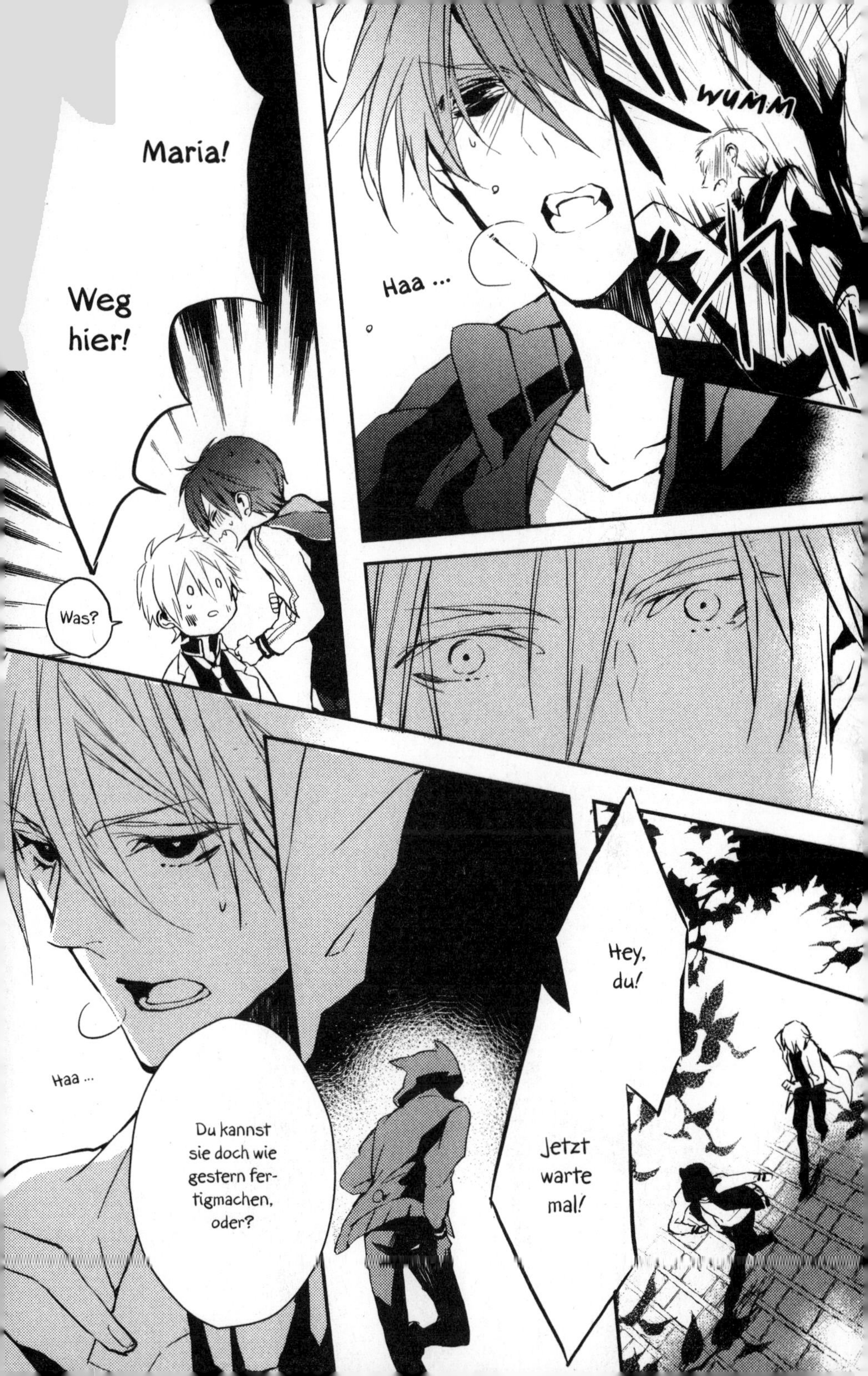
WUMM
Haa ...
Maria!
Weg hier!
Was?
Hey, du!
Jetzt warte mal!
Haa ...
Du kannst sie doch wie gestern fertigmachen, oder?

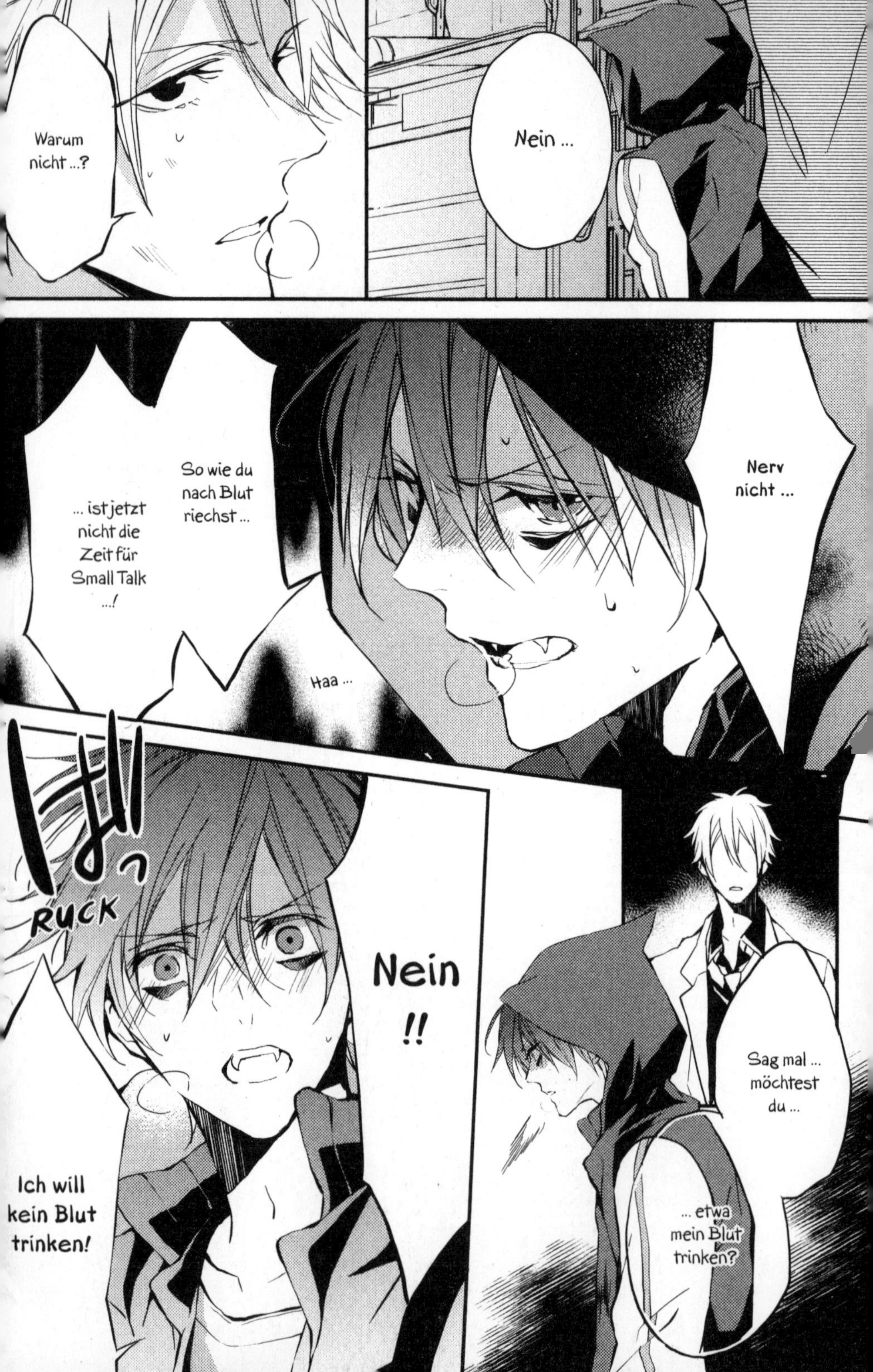
Nein ...
Warum nicht ...?
Nerv nicht ...
So wie du nach Blut riechst ...
... ist jetzt nicht die Zeit für Small Talk ...!
Haa ...
Sag mal ... möchtest du ...
... etwa mein Blut trinken?
RUCK
Nein !!
Ich will kein Blut trinken!

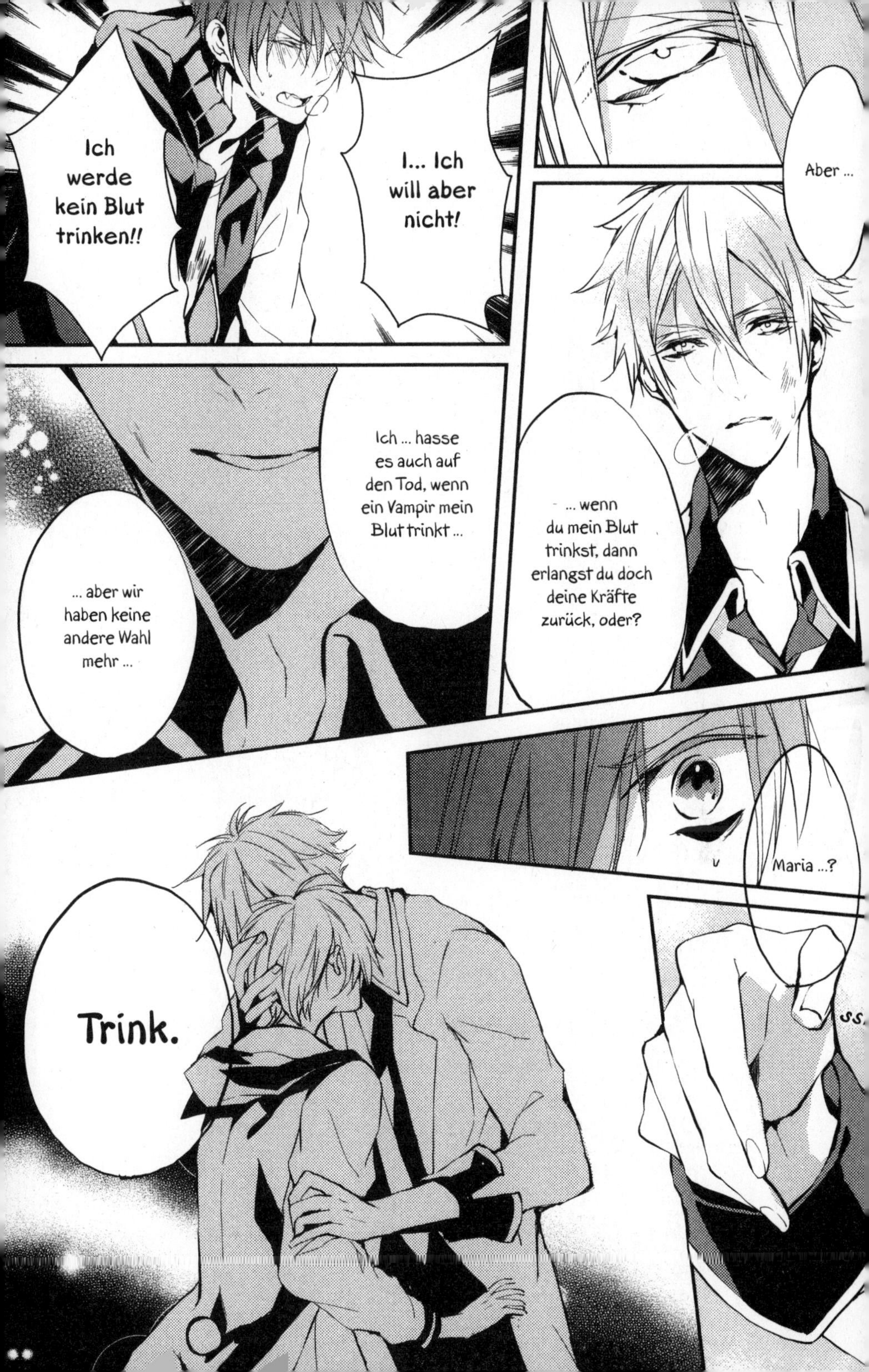
I... Ich will aber nicht!
Ich werde kein Blut trinken!!
Aber ...
... wenn du mein Blut trinkst, dann erlangst du doch deine Kräfte zurück, oder?
Ich ... hasse es auch auf den Tod, wenn ein Vampir mein Blut trinkt ...
... aber wir haben keine andere Wahl mehr ...
Maria ...?
Trink.

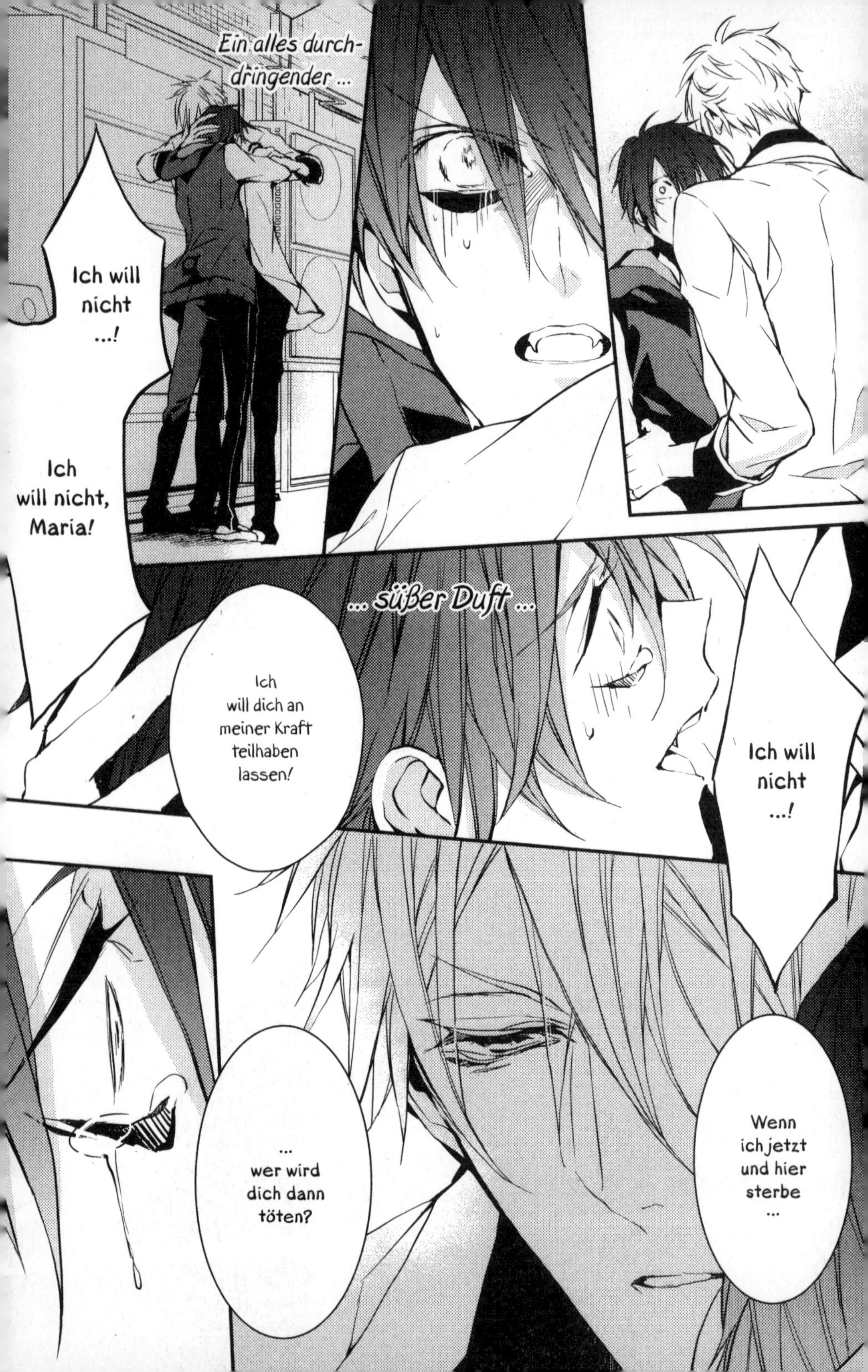

Ein alles durch-dringender ...
Ich will nicht ...!
Ich will nicht, Maria!
... süßer Duft ...
Ich will nicht ...!
Ich will dich an meiner Kraft teilhaben lassen!
Wenn ich jetzt und hier sterbe ...
... wer wird dich dann töten?

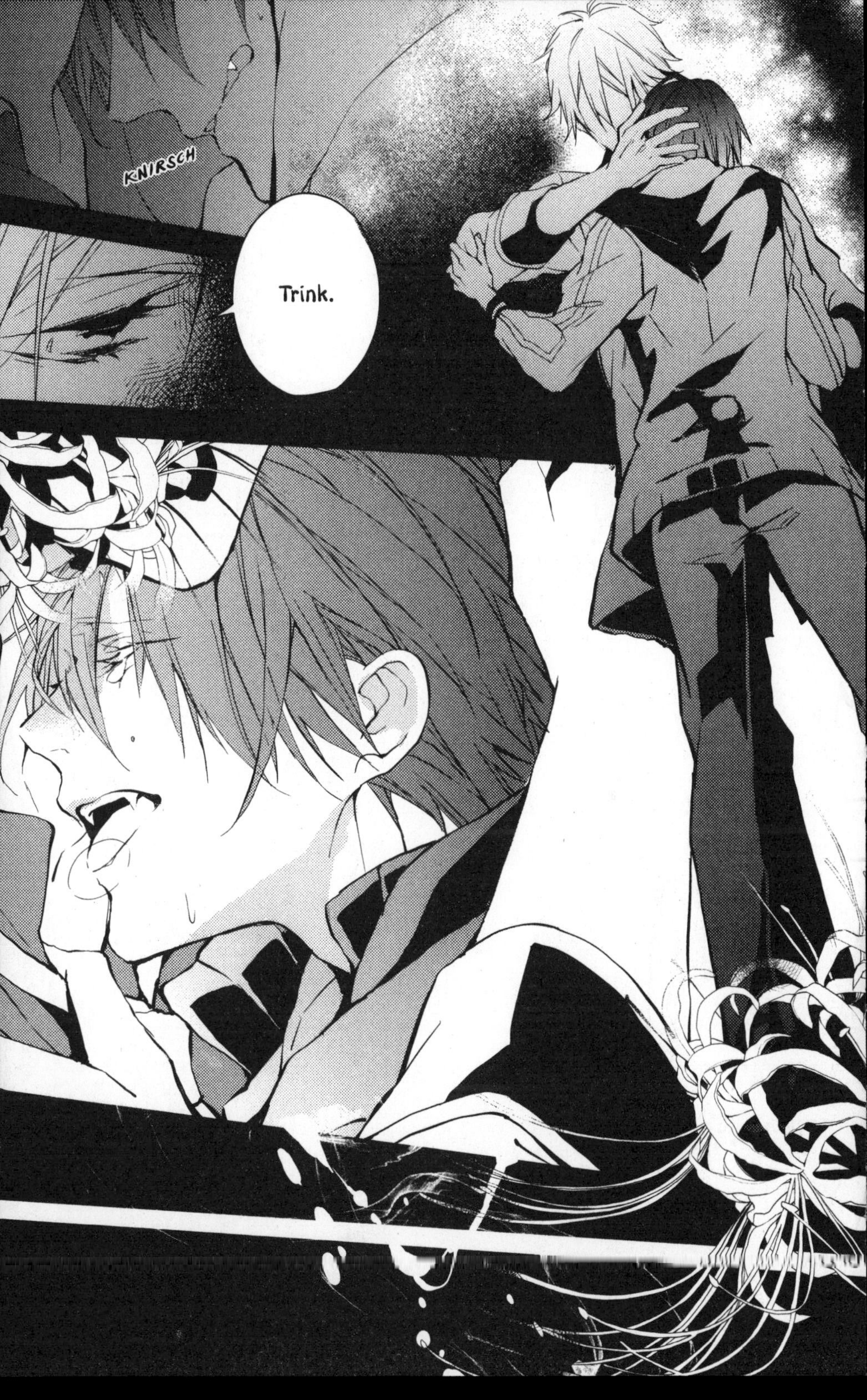
KNIRSCH
Trink.

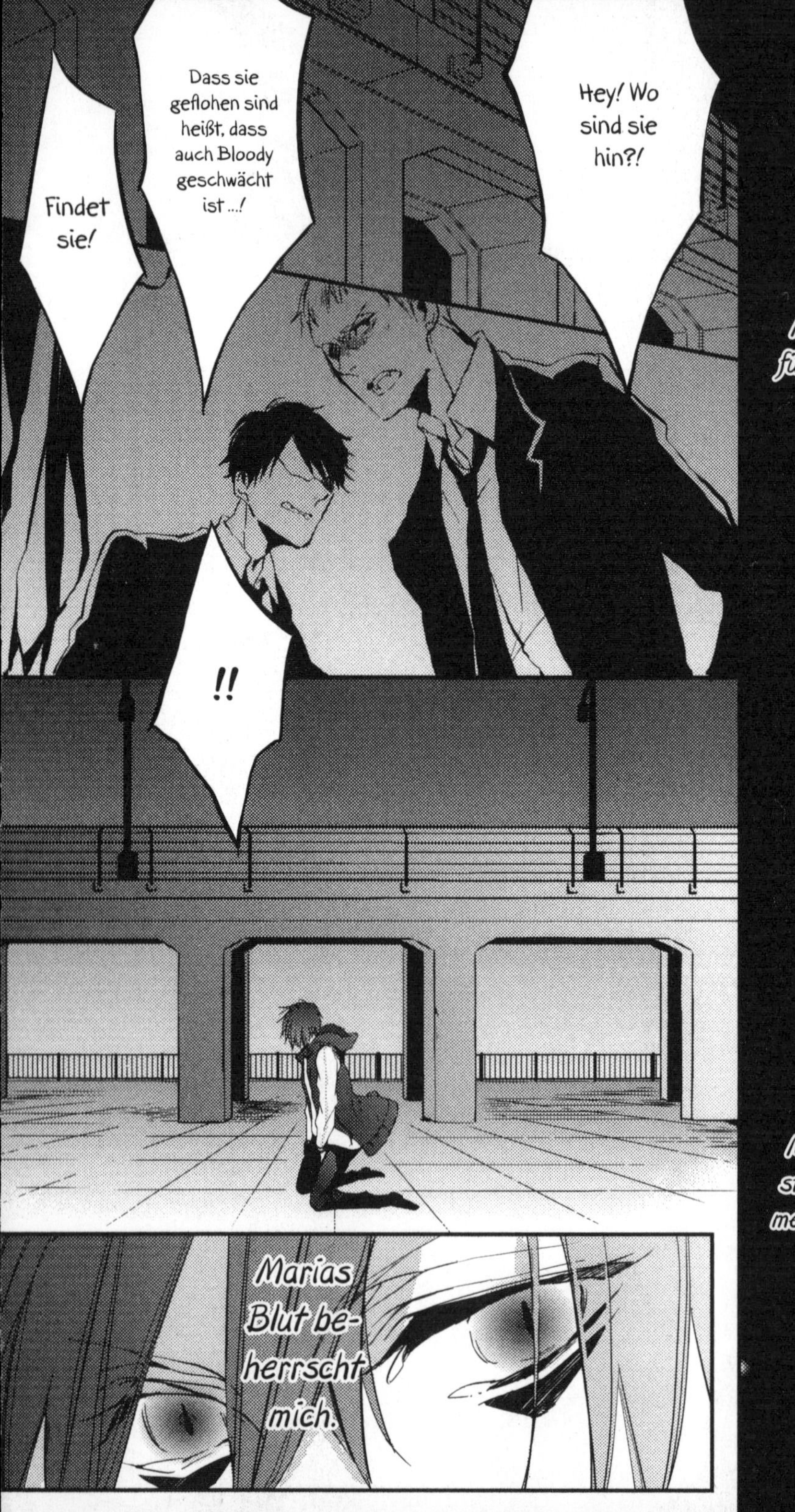

Mein Körper fühlt sich ganz heiß an …

Marias Blut strömt durch meinen ganzen Körper.

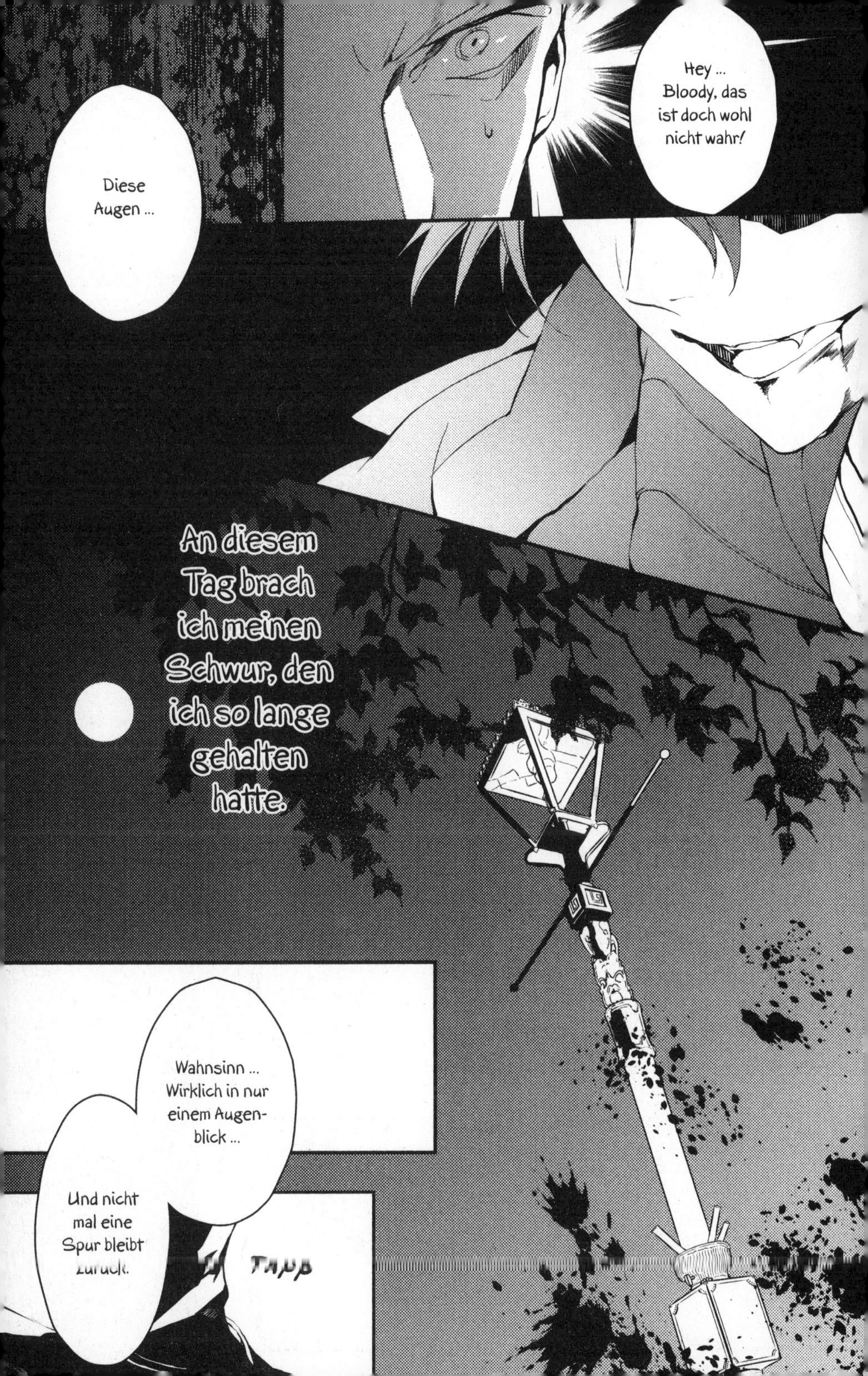
Hey ... Bloody, das ist doch wohl nicht wahr!
Diese Augen ...
An diesem Tag brach ich meinen Schwur, den ich so lange gehalten hatte.
Wahnsinn ... Wirklich in nur einem Augenblick ...
Und nicht mal eine Spur bleibt zurück.

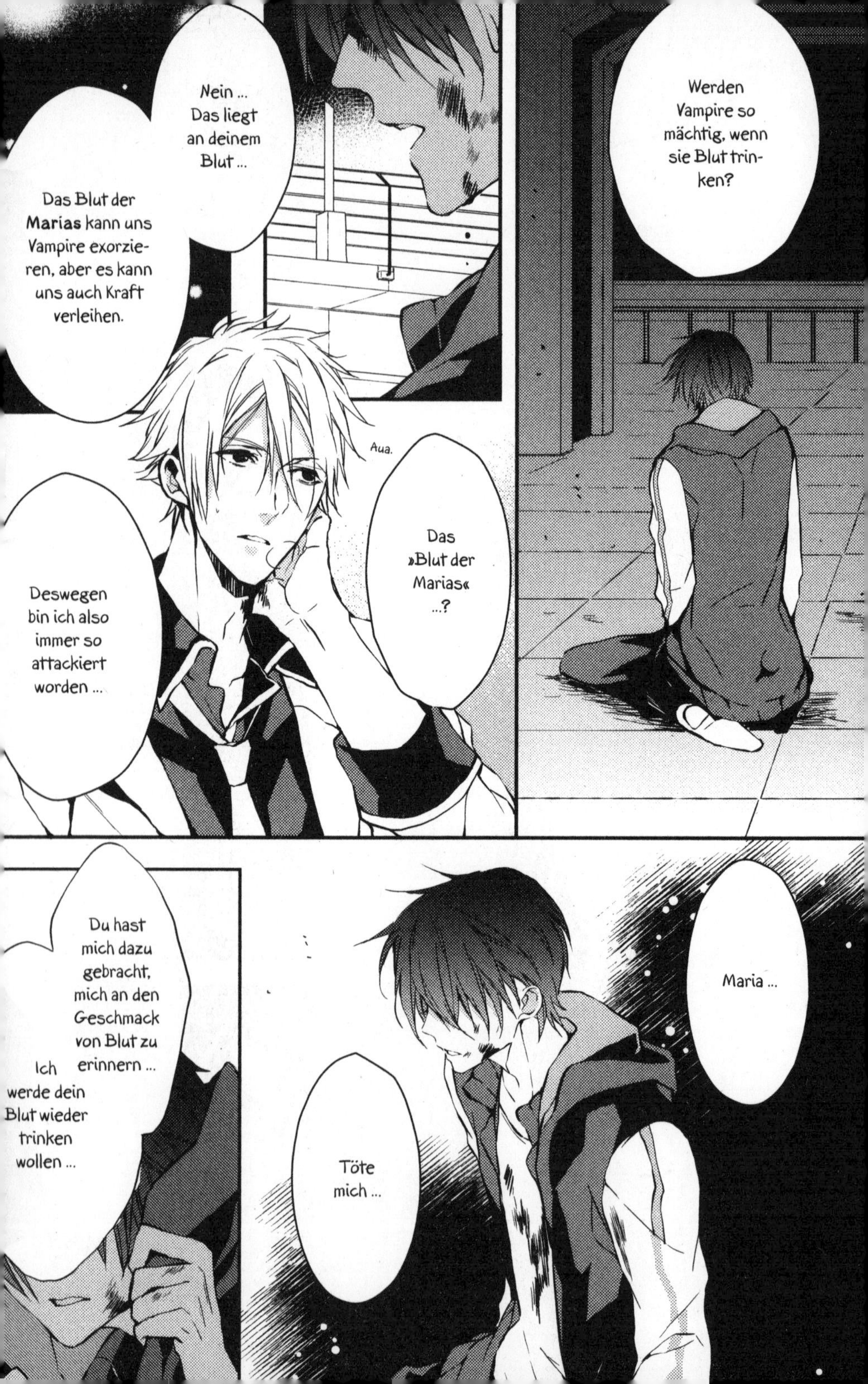
Werden Vampire so mächtig, wenn sie Blut trinken?
Nein ... Das liegt an deinem Blut ...
Das Blut der **Marias** kann uns Vampire exorzieren, aber es kann uns auch Kraft verleihen.
Aua.
Das »Blut der Marias« ...?
Deswegen bin ich also immer so attackiert worden ...
Maria ...
Töte mich ...
Du hast mich dazu gebracht, mich an den Geschmack von Blut zu erinnern ...
Ich werde dein Blut wieder trinken wollen ...

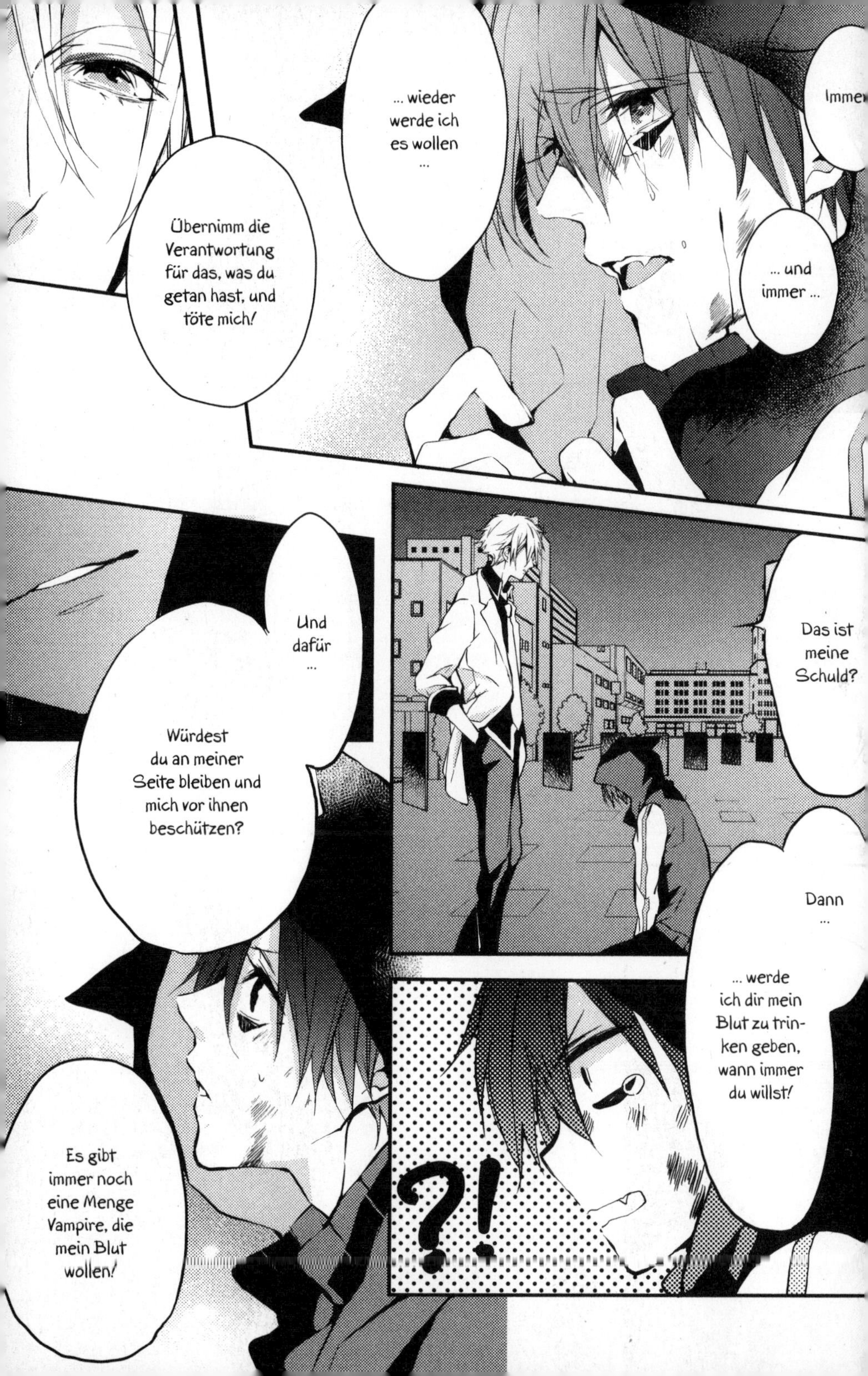
Imme
... und immer ...
... wieder werde ich es wollen ...
Übernimm die Verantwortung für das, was du getan hast, und töte mich!
Das ist meine Schuld?
Es gibt immer noch eine Menge Vampire, die mein Blut wollen!
Und dafür ...
Würdest du an meiner Seite bleiben und mich vor ihnen beschützen?
Dann ...
... werde ich dir mein Blut zu trinken geben, wann immer du willst!
?!

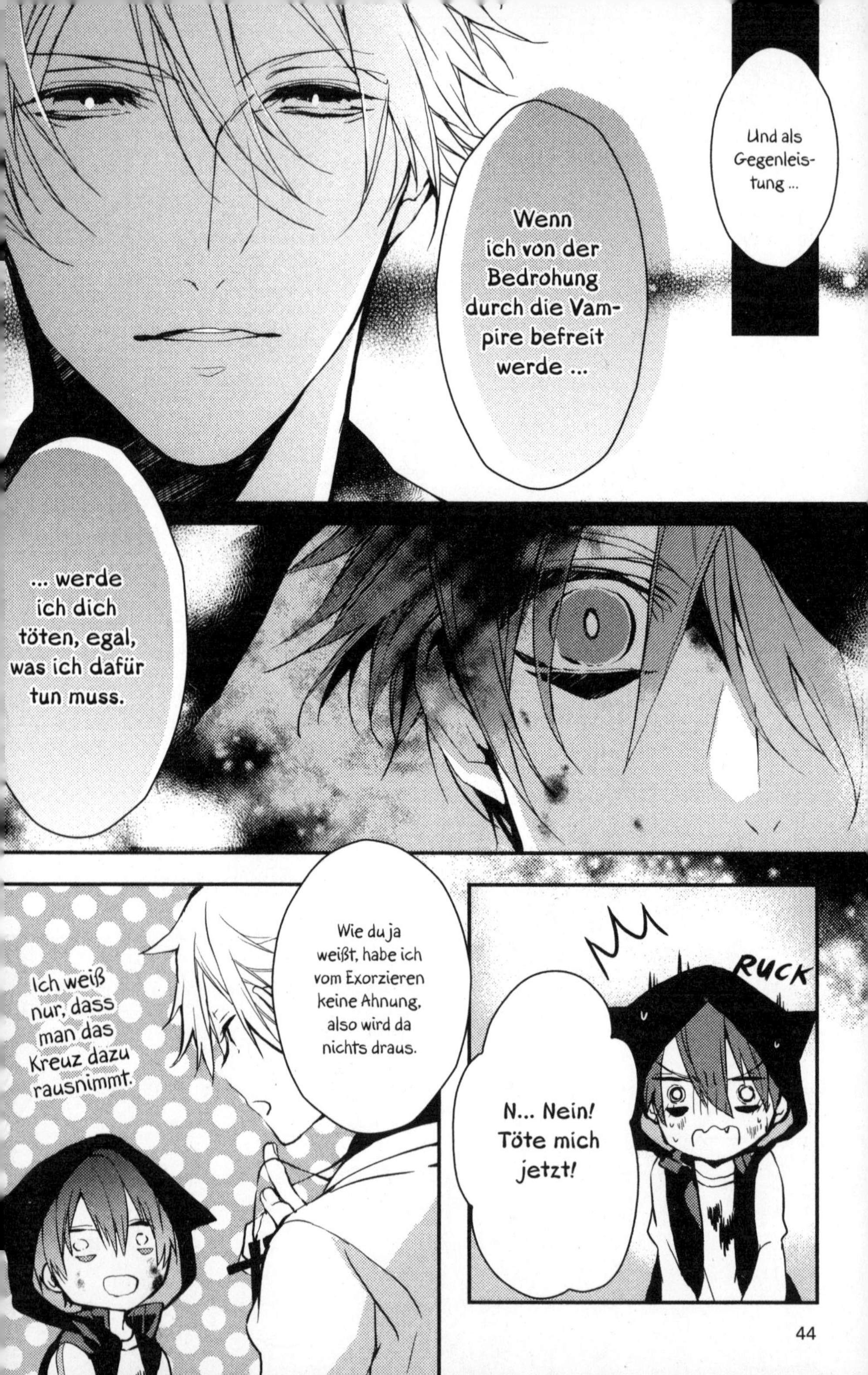
Und als Gegenleistung ...
Wenn ich von der Bedrohung durch die Vampire befreit werde ...
... werde ich dich töten, egal, was ich dafür tun muss.
RUCK
N... Nein! Töte mich jetzt!
Wie du ja weißt, habe ich vom Exorzieren keine Ahnung, also wird da nichts draus.
Ich weiß nur, dass man das Kreuz dazu rausnimmt.

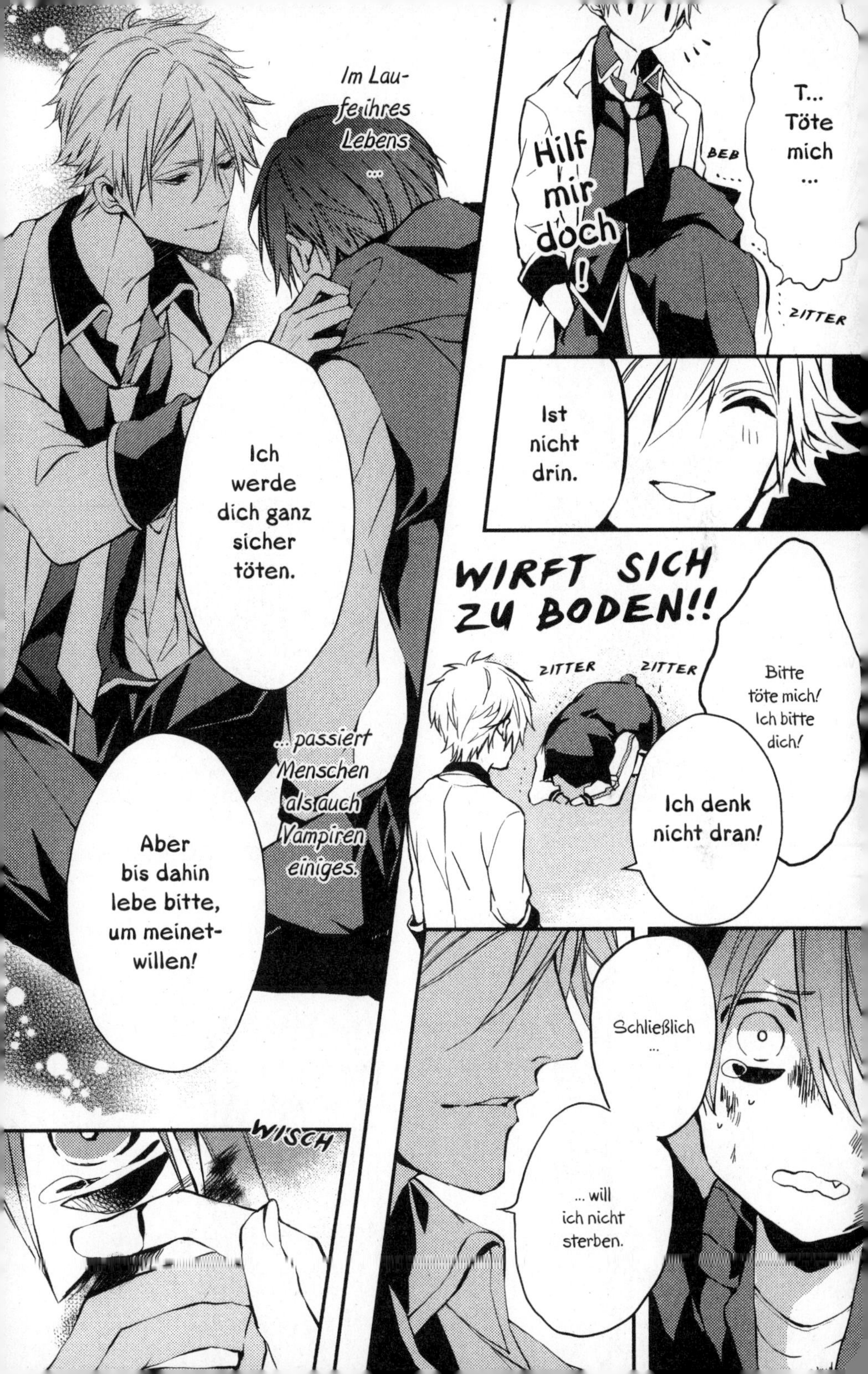
T... Töte mich ...
BEB
Hilf mir doch!
ZITTER
Ist nicht drin.
WIRFT SICH ZU BODEN!!
ZITTER
ZITTER
Bitte töte mich! Ich bitte dich!
Ich denk nicht dran!
Schließlich ...
... will ich nicht sterben.
Im Laufe ihres Lebens ...
Ich werde dich ganz sicher töten.
... passiert Menschen als auch Vampiren einiges.
Aber bis dahin lebe bitte, um meinetwillen!
WISCH

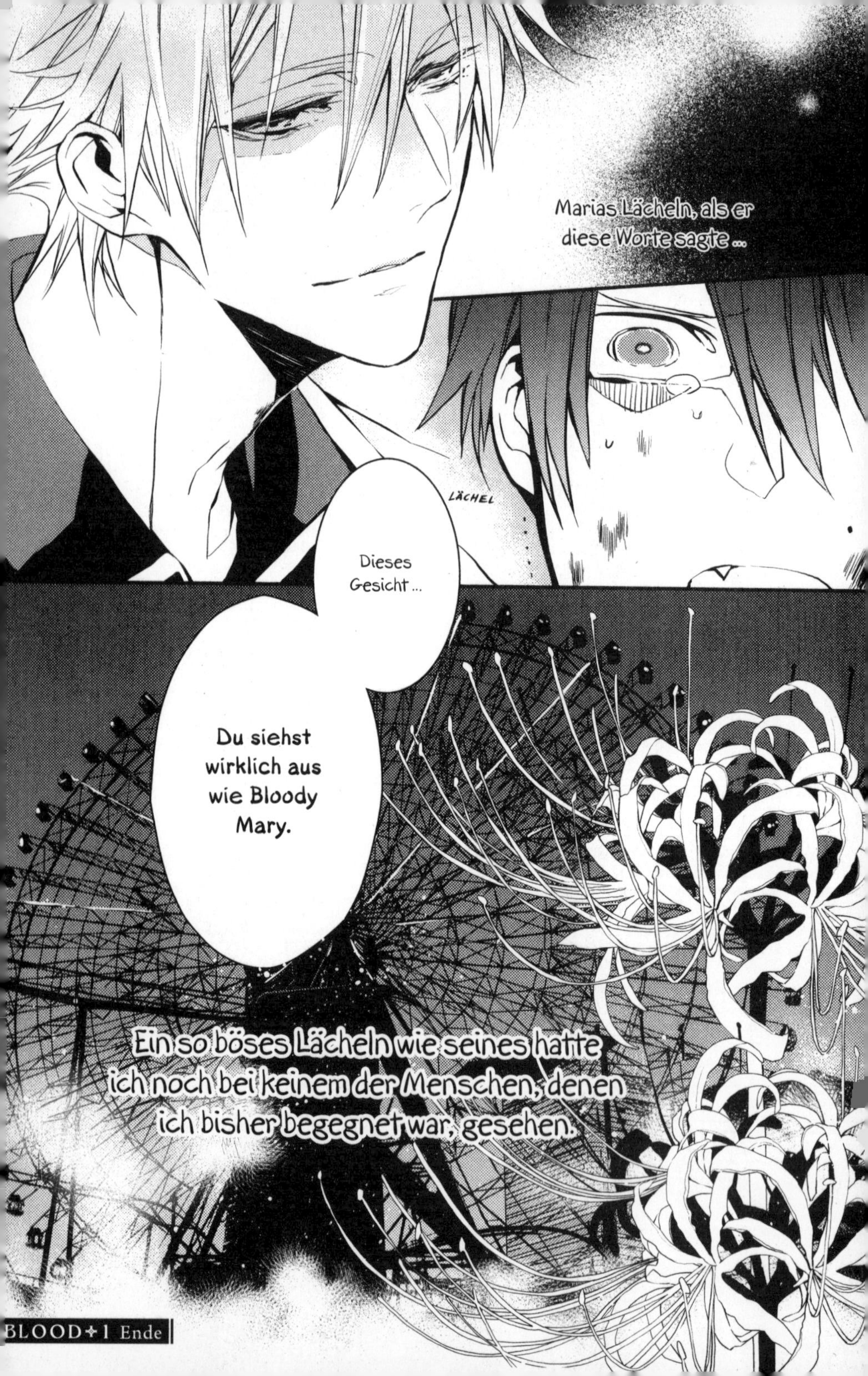

Marias Lächeln, als er diese Worte sagte ...
LÄCHEL
Dieses Gesicht ...
Du siehst wirklich aus wie Bloody Mary.
Ein so böses Lächeln wie seines hatte ich noch bei keinem der Menschen, denen ich bisher begegnet war, gesehen.
BLOOD+1 Ende

Bloody†Mary

A vampire who wants to die. And a priest who wants to live.
Crossing purposes in life and death.

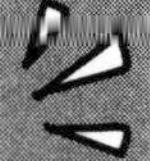

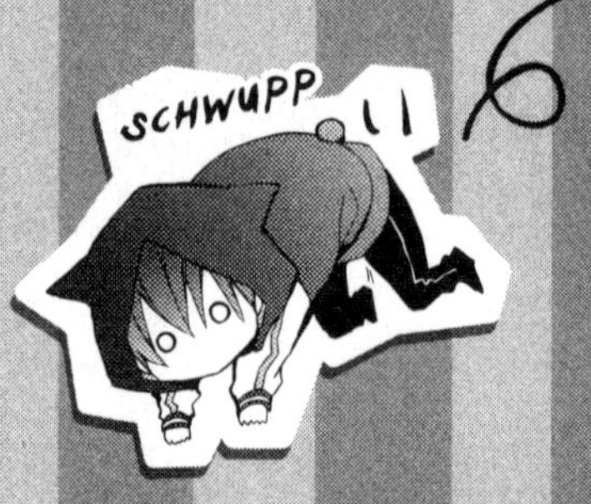

Bloody✝Mary

A vampire who wants to die. And a priest who wants to live.
Crossing purposes in life and death.

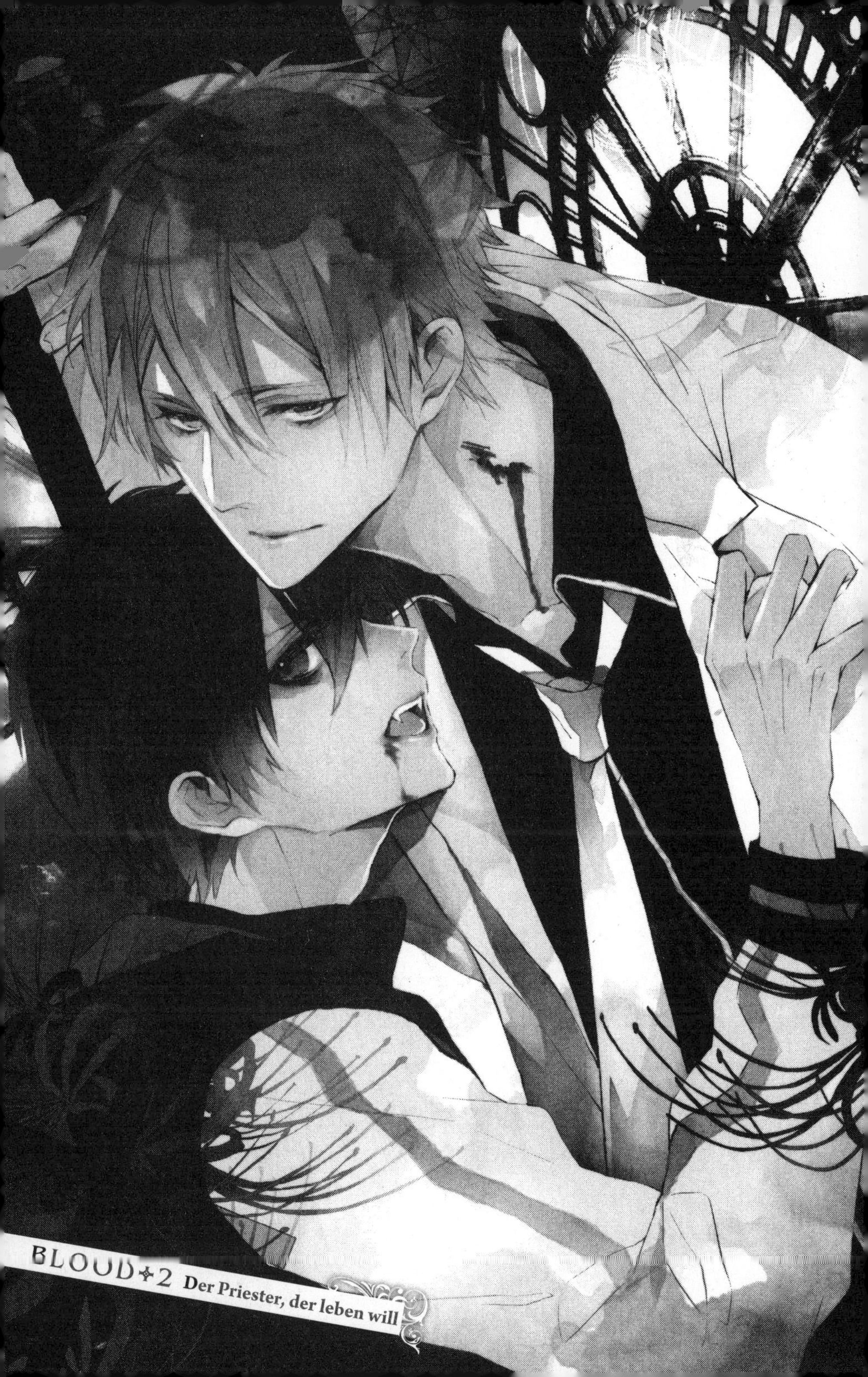
BLOOD✦2 Der Priester, der leben will

Bloody†Mary

A vampire who wants to die.
And a priest who wants to live.
Crossing purposes in life and death.

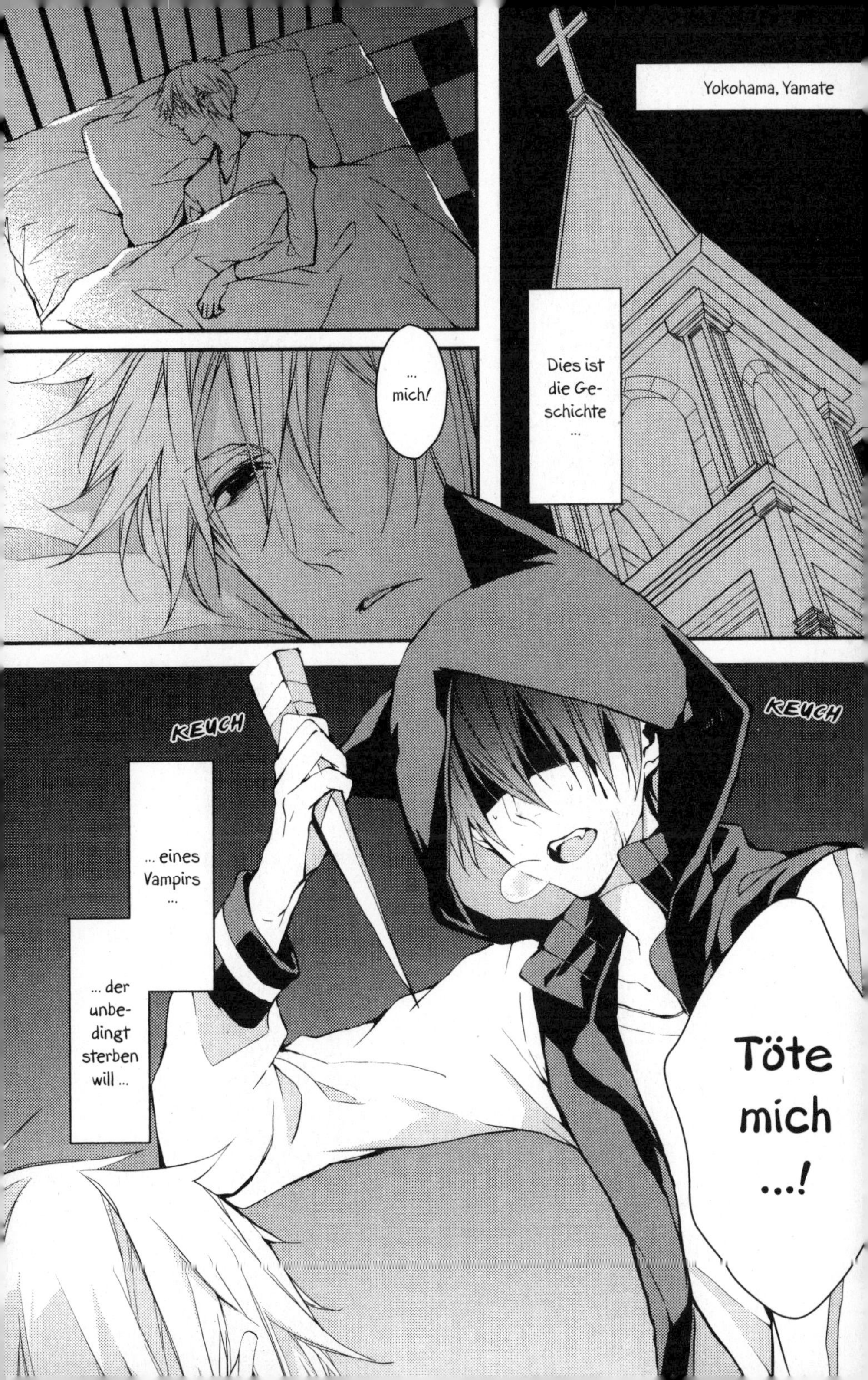
Yokohama, Yamate
... mich!
Dies ist die Geschichte ...
KEUCH
KEUCH
... eines Vampirs ...
... der unbedingt sterben will ...
Töte mich ...!

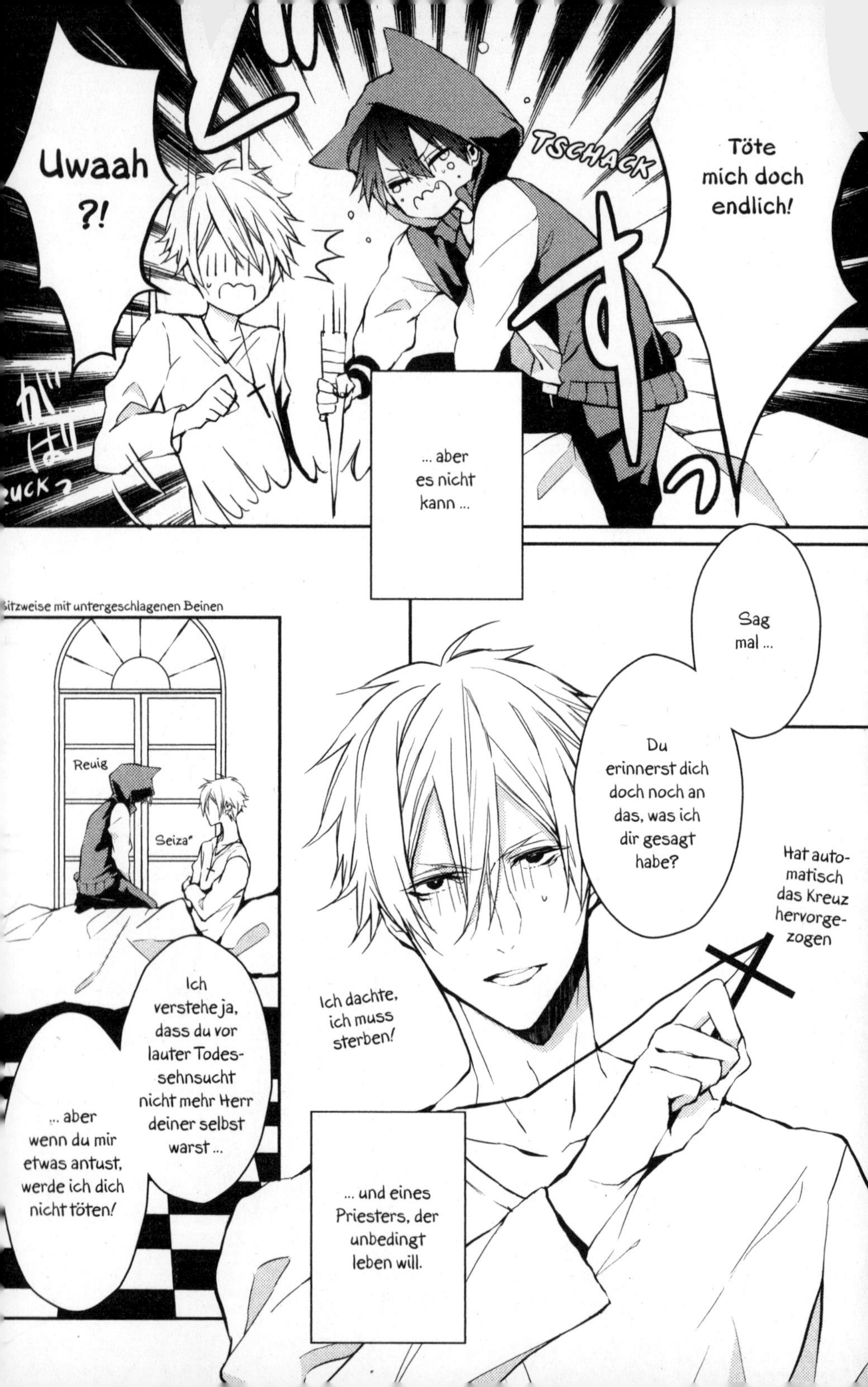
Töte mich doch endlich!
TSCHACK
す
Uwaah ?!
がばっ
... aber es nicht kann ...
Sag mal ...
Du erinnerst dich doch noch an das, was ich dir gesagt habe?
Hat automatisch das Kreuz hervorgezogen
Ich dachte, ich muss sterben!
Sitzweise mit untergeschlagenen Beinen
Reuig
Seiza*
Ich verstehe ja, dass du vor lauter Todessehnsucht nicht mehr Herr deiner selbst warst ...
... aber wenn du mir etwas antust, werde ich dich nicht töten!
... und eines Priesters, der unbedingt leben will.

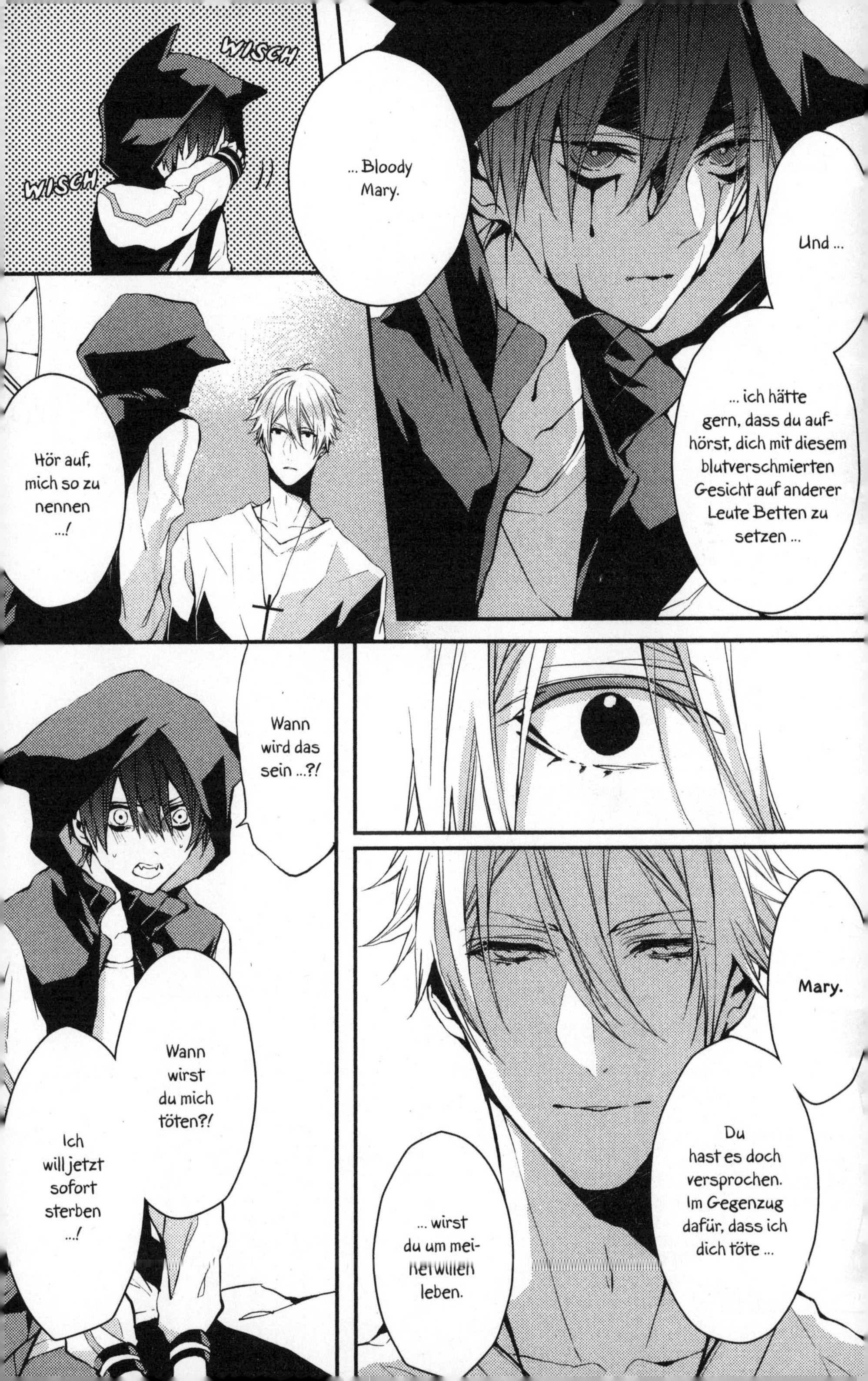
Und ...
... ich hätte gern, dass du aufhörst, dich mit diesem blutverschmierten Gesicht auf anderer Leute Betten zu setzen ...
... Bloody Mary.
WISCH
WISCH
Hör auf, mich so zu nennen ...!
Mary.
Du hast es doch versprochen. Im Gegenzug dafür, dass ich dich töte ...
... wirst du um meinetwillen leben.
Wann wird das sein ...?!
Wann wirst du mich töten?!
Ich will jetzt sofort sterben ...!

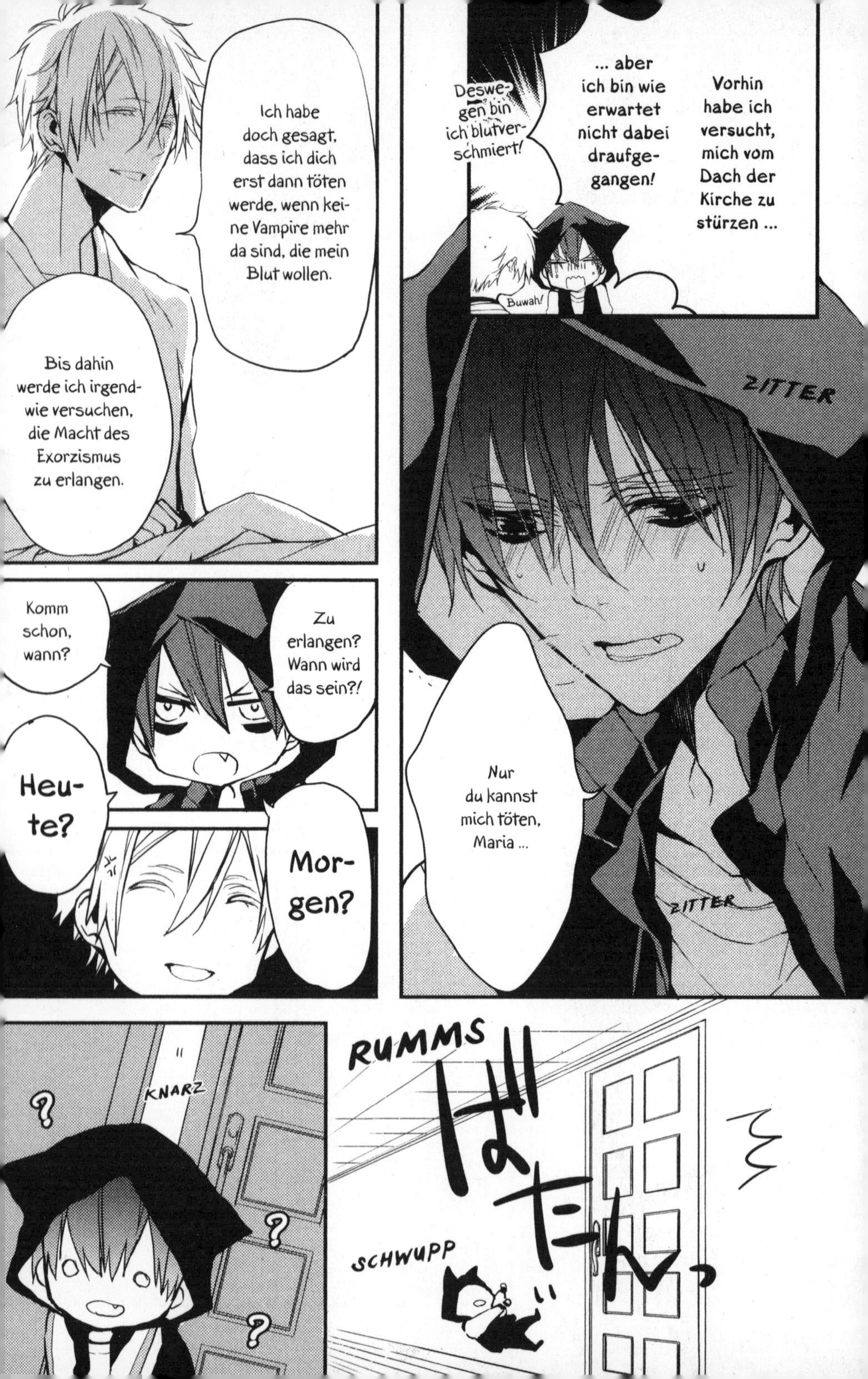

Vorhin habe ich versucht, mich vom Dach der Kirche zu stürzen ...
... aber ich bin wie erwartet nicht dabei draufgegangen!
Deswegen bin ich blutverschmiert!
Buwah!
Ich habe doch gesagt, dass ich dich erst dann töten werde, wenn keine Vampire mehr da sind, die mein Blut wollen.
Bis dahin werde ich irgendwie versuchen, die Macht des Exorzismus zu erlangen.
ZITTER
Nur du kannst mich töten, Maria ...
ZITTER
Zu erlangen? Wann wird das sein?!
Komm schon, wann?
Morgen?
Heute?

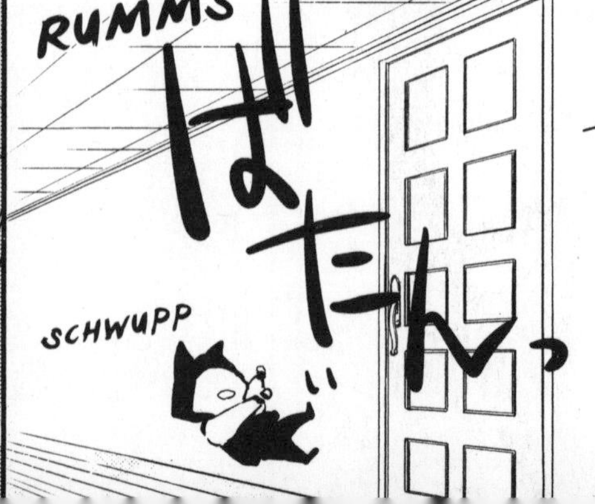

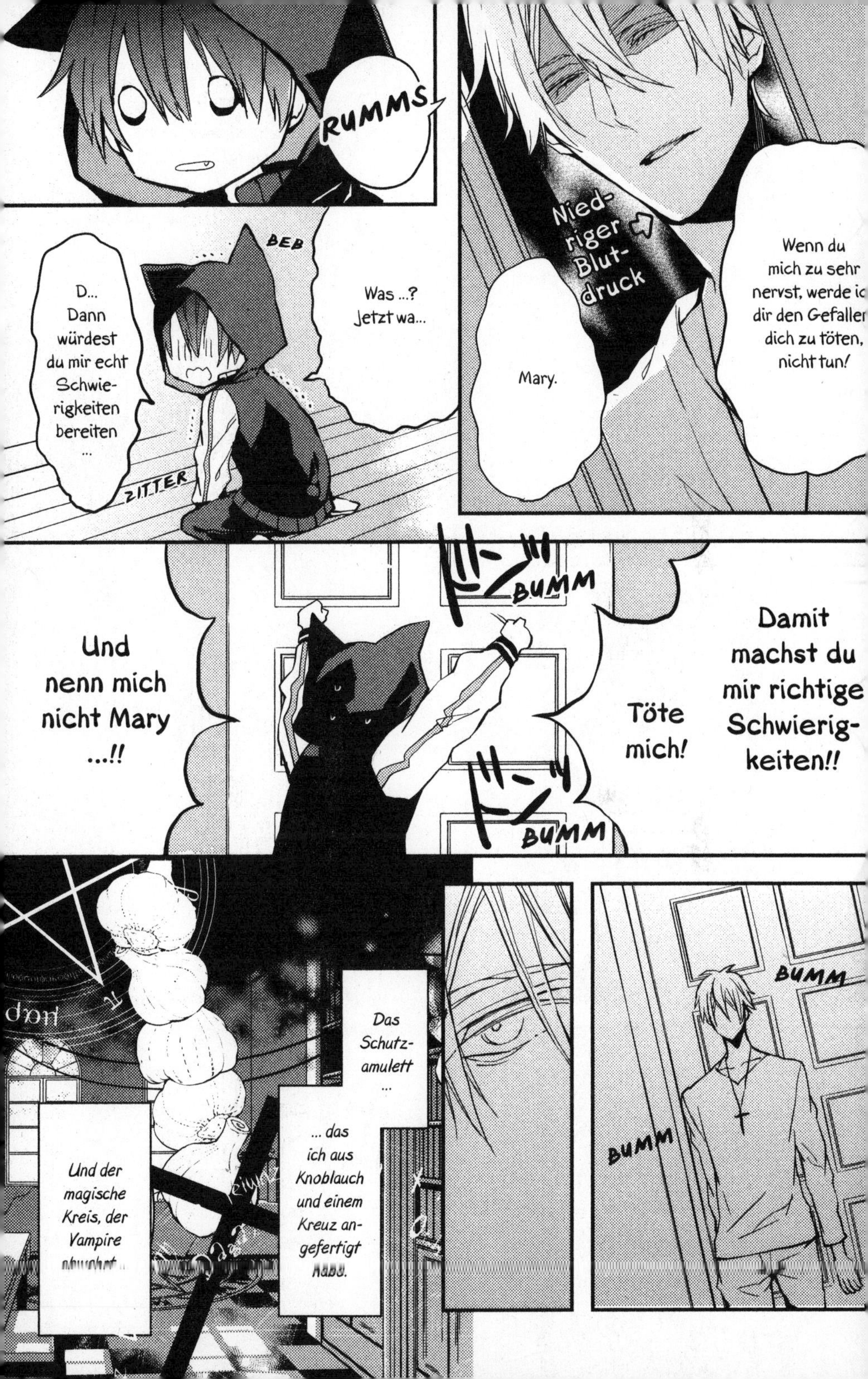
Wenn du mich zu sehr nervst, werde ic dir den Gefaller dich zu töten, nicht tun!
Nied-riger Blut-druck
Mary.
RUMMS
BEB
Was ...? Jetzt wa...
D... Dann würdest du mir echt Schwierigkeiten bereiten ...
ZITTER
Damit machst du mir richtige Schwierig-keiten!!
Töte mich!
Und nenn mich nicht Mary ...!!
BUMM
BUMM
BUMM
BUMM
Das Schutz-amulett ...
... das ich aus Knoblauch und einem Kreuz an-gefertigt
Und der magische Kreis, der Vampire

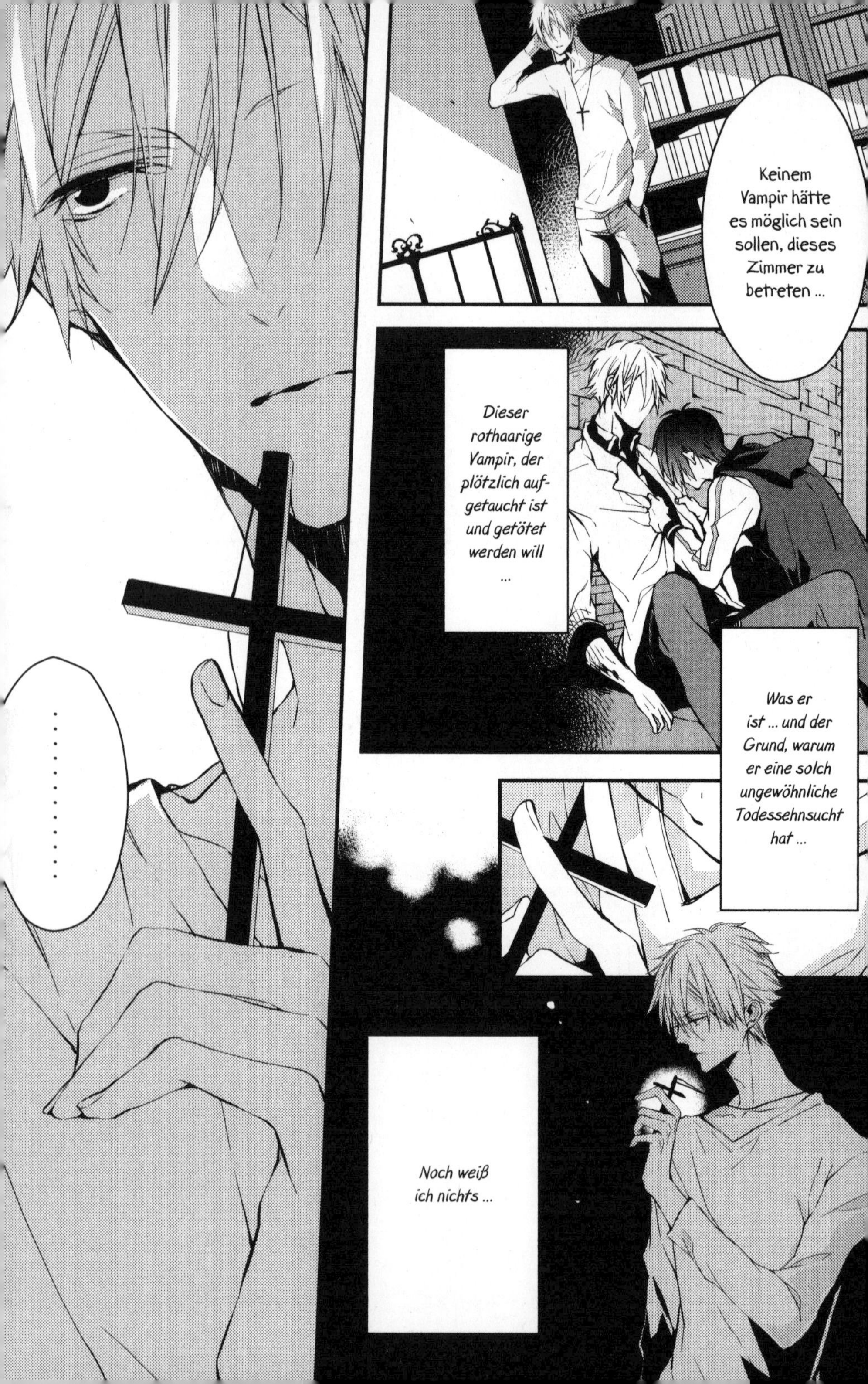
Keinem Vampir hätte es möglich sein sollen, dieses Zimmer zu betreten ...
Dieser rothaarige Vampir, der plötzlich auf-getaucht ist und getötet werden will ...
Was er ist ... und der Grund, warum er eine solch ungewöhnliche Todessehnsucht hat ...
......
Noch weiß ich nichts ...

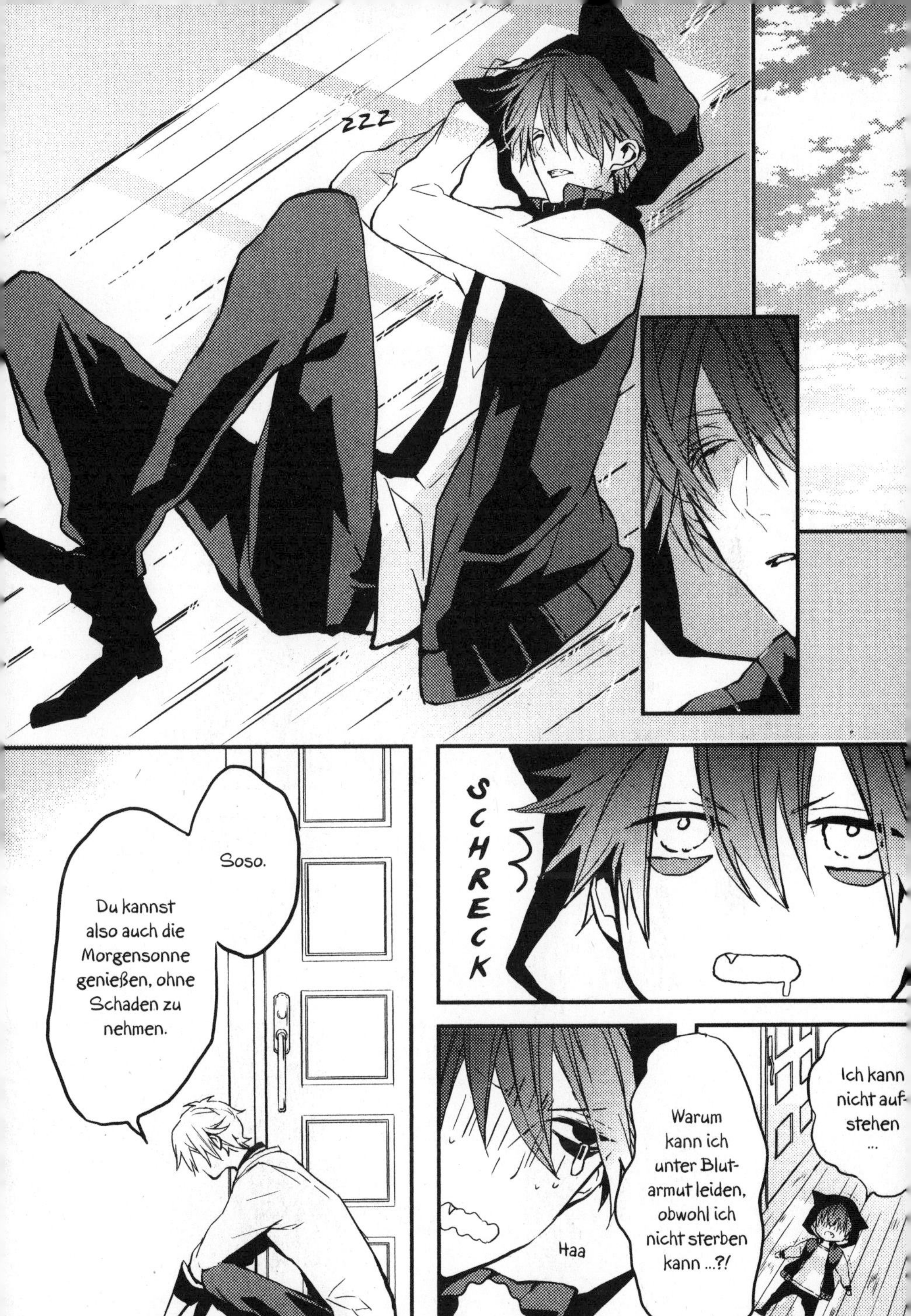
zzz
SCHRECK
Soso.
Du kannst also auch die Morgensonne genießen, ohne Schaden zu nehmen.
Ich kann nicht auf-stehen ...
Warum kann ich unter Blut-armut leiden, obwohl ich nicht sterben kann ...?!
Haa
Scheiße ...

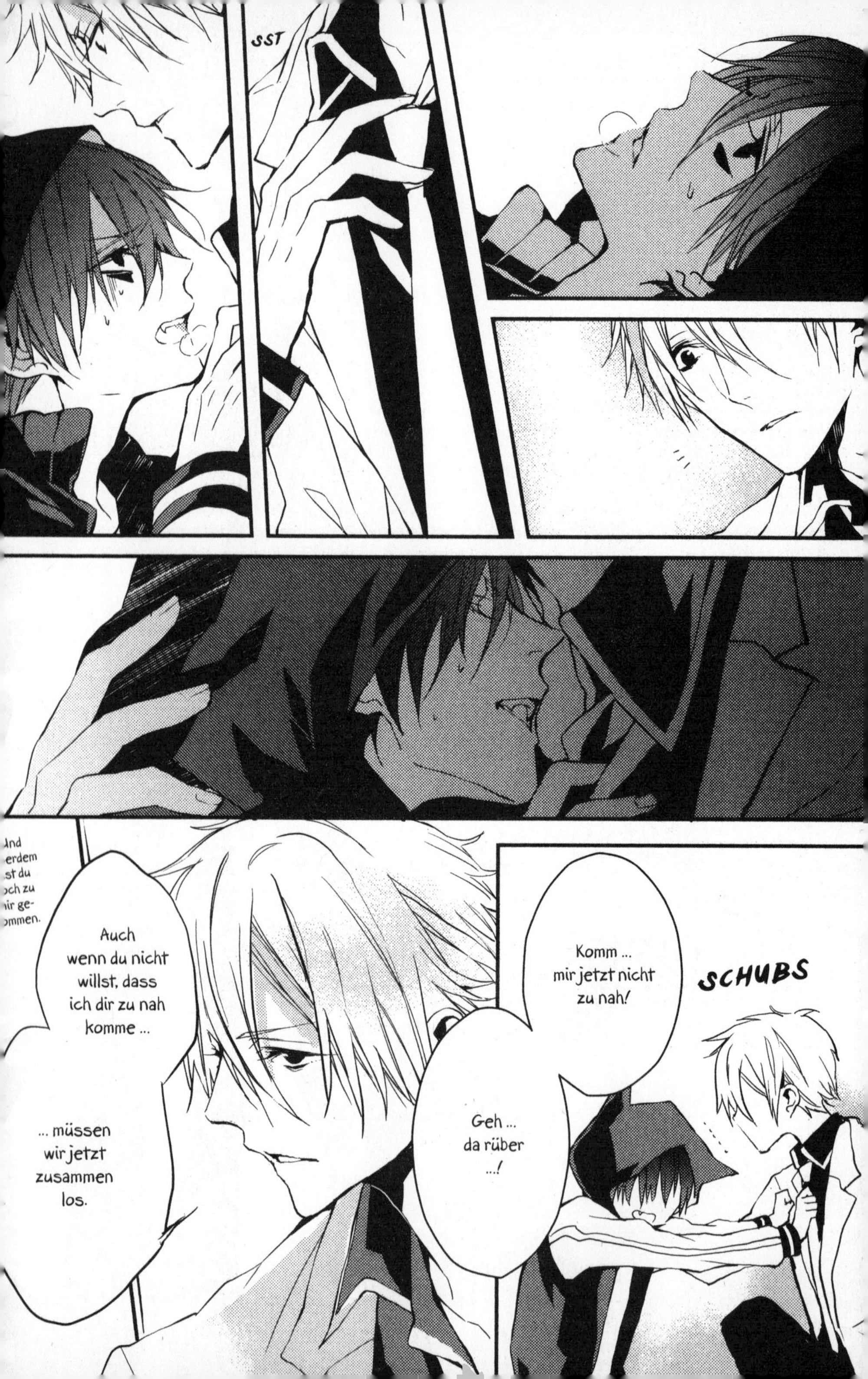
SST
SCHUBS
Komm ... mir jetzt nicht zu nah!
Geh ... da rüber ...!
Auch wenn du nicht willst, dass ich dir zu nah komme ...
... müssen wir jetzt zusammen los.
Und erdem st du och zu ir ge- ommen.

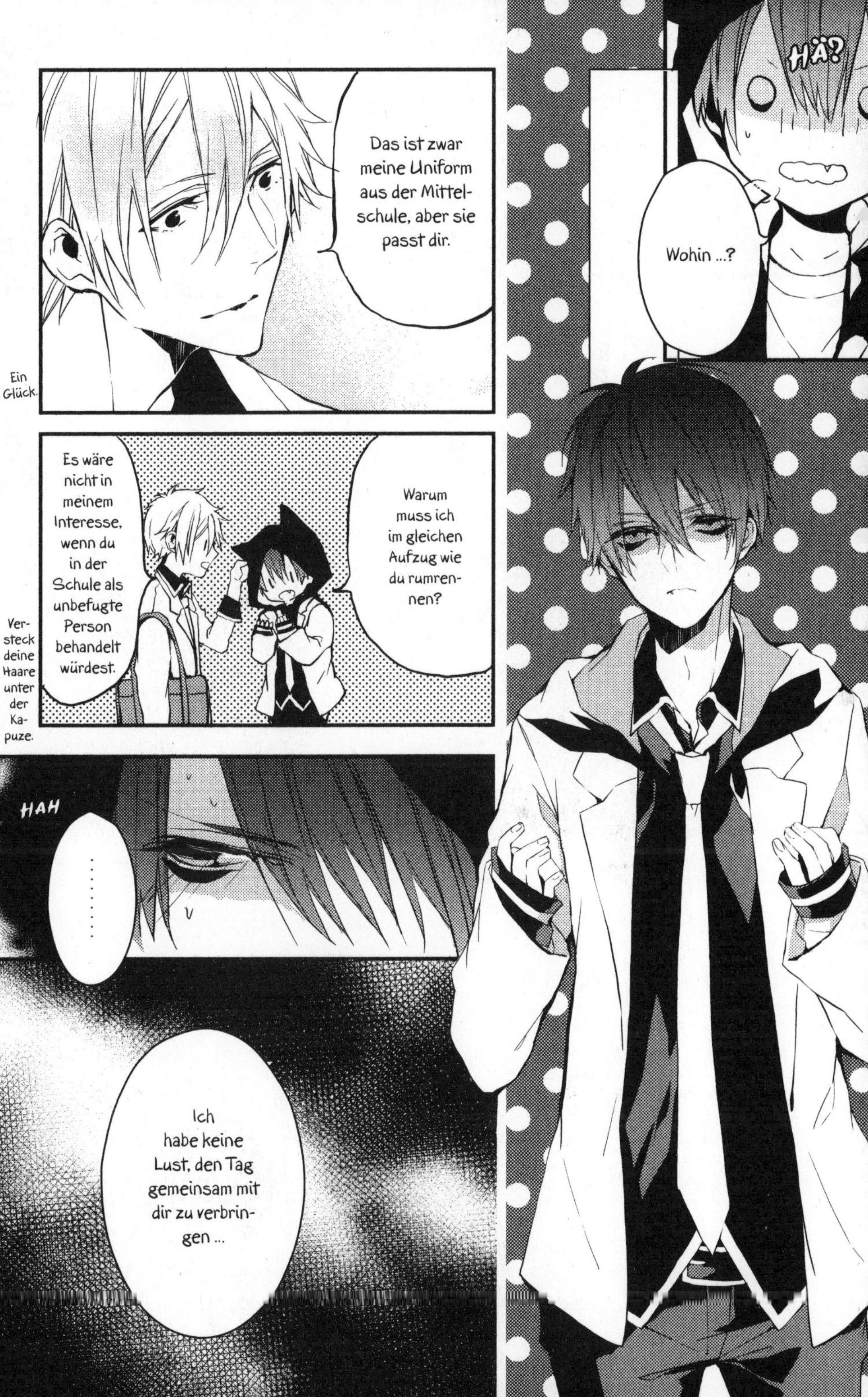
HÄ?
Wohin ...?
Das ist zwar meine Uniform aus der Mittelschule, aber sie passt dir.
Ein Glück.
Warum muss ich im gleichen Aufzug wie du rumrennen?
Es wäre nicht in meinem Interesse, wenn du in der Schule als unbefugte Person behandelt würdest.
Versteck deine Haare unter der Kapuze.
HAH
......
Ich habe keine Lust, den Tag gemeinsam mit dir zu verbringen ...

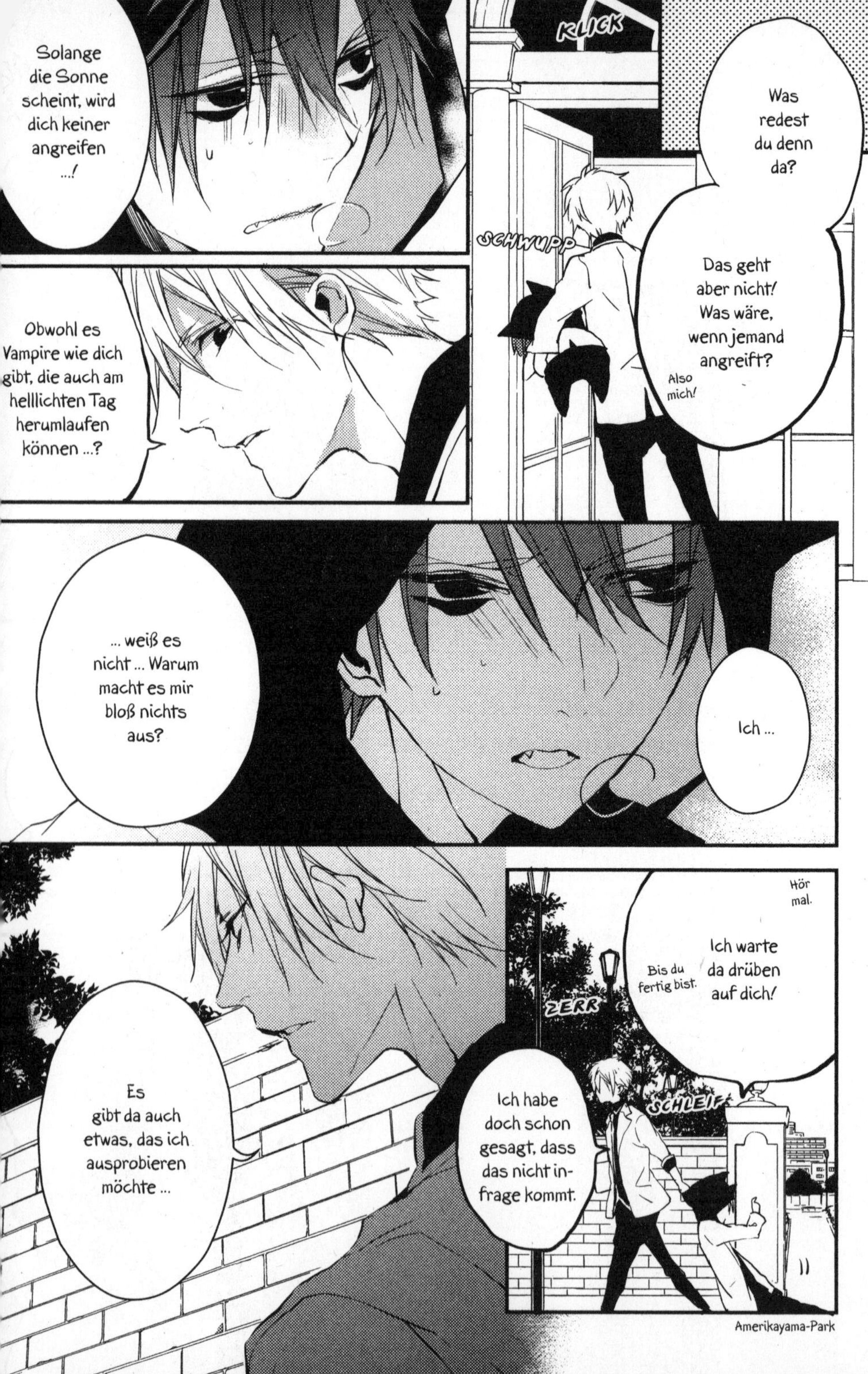
KLICK
Was redest du denn da?
SCHWUPP
Das geht aber nicht! Was wäre, wenn jemand angreift?
Also mich!
Solange die Sonne scheint, wird dich keiner angreifen …!
Obwohl es Vampire wie dich gibt, die auch am helllichten Tag herumlaufen können …?
Ich …
… weiß es nicht … Warum macht es mir bloß nichts aus?
Hör mal.
Ich warte da drüben auf dich!
Bis du fertig bist.
ZERR
SCHLEIF
Ich habe doch schon gesagt, dass das nicht in-frage kommt.
Es gibt da auch etwas, das ich ausprobieren möchte …
Amerikayama-Park

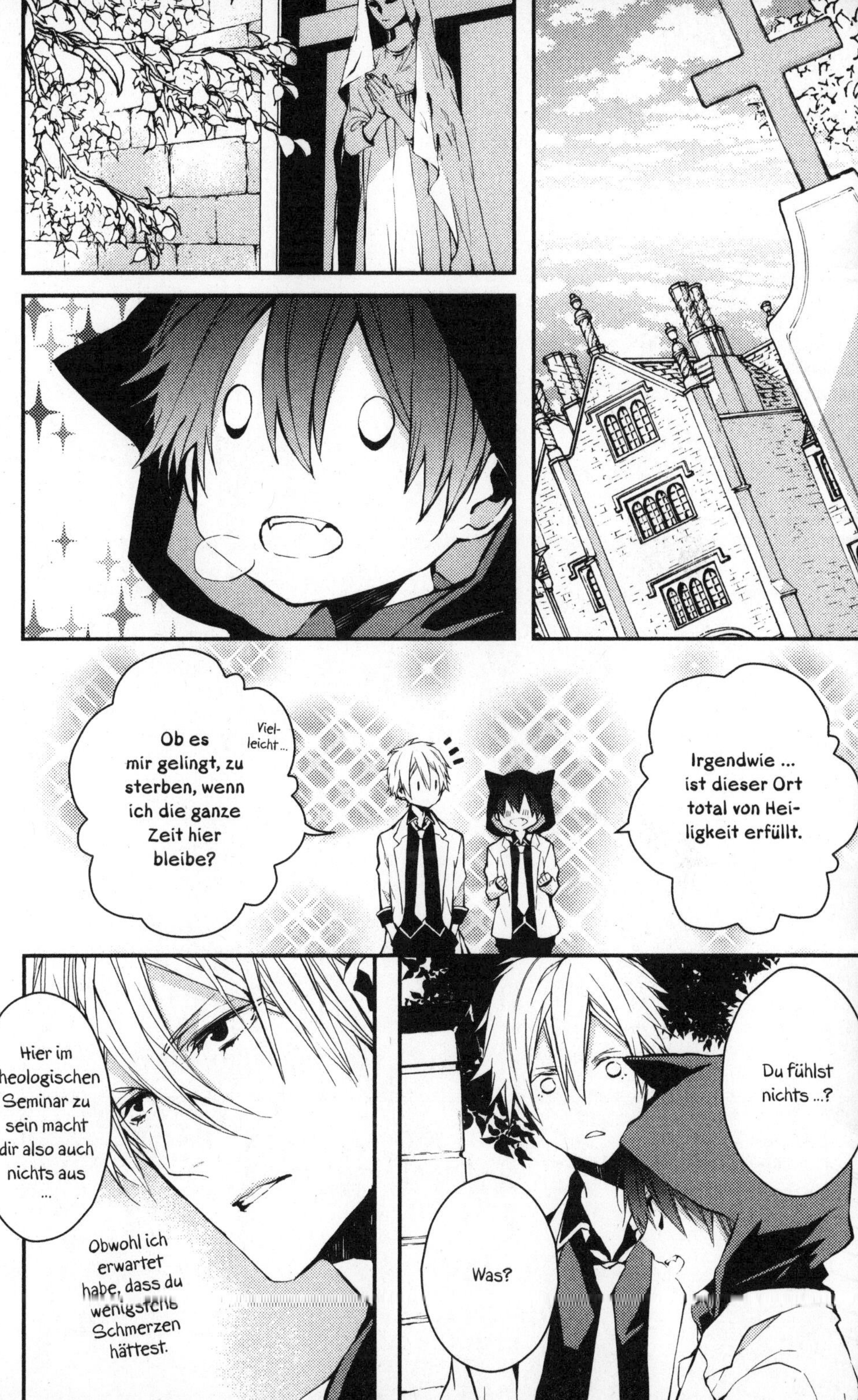
Irgendwie ... ist dieser Ort total von Heiligkeit erfüllt.
Vielleicht ...
Ob es mir gelingt, zu sterben, wenn ich die ganze Zeit hier bleibe?
Du fühlst nichts ...?
Was?
Hier im theologischen Seminar zu sein macht dir also auch nichts aus ...
Obwohl ich erwartet habe, dass du wenigstens Schmerzen hättest.

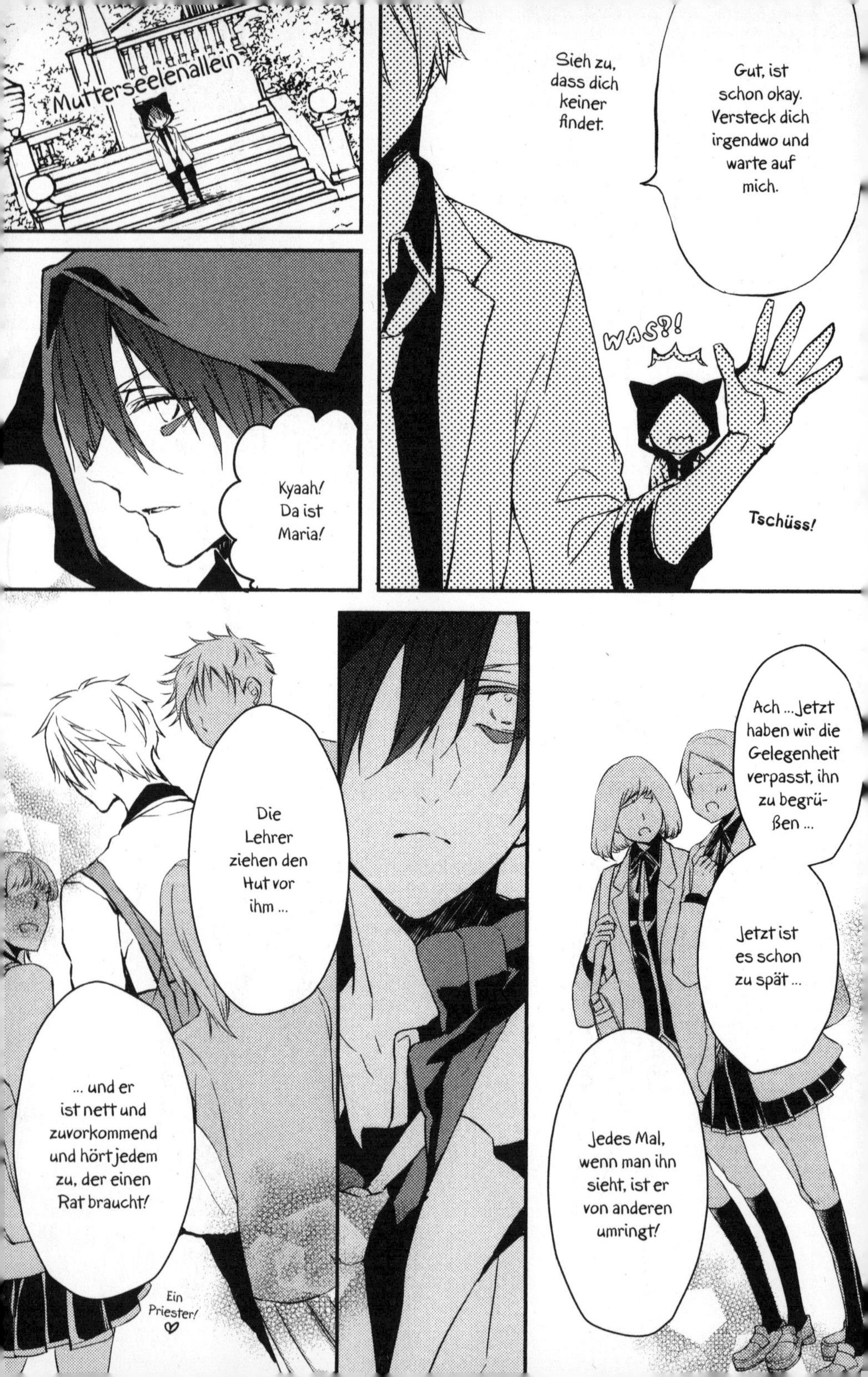

Gut, ist schon okay. Versteck dich irgendwo und warte auf mich.

Sieh zu, dass dich keiner findet.

WAS?!

Tschüss!

Mutterseelenallein

Kyaah! Da ist Maria!

Ach ... Jetzt haben wir die Gelegenheit verpasst, ihn zu begrü-ßen ...

Jetzt ist es schon zu spät ...

Jedes Mal, wenn man ihn sieht, ist er von anderen umringt!

Die Lehrer ziehen den Hut vor ihm ...

... und er ist nett und zuvorkommend und hört jedem zu, der einen Rat braucht!

Ein Priester! ♡

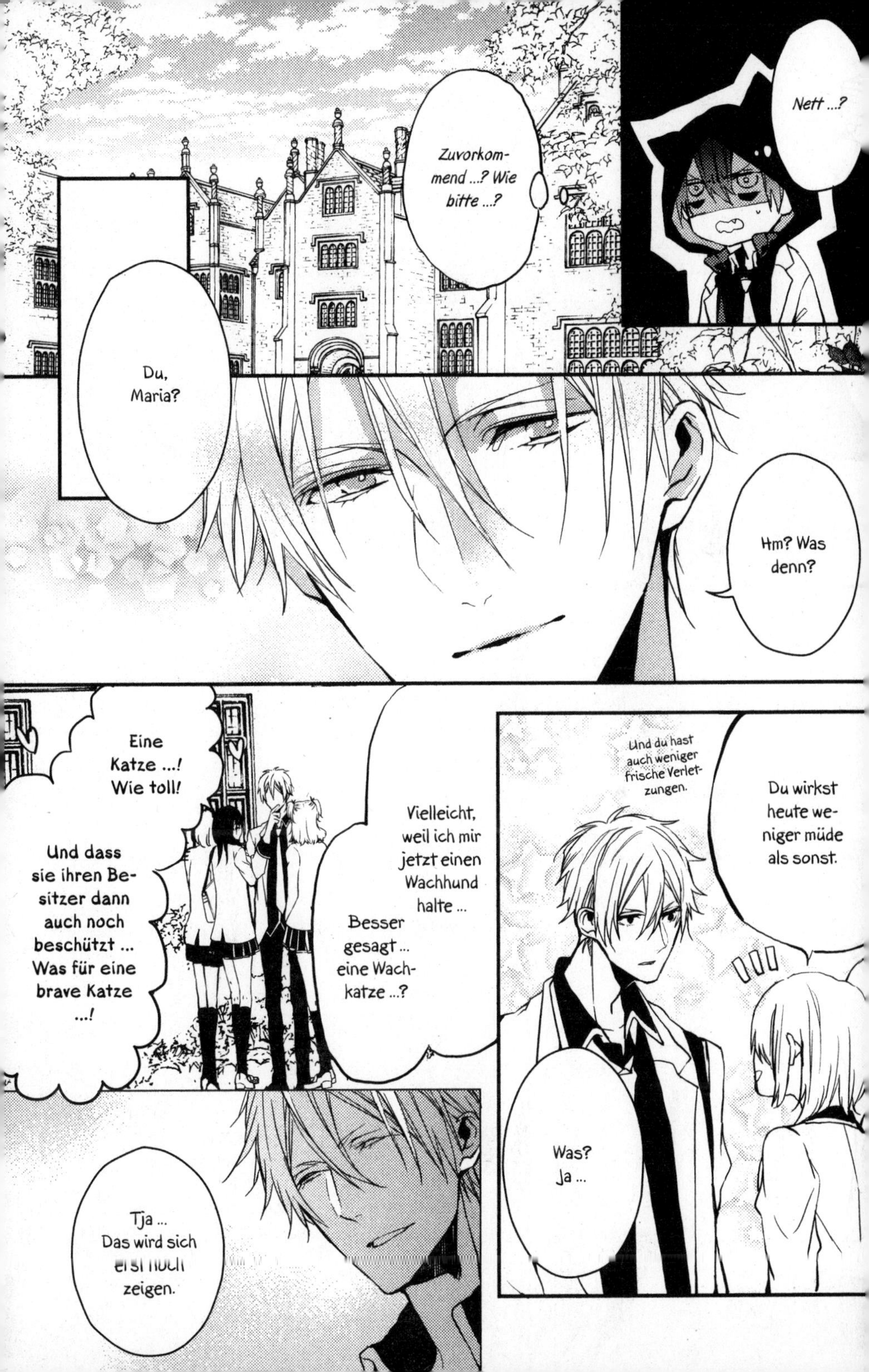
Nett ...?
Zuvorkommend ...? Wie bitte ...?
Du, Maria?
Hm? Was denn?
Du wirkst heute weniger müde als sonst.
Und du hast auch weniger frische Verletzungen.
Was? Ja ...
Vielleicht, weil ich mir jetzt einen Wachhund halte ...
Besser gesagt ... eine Wachkatze ...?
Eine Katze ...! Wie toll!
Und dass sie ihren Besitzer dann auch noch beschützt ... Was für eine brave Katze ...!
Tja ... Das wird sich erst noch zeigen.

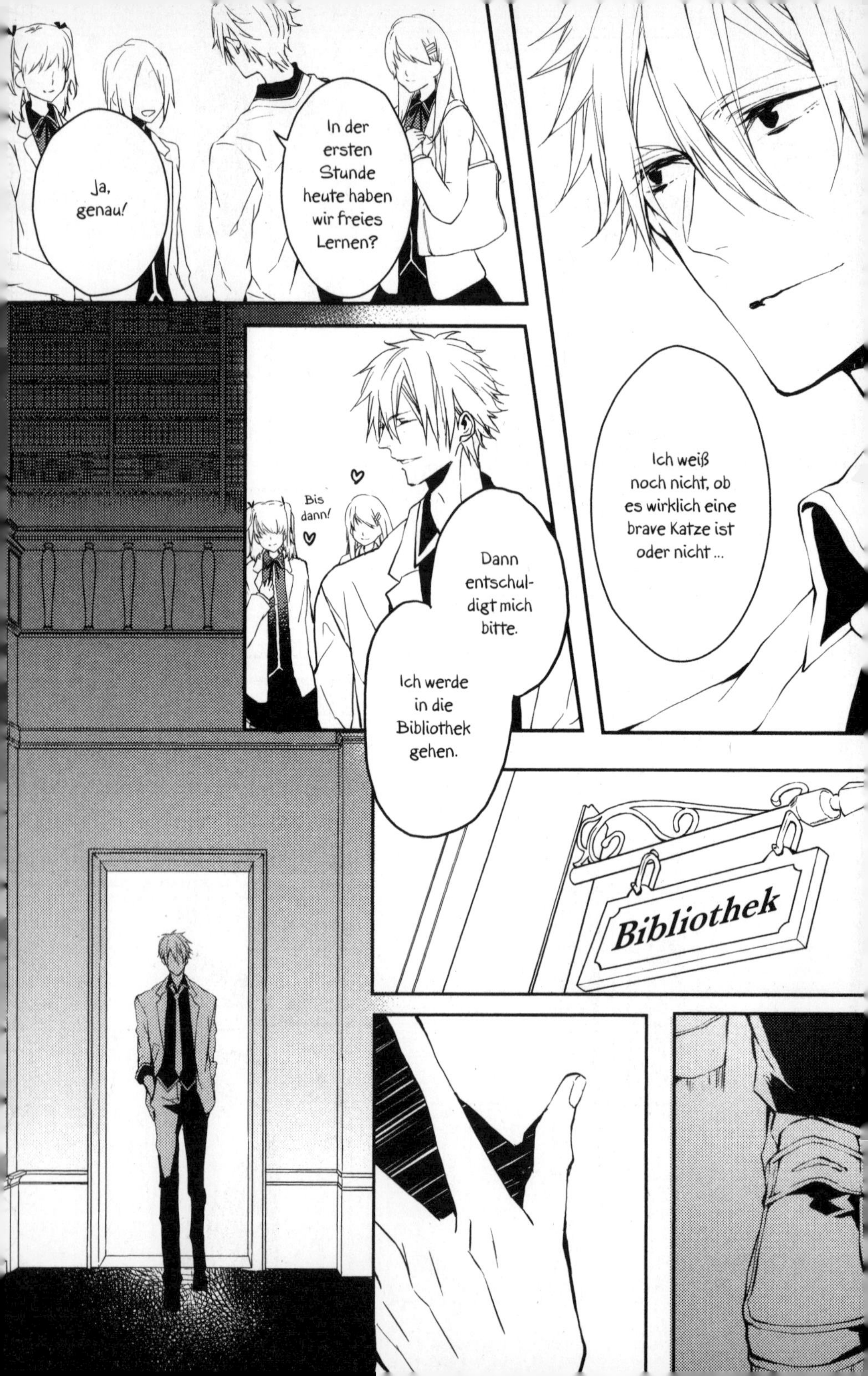
In der ersten Stunde heute haben wir freies Lernen?
Ja, genau!
Ich weiß noch nicht, ob es wirklich eine brave Katze ist oder nicht ...
Dann entschul-digt mich bitte.
Ich werde in die Bibliothek gehen.
Bis dann!
Bibliothek

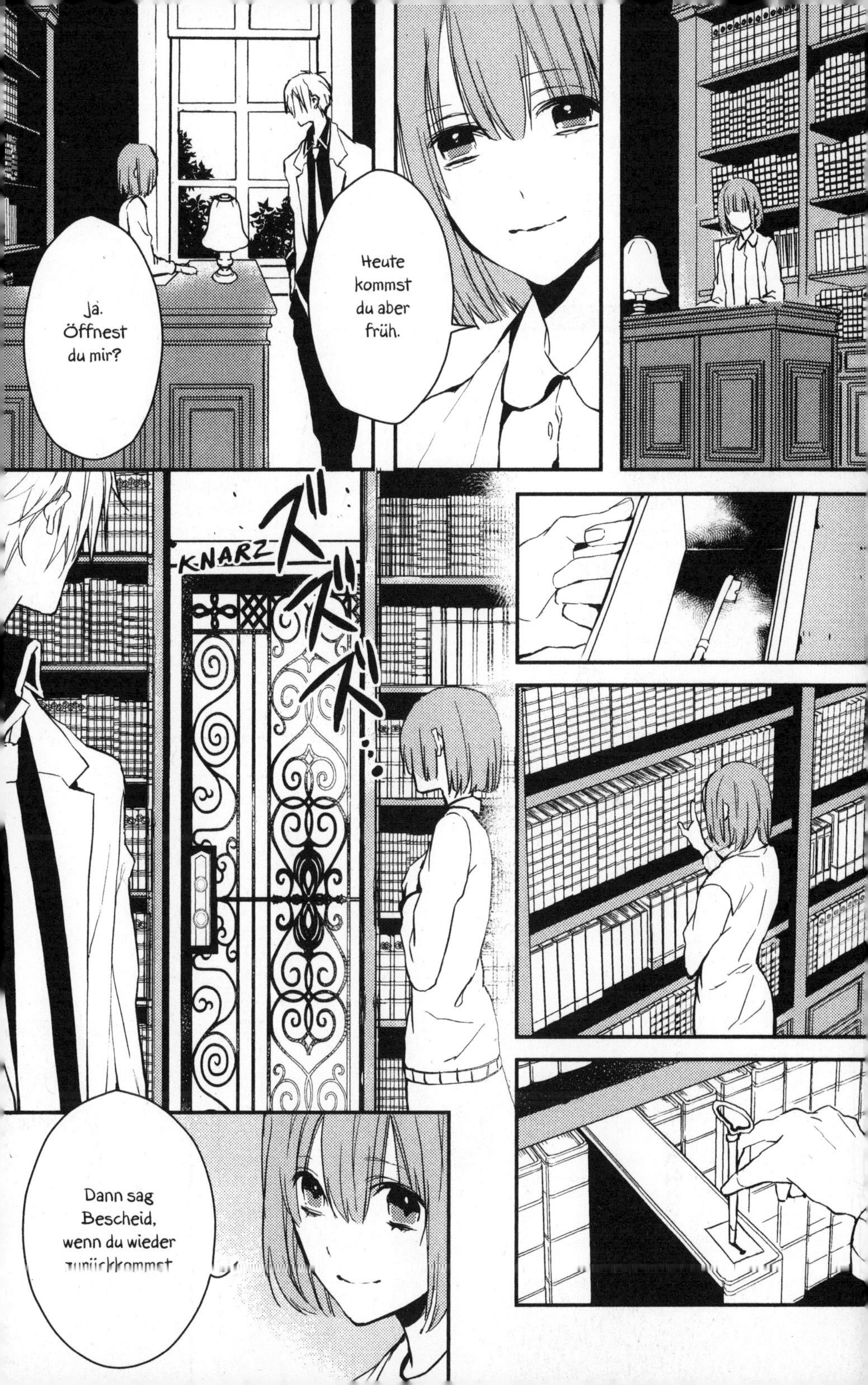
Heute kommst du aber früh.
Ja. Öffnest du mir?
KNARZ
ズズズ…
Dann sag Bescheid, wenn du wieder

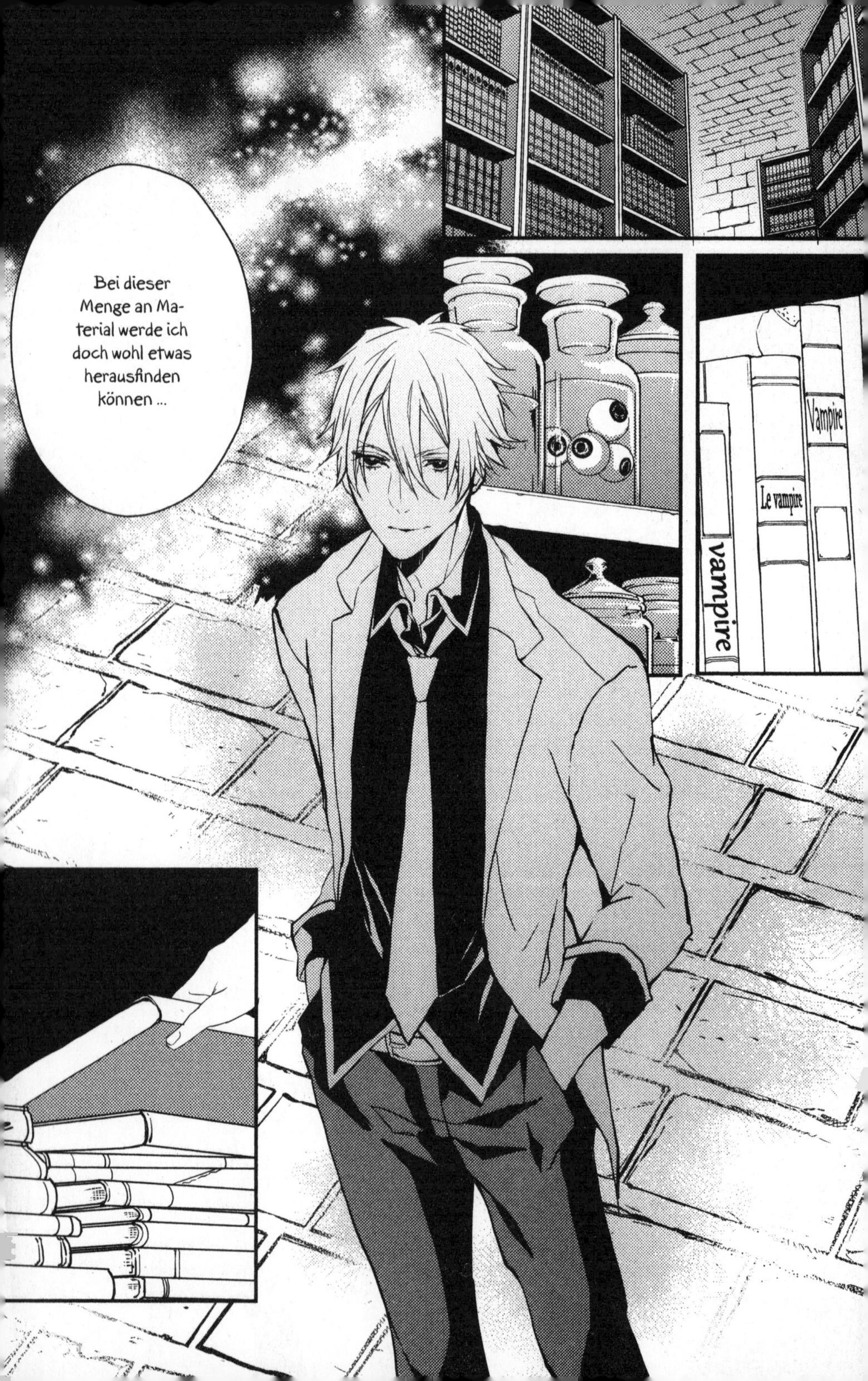
Bei dieser Menge an Material werde ich doch wohl etwas herausfinden können ...
Vampire
Le vampire
vampire

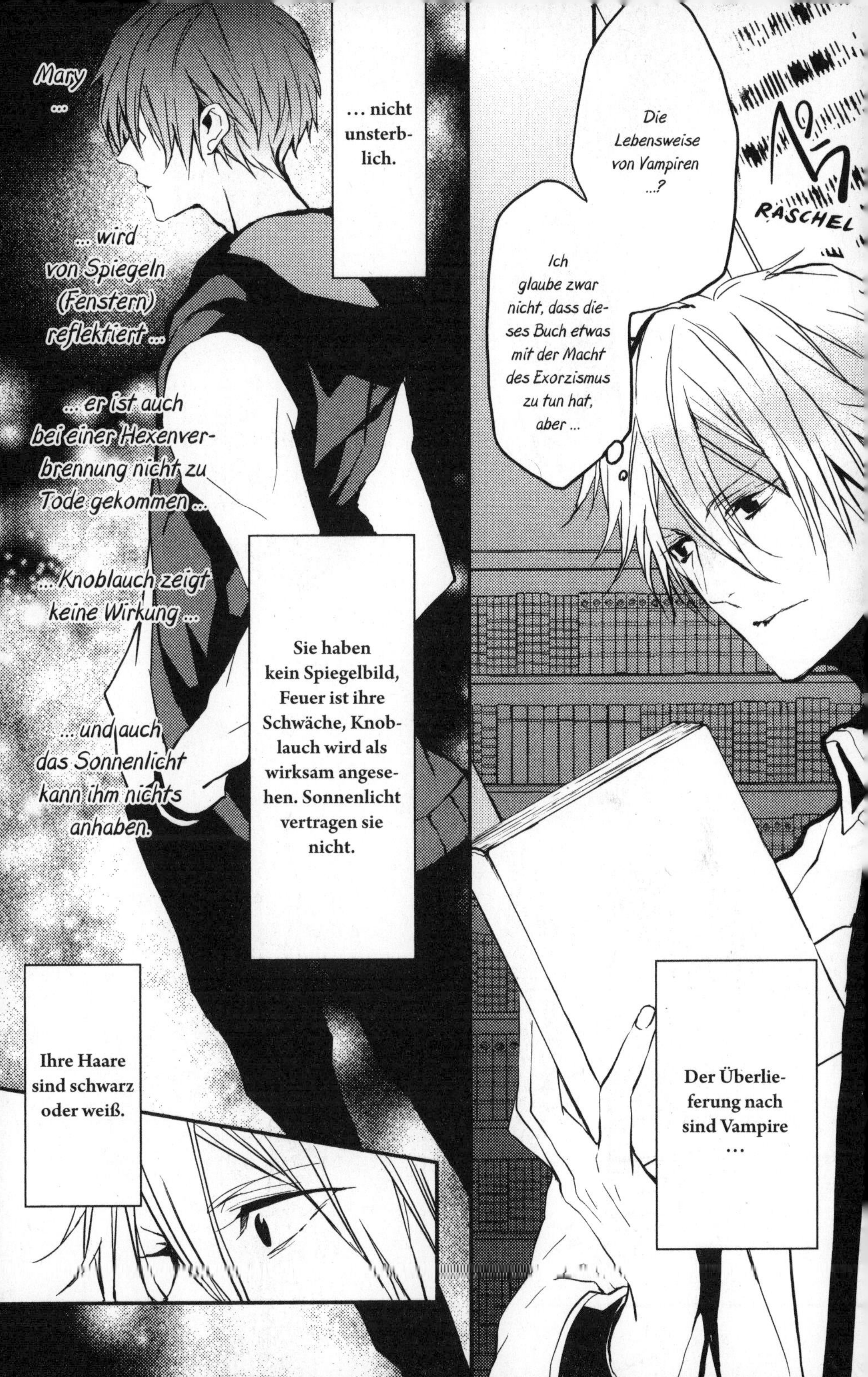
RASCHEL
Die Lebensweise von Vampiren ...?
Ich glaube zwar nicht, dass dieses Buch etwas mit der Macht des Exorzismus zu tun hat, aber ...
Der Überlieferung nach sind Vampire …
Ihre Haare sind schwarz oder weiß.
Sie haben kein Spiegelbild, Feuer ist ihre Schwäche, Knoblauch wird als wirksam angesehen. Sonnenlicht vertragen sie nicht.
Mary ...
... wird von Spiegeln (Fenstern) reflektiert ...
... er ist auch bei einer Hexenverbrennung nicht zu Tode gekommen ...
... Knoblauch zeigt keine Wirkung ...
... und auch das Sonnenlicht kann ihm nichts anhaben.
… nicht unsterblich.

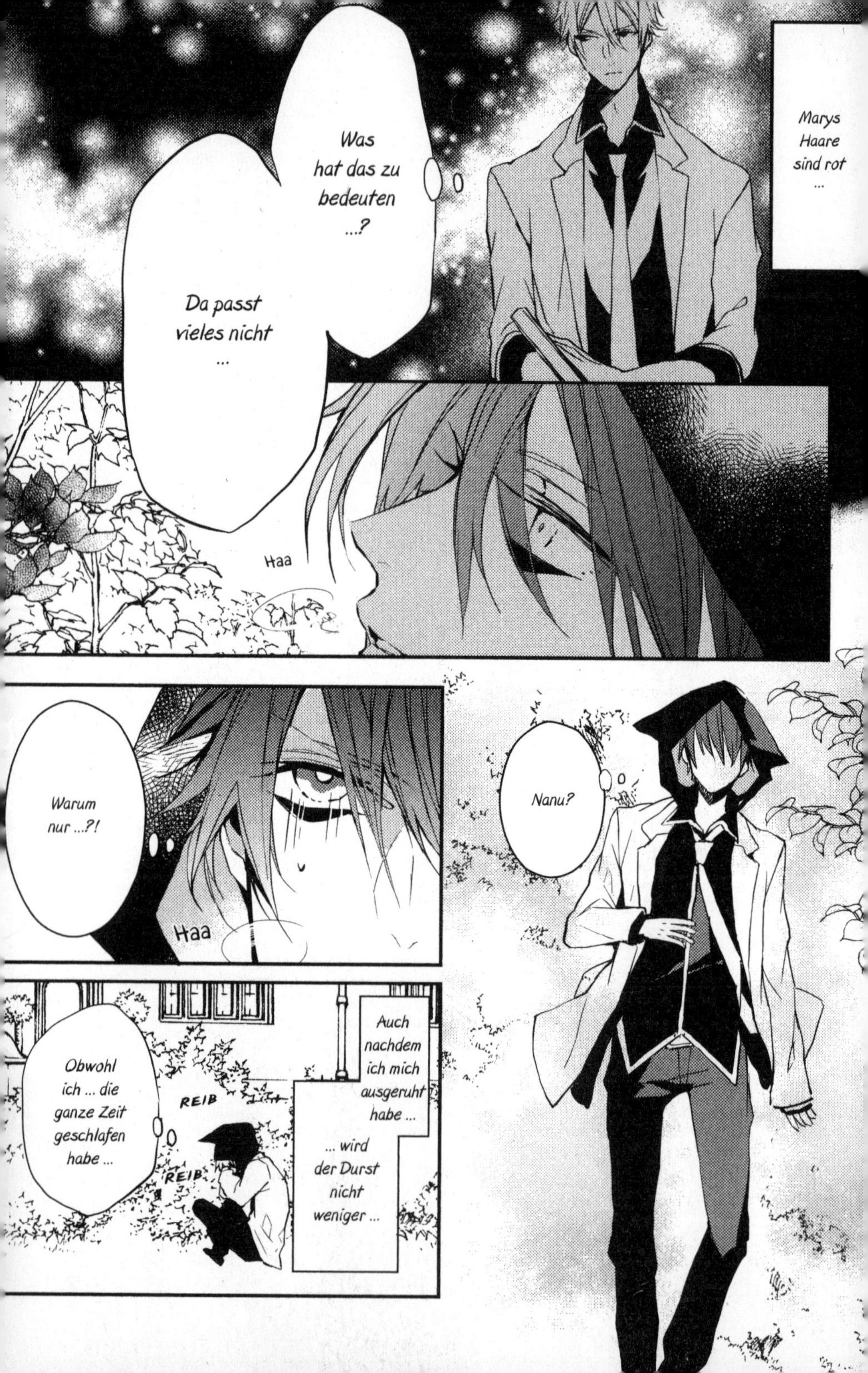
Marys Haare sind rot ...
Was hat das zu bedeuten ...?
Da passt vieles nicht ...
Haa
Nanu?
Warum nur ...?!
Haa
Auch nachdem ich mich ausgeruht habe ...
... wird der Durst nicht weniger ...
Obwohl ich ... die ganze Zeit geschlafen habe ...
REIB
REIB

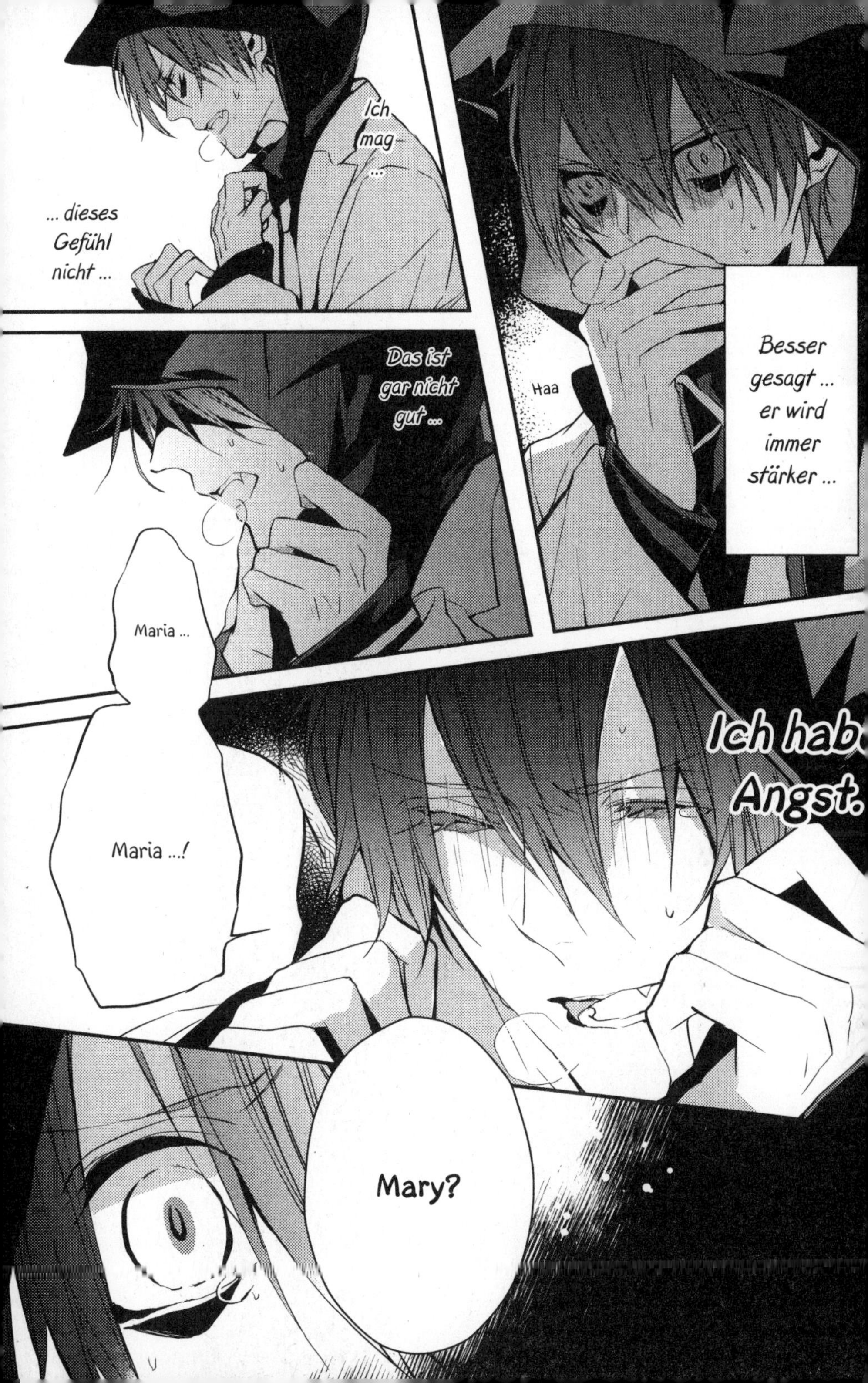
Ich mag ...
... dieses Gefühl nicht ...
Das ist gar nicht gut ...
Haa
Besser gesagt ... er wird immer stärker ...
Maria ...
Maria ...!
Ich hab
Angst.
Mary?

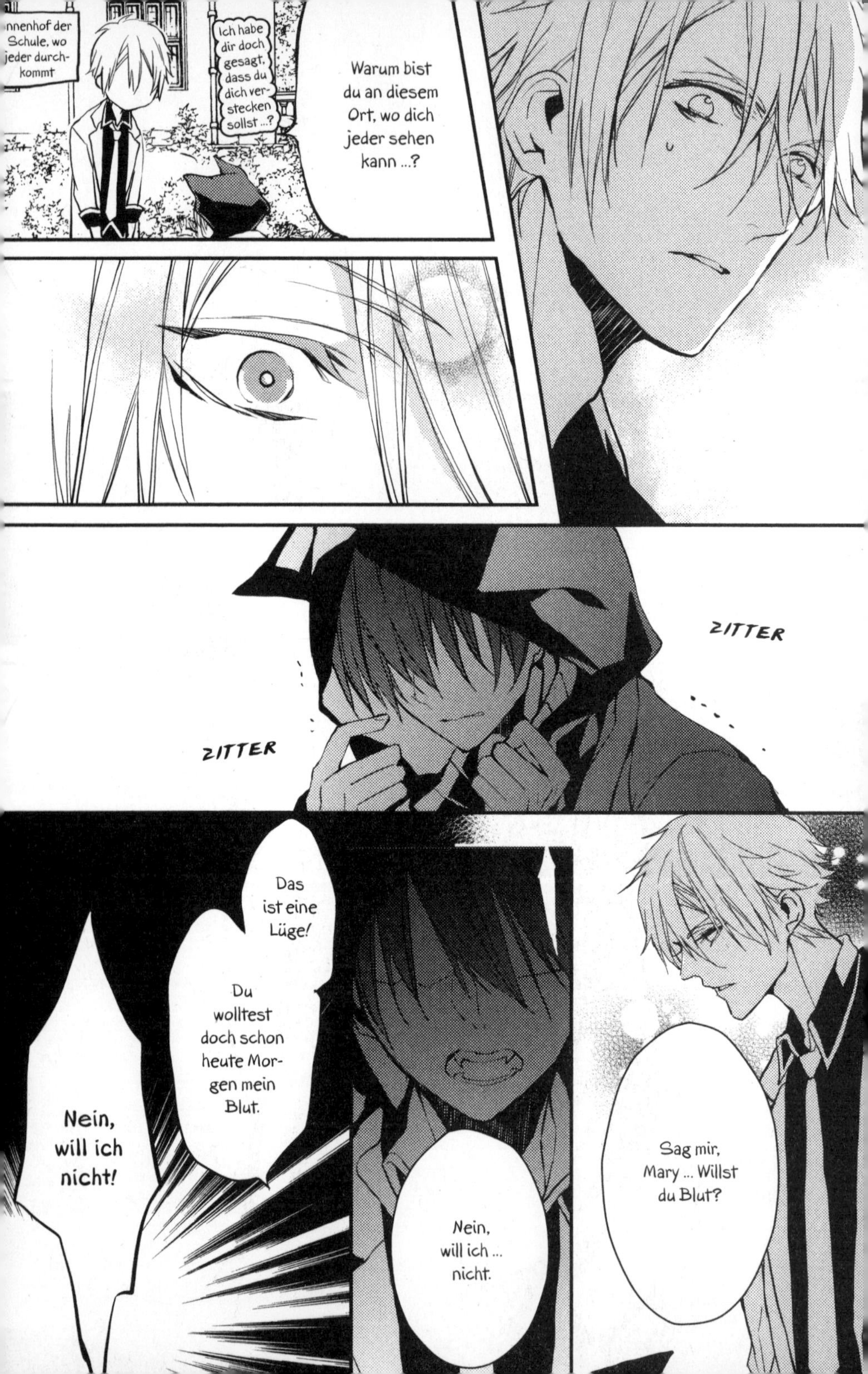
Warum bist du an diesem Ort, wo dich jeder sehen kann ...?
Ich habe dir doch gesagt, dass du dich verstecken sollst ...?
nnenhof der Schule, wo jeder durchkommt
ZITTER
ZITTER
Sag mir, Mary ... Willst du Blut?
Nein, will ich ... nicht.
Das ist eine Lüge!
Du wolltest doch schon heute Morgen mein Blut.
Nein, will ich nicht!

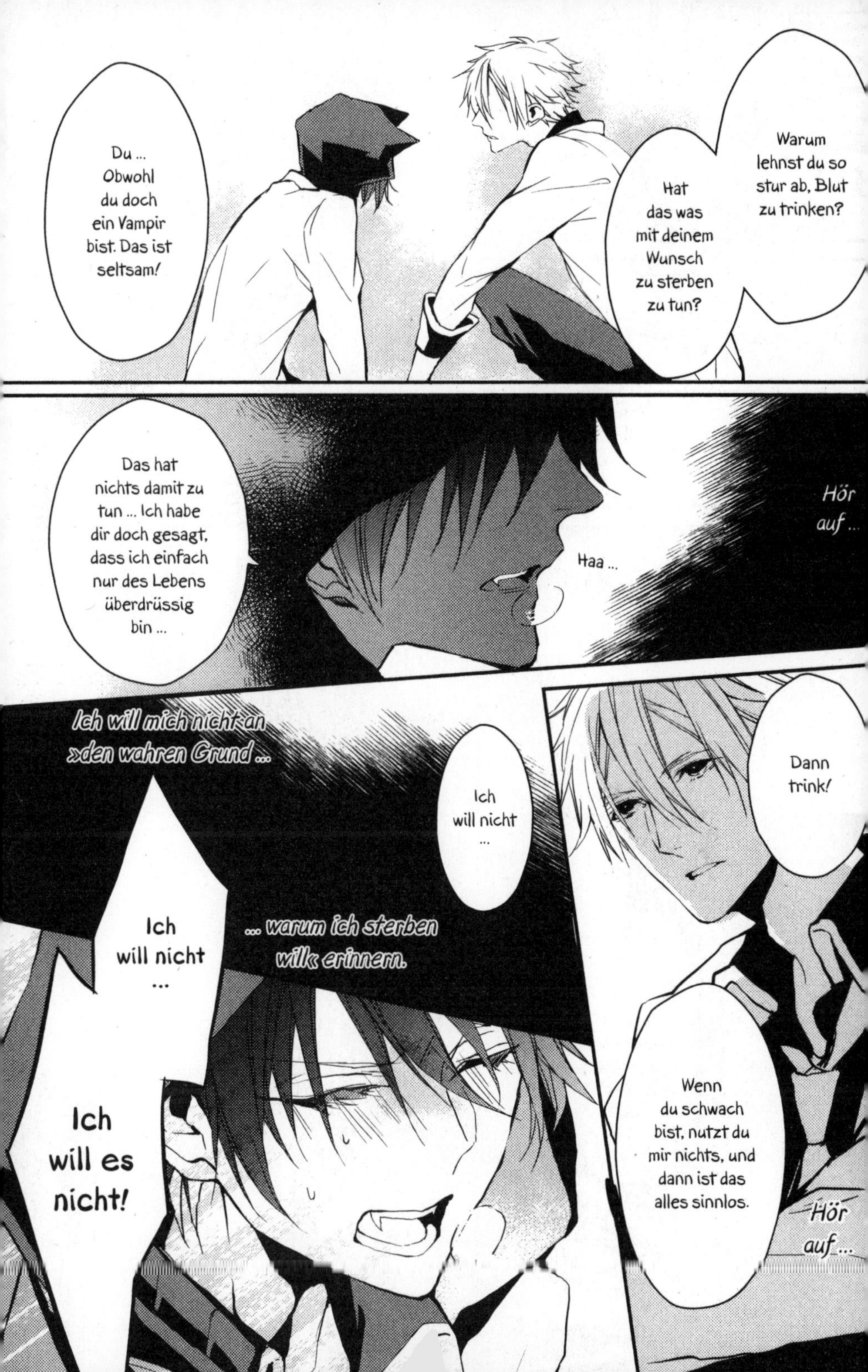
Warum lehnst du so stur ab, Blut zu trinken?
Hat das was mit deinem Wunsch zu sterben zu tun?
Du ... Obwohl du doch ein Vampir bist. Das ist seltsam!
Hör auf ...
Haa ...
Das hat nichts damit zu tun ... Ich habe dir doch gesagt, dass ich einfach nur des Lebens überdrüssig bin ...
Dann trink!
Wenn du schwach bist, nutzt du mir nichts, und dann ist das alles sinnlos.
Hör auf ...
Ich will nicht ...
Ich will mich nicht an »den wahren Grund ...
... warum ich sterben will« erinnern.
Ich will nicht ...
Ich will es nicht!

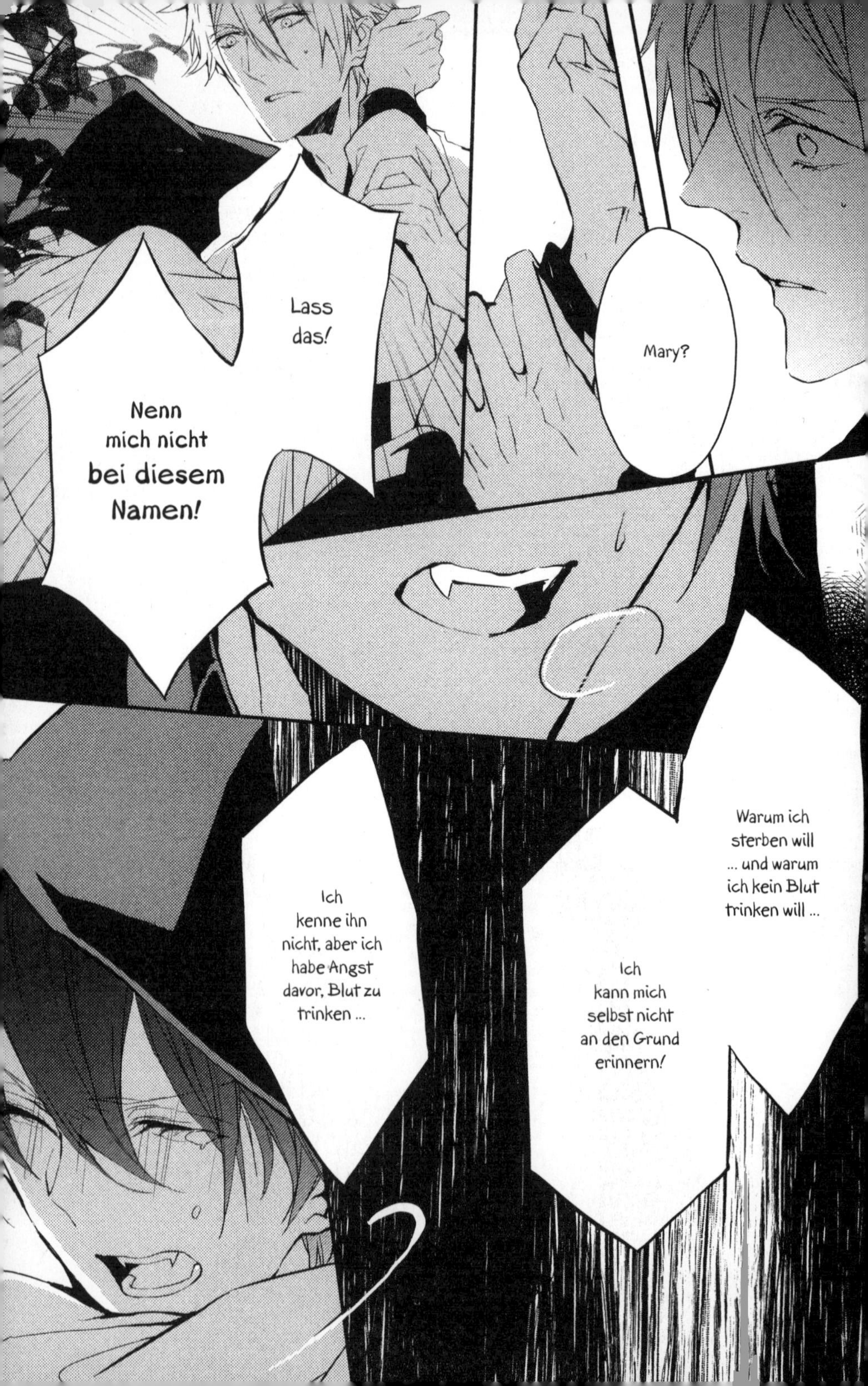
Mary?
Lass das!
Nenn mich nicht bei diesem Namen!
Warum ich sterben will ... und warum ich kein Blut trinken will ...
Ich kann mich selbst nicht an den Grund erinnern!
Ich kenne ihn nicht, aber ich habe Angst davor, Blut zu trinken ...

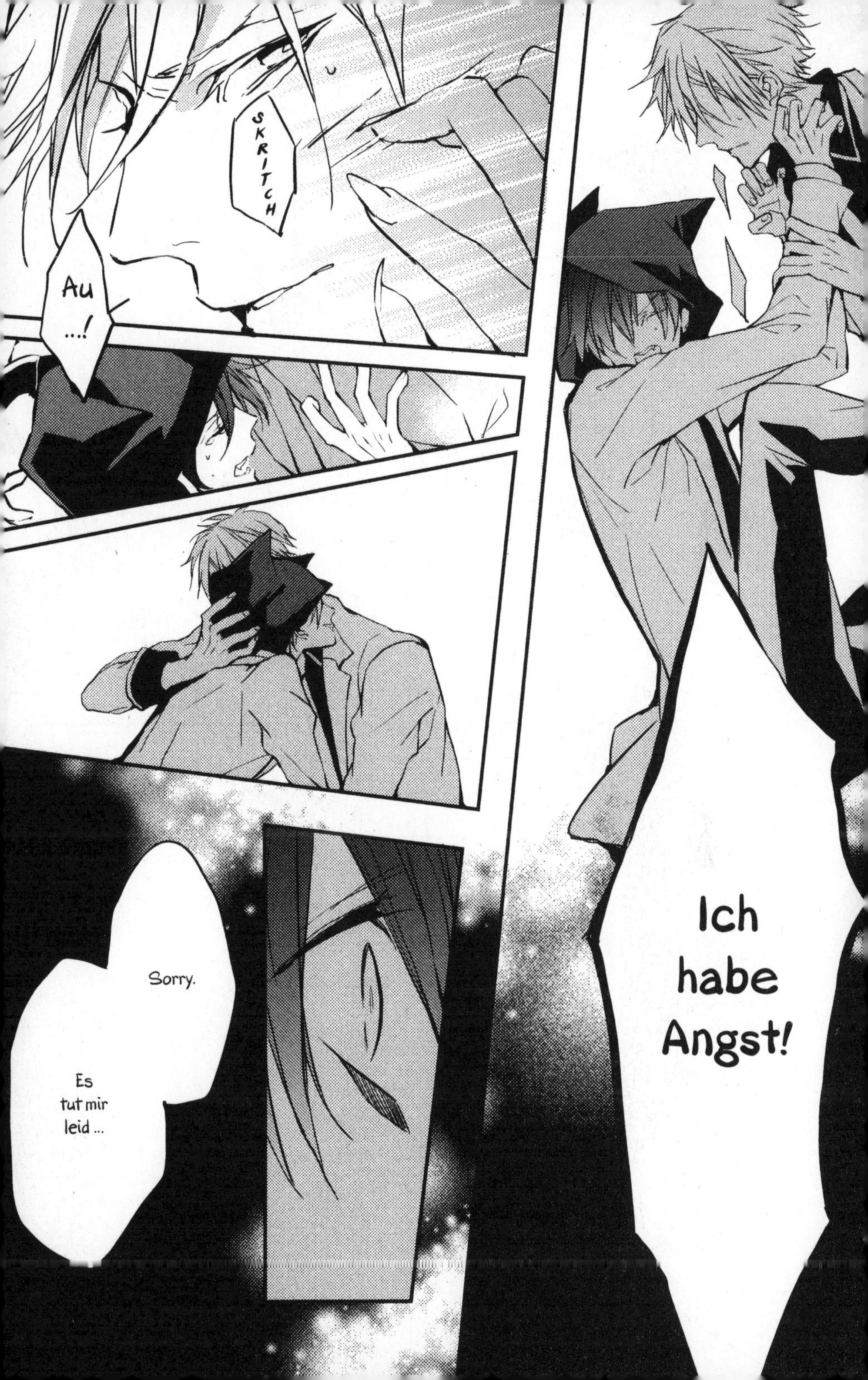
Ich habe Angst!
SKRITCH
Au ...!
Sorry.
Es tut mir leid ...

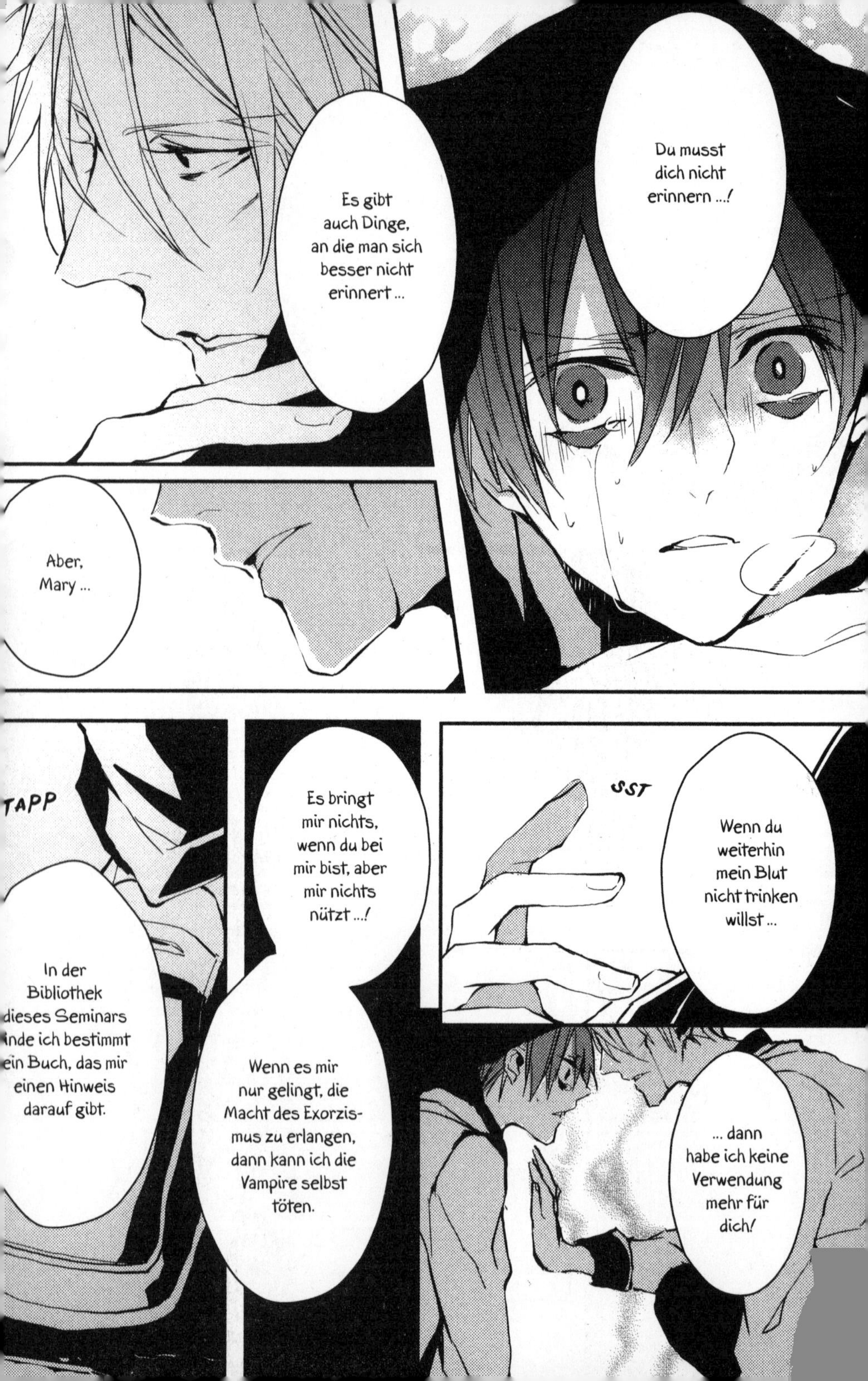

Du musst dich nicht erinnern ...!
Es gibt auch Dinge, an die man sich besser nicht erinnert ...
Aber, Mary ...
SST
Wenn du weiterhin mein Blut nicht trinken willst ...
... dann habe ich keine Verwendung mehr für dich!
Es bringt mir nichts, wenn du bei mir bist, aber mir nichts nützt ...!
Wenn es mir nur gelingt, die Macht des Exorzismus zu erlangen, dann kann ich die Vampire selbst töten.
TAPP
In der Bibliothek dieses Seminars inde ich bestimmt ein Buch, das mir einen Hinweis darauf gibt.

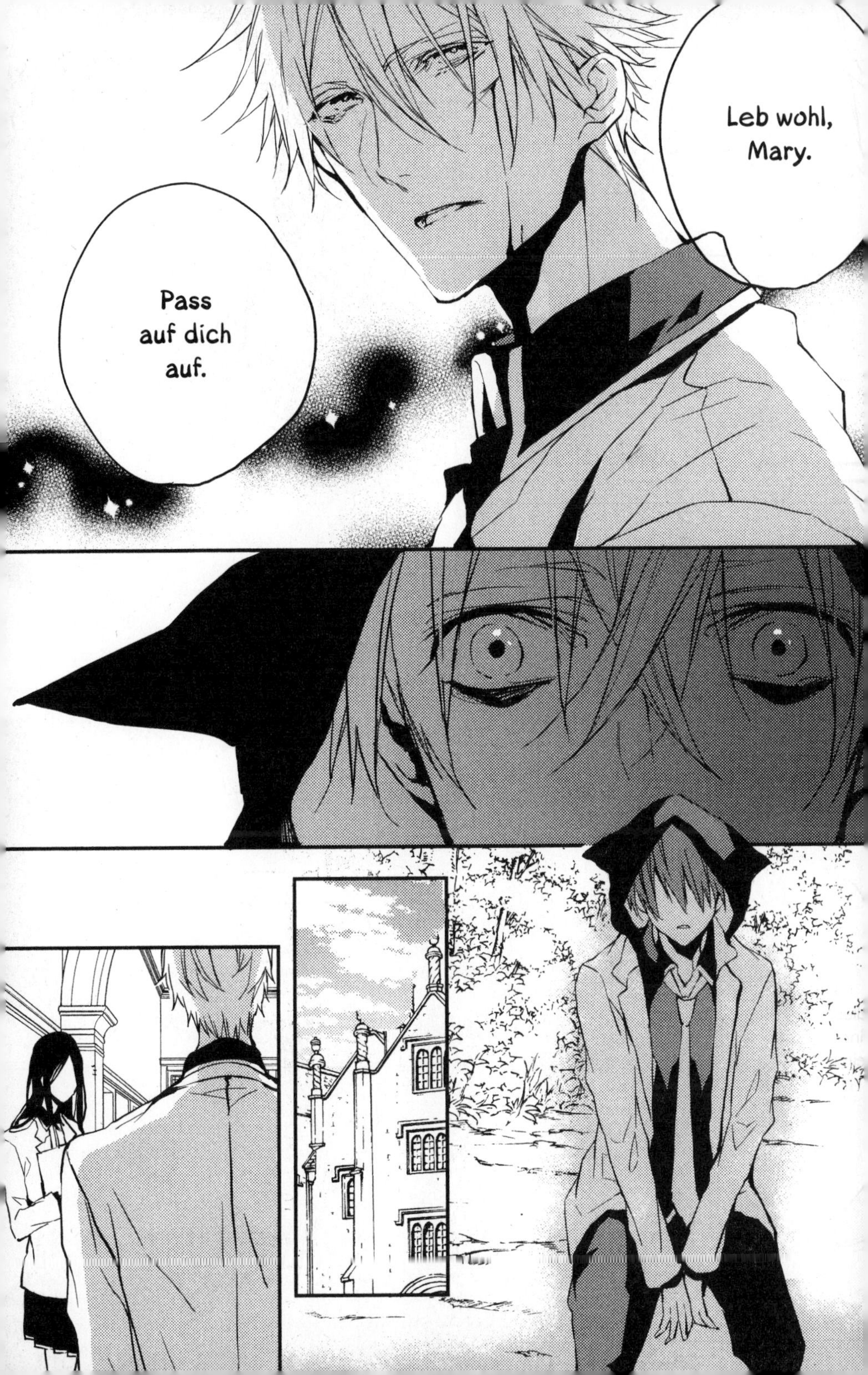
Leb wohl, Mary.
Pass auf dich auf.

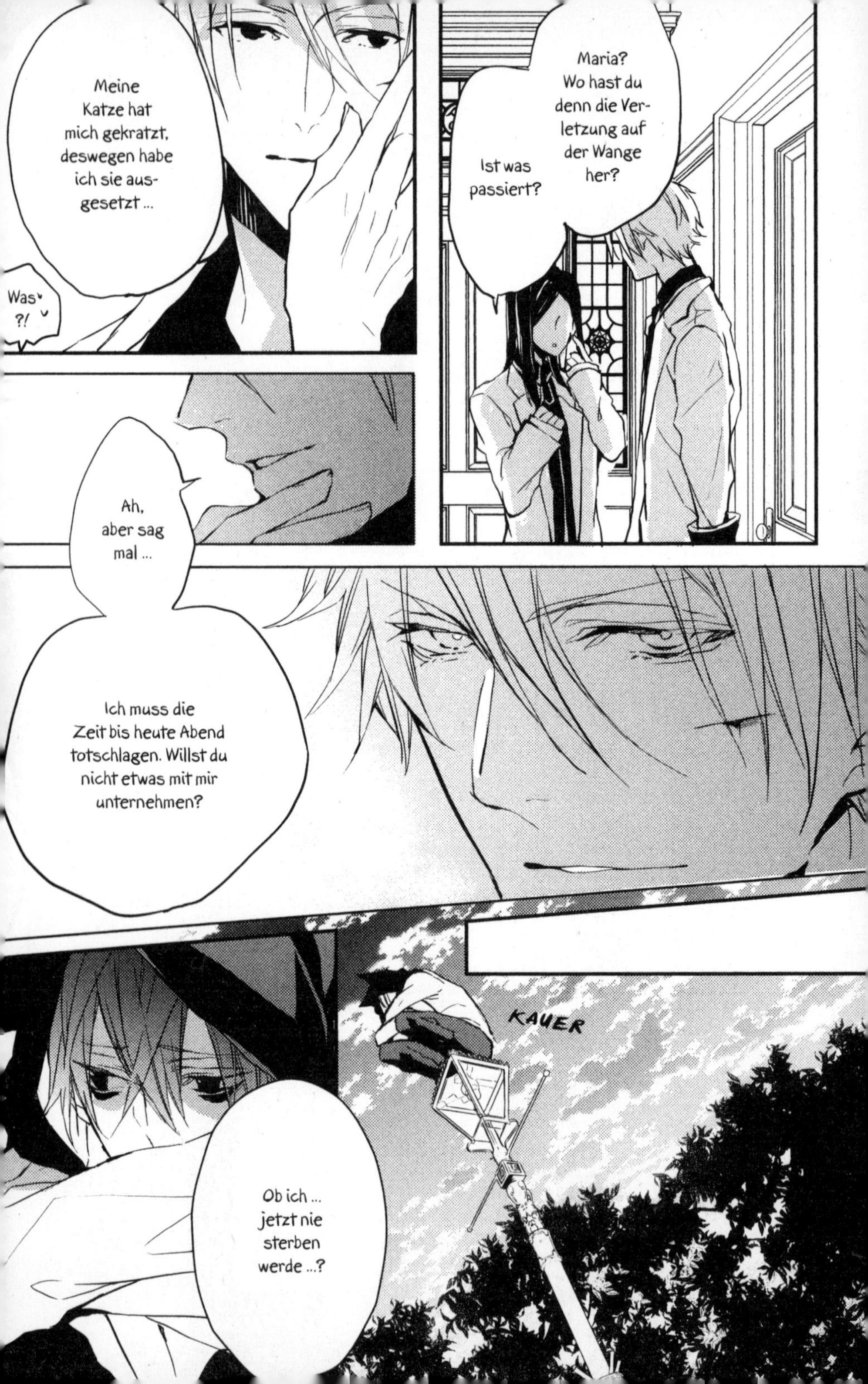
Maria? Wo hast du denn die Verletzung auf der Wange her?
Ist was passiert?
Meine Katze hat mich gekratzt, deswegen habe ich sie ausgesetzt ...
Was ?!
Ah, aber sag mal ...
Ich muss die Zeit bis heute Abend totschlagen. Willst du nicht etwas mit mir unternehmen?
KAUER
Ob ich ... jetzt nie sterben werde ...?

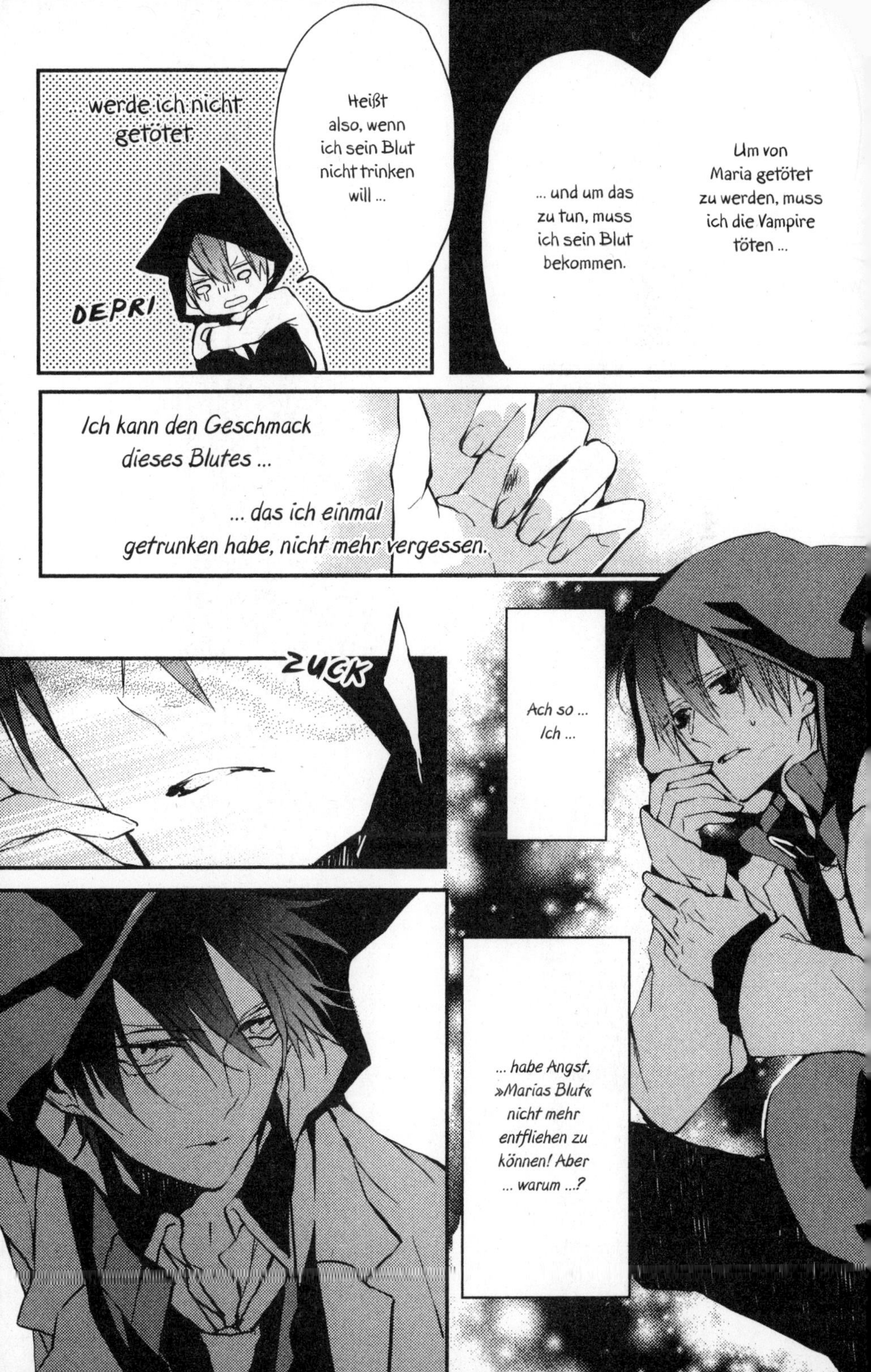
Um von Maria getötet zu werden, muss ich die Vampire töten ...
... und um das zu tun, muss ich sein Blut bekommen.
Heißt also, wenn ich sein Blut nicht trinken will ...
... werde ich nicht getötet
DEPRI
Ich kann den Geschmack dieses Blutes ...
... das ich einmal getrunken habe, nicht mehr vergessen.
Ach so ... Ich ...
ZUCK
... habe Angst, »Marias Blut« nicht mehr entfliehen zu können! Aber ... warum ...?

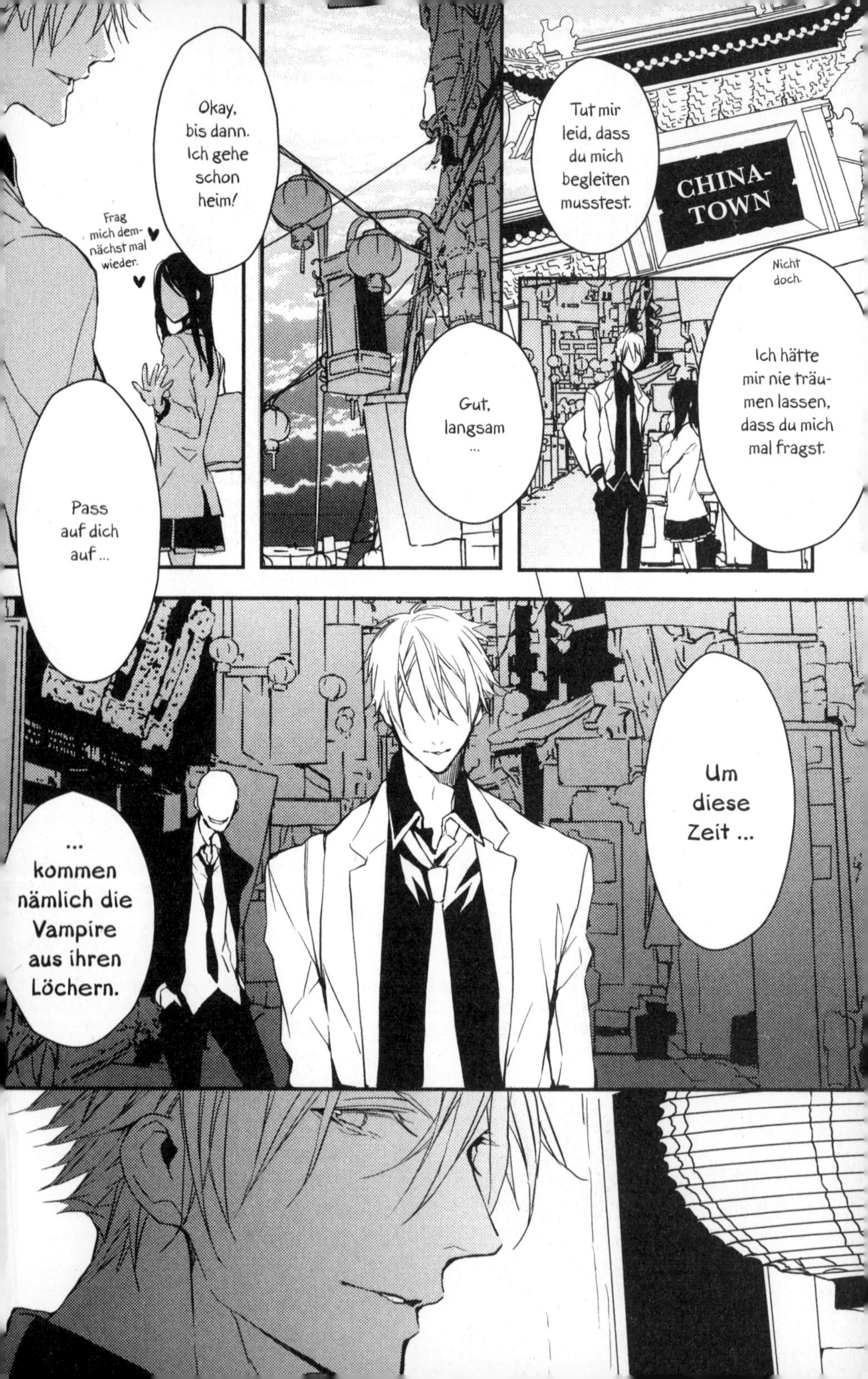
CHINA-TOWN
Tut mir leid, dass du mich begleiten musstest.
Nicht doch.
Ich hätte mir nie träumen lassen, dass du mich mal fragst.
Gut, langsam ...
Okay, bis dann. Ich gehe schon heim!
Frag mich demnächst mal wieder.
Pass auf dich auf ...
Um diese Zeit ...
... kommen nämlich die Vampire aus ihren Löchern.

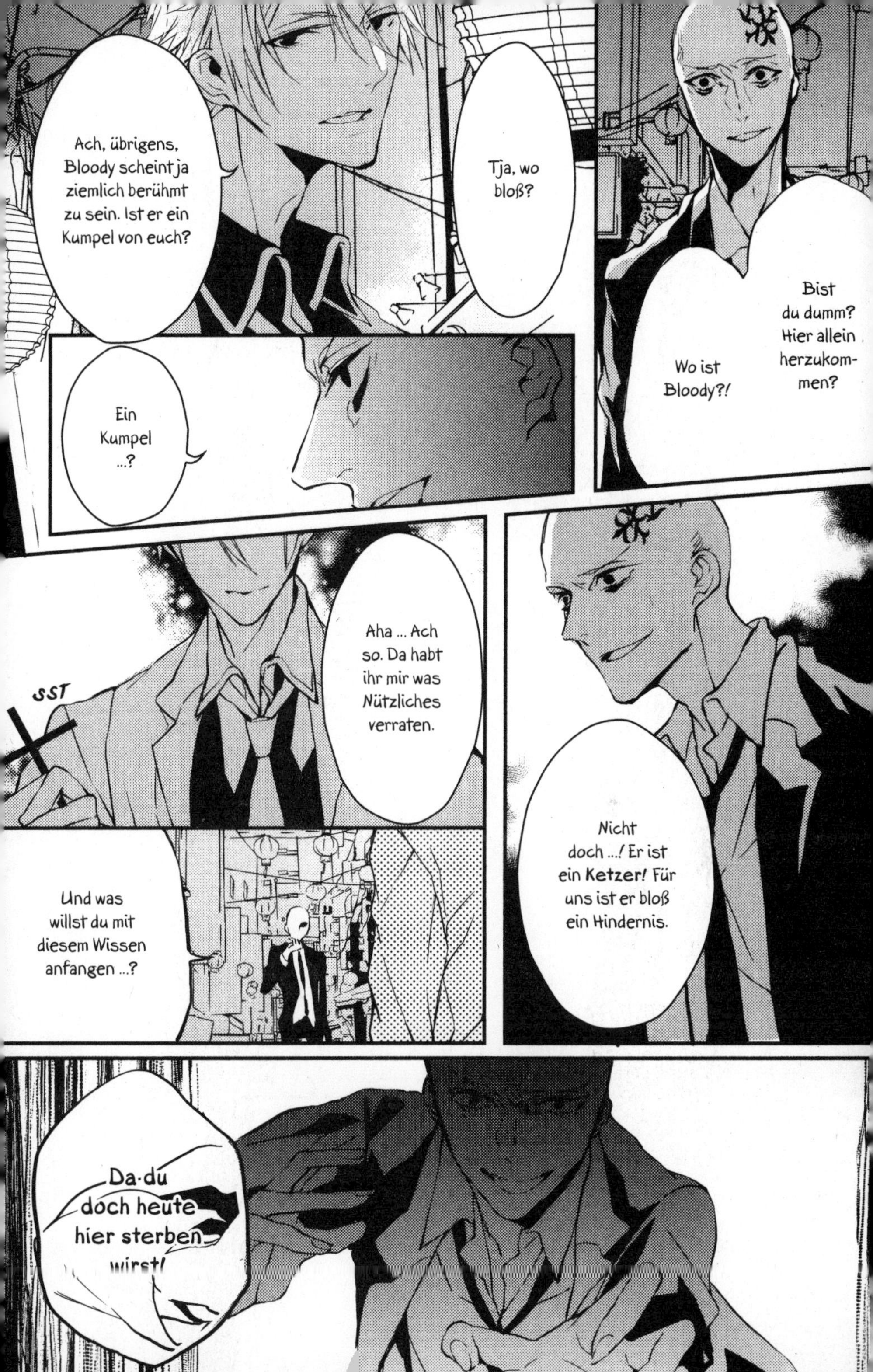
Bist du dumm? Hier allein herzukommen?
Wo ist Bloody?!
Tja, wo bloß?
Ach, übrigens, Bloody scheint ja ziemlich berühmt zu sein. Ist er ein Kumpel von euch?
Ein Kumpel ...?
Nicht doch ...! Er ist ein **Ketzer!** Für uns ist er bloß ein Hindernis.
Aha ... Ach so. Da habt ihr mir was **Nützliches** verraten.
SST
Und was willst du mit diesem Wissen anfangen ...?
Da du doch heute hier sterben wirst!

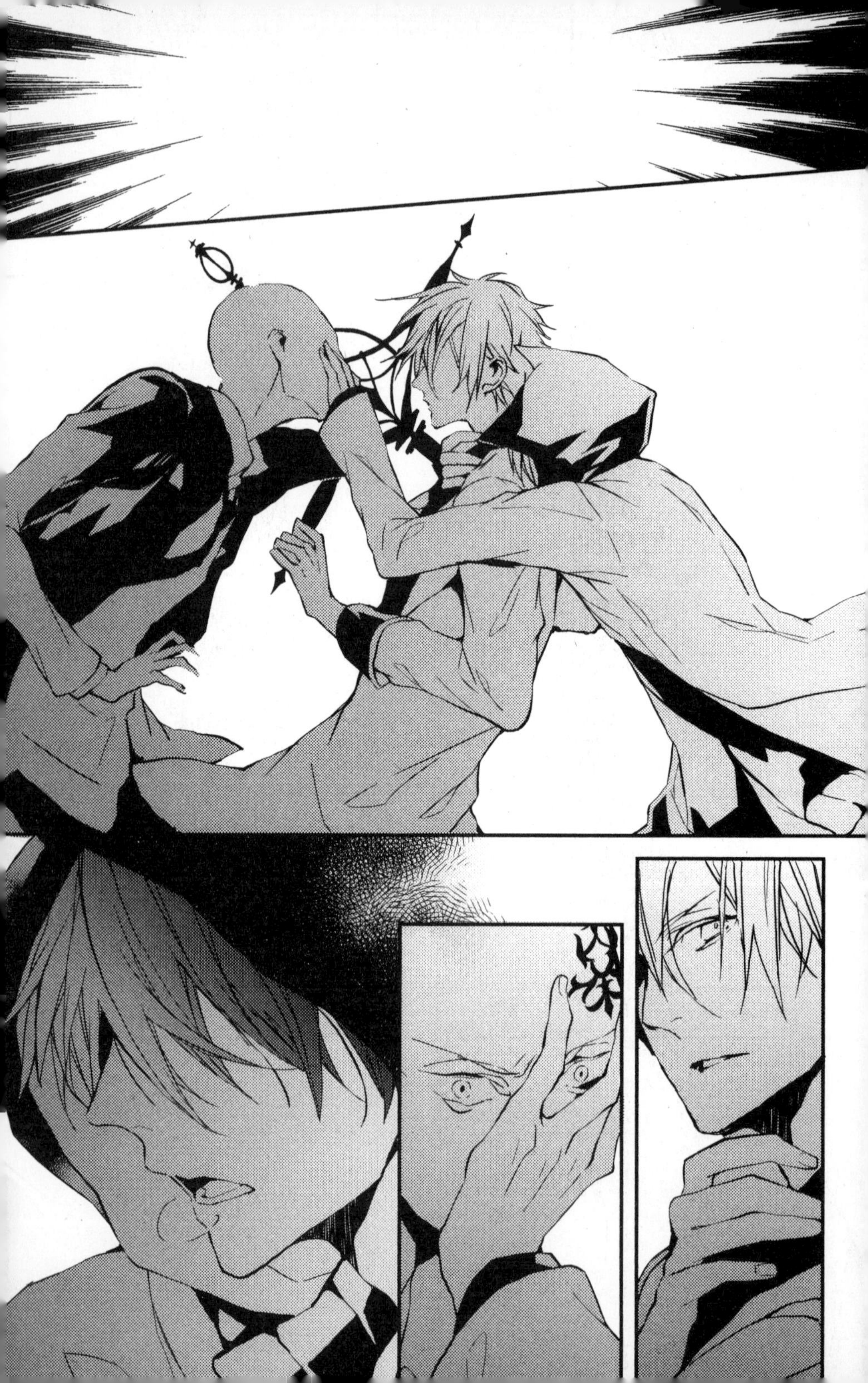

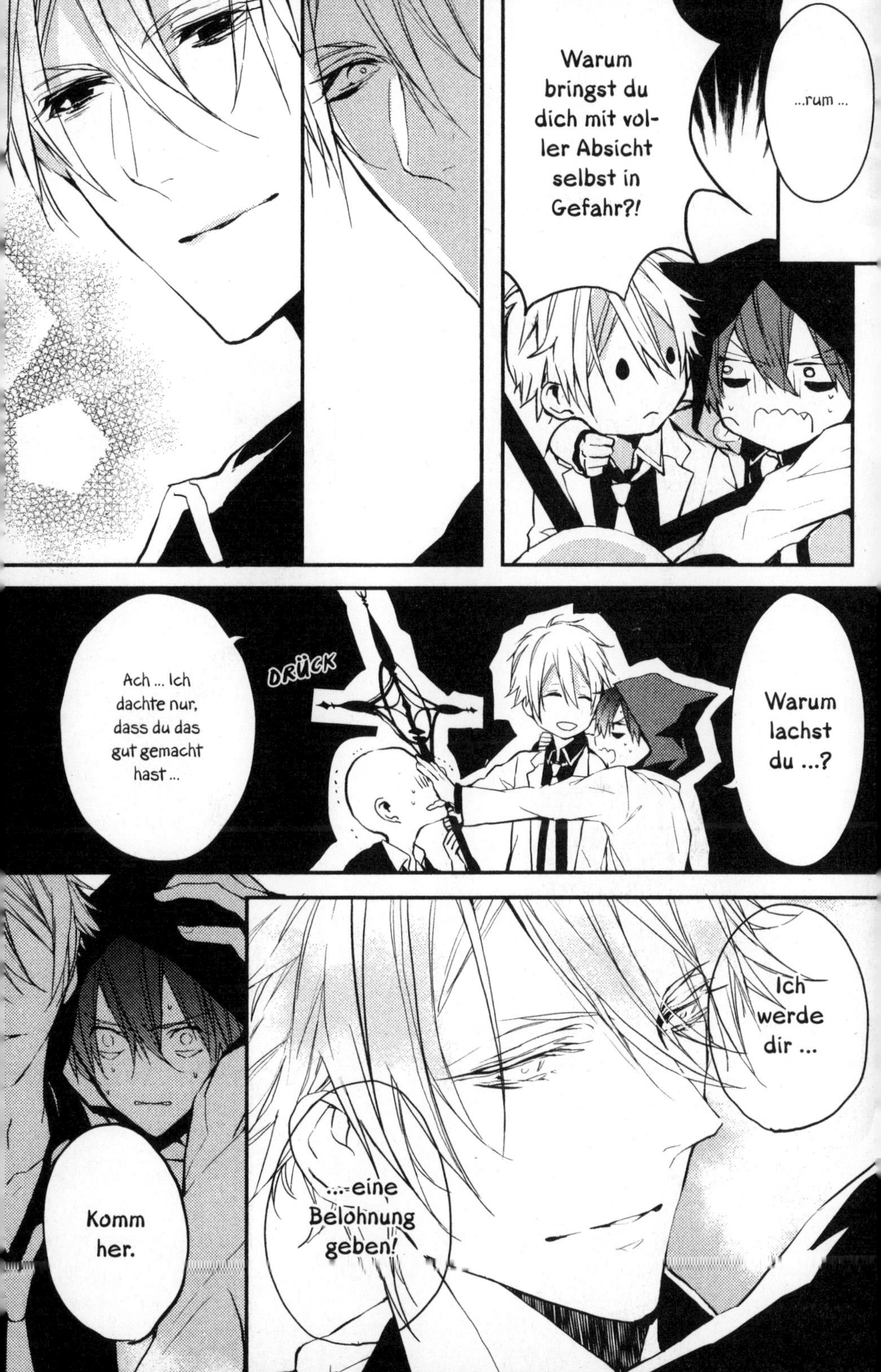
...rum ...
Warum bringst du dich mit voller Absicht selbst in Gefahr?!
Warum lachst du ...?
DRÜCK
Ach ... Ich dachte nur, dass du das gut gemacht hast ...
Ich werde dir ...
... eine Belohnung geben!
Komm her.

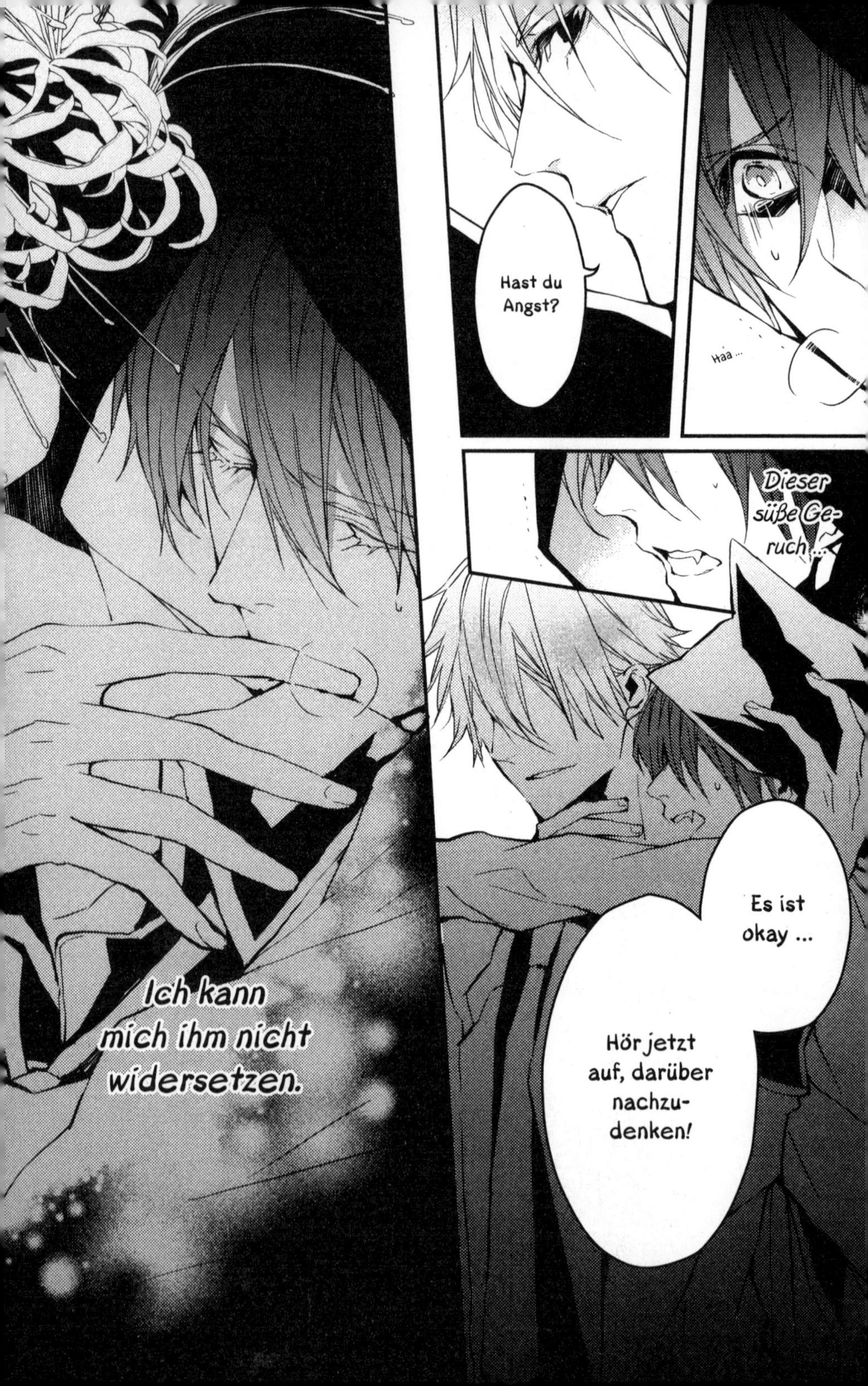
Haa ...
Hast du Angst?
Dieser süße Geruch ...
Es ist okay ...
Hör jetzt auf, darüber nachzudenken!
Ich kann mich ihm nicht widersetzen.

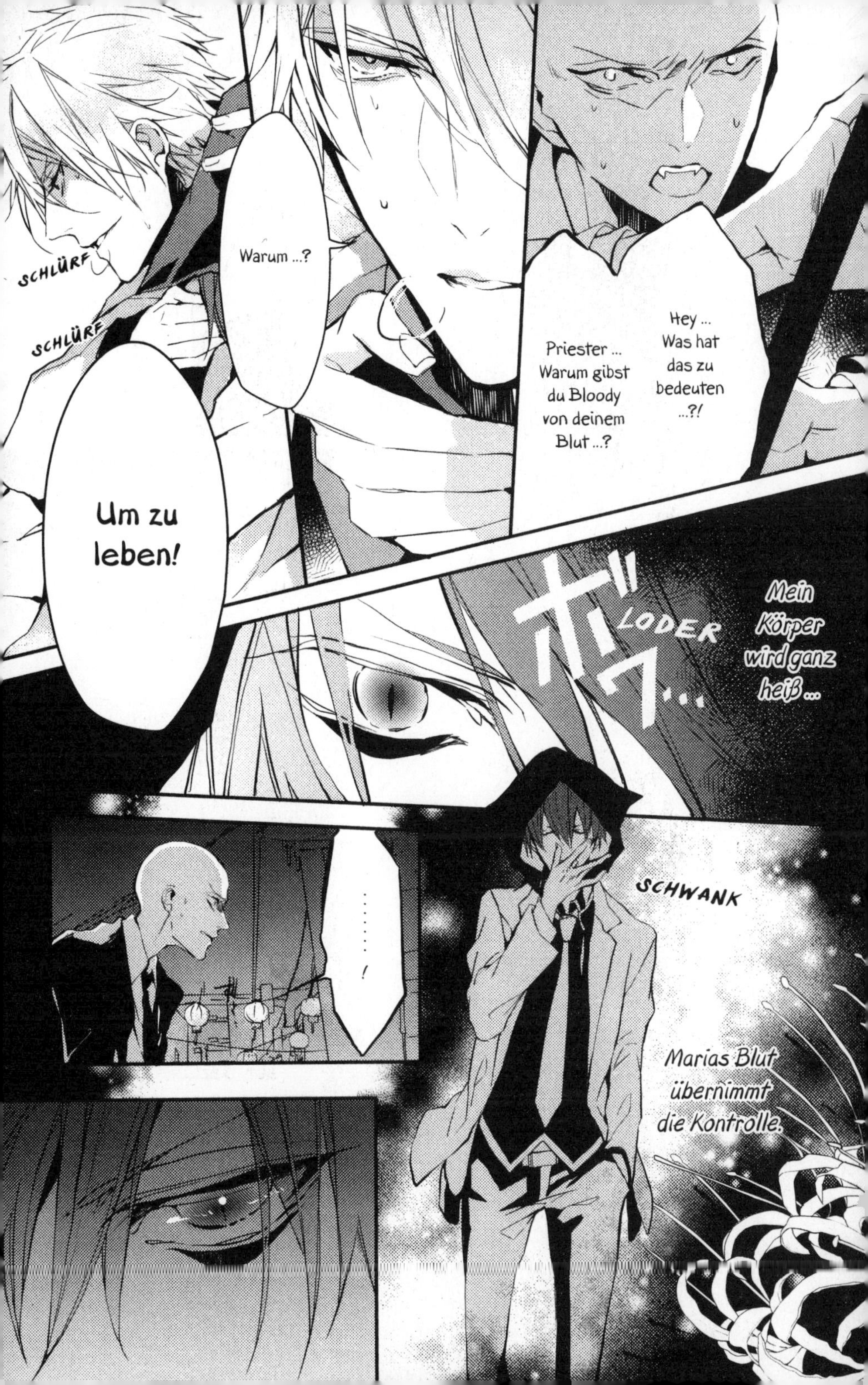
Hey ...
Was hat
das zu
bedeuten
...?!
Priester ...
Warum gibst
du Bloody
von deinem
Blut ...?
Warum ...?
SCHLÜRF
SCHLÜRF
Um zu
leben!
Mein
Körper
wird ganz
heiß ...
LODER
SCHWANK
Marias Blut
übernimmt
die Kontrolle.
......!

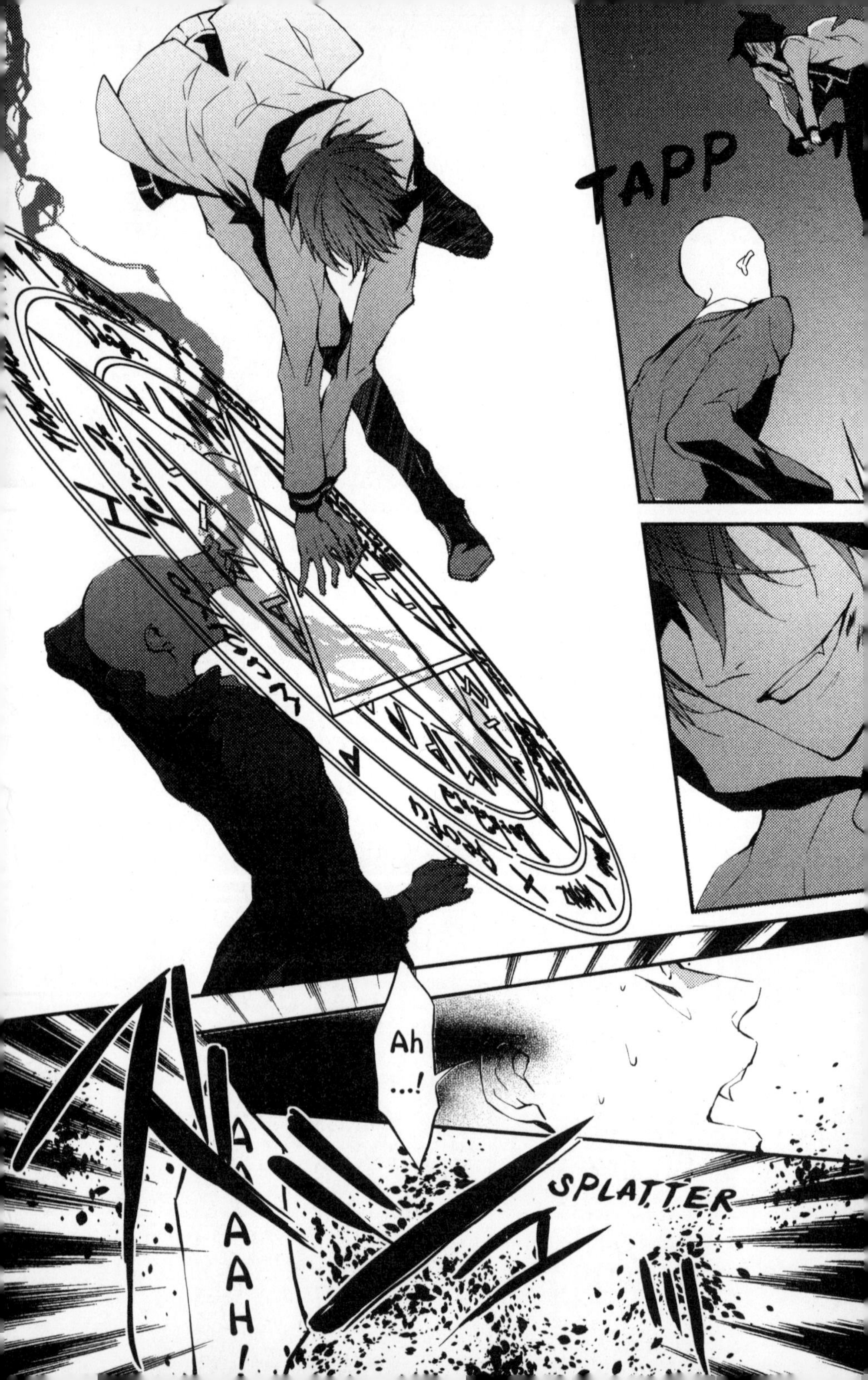
TAPP
Ah ...!
AAAAAH!
SPLATTER

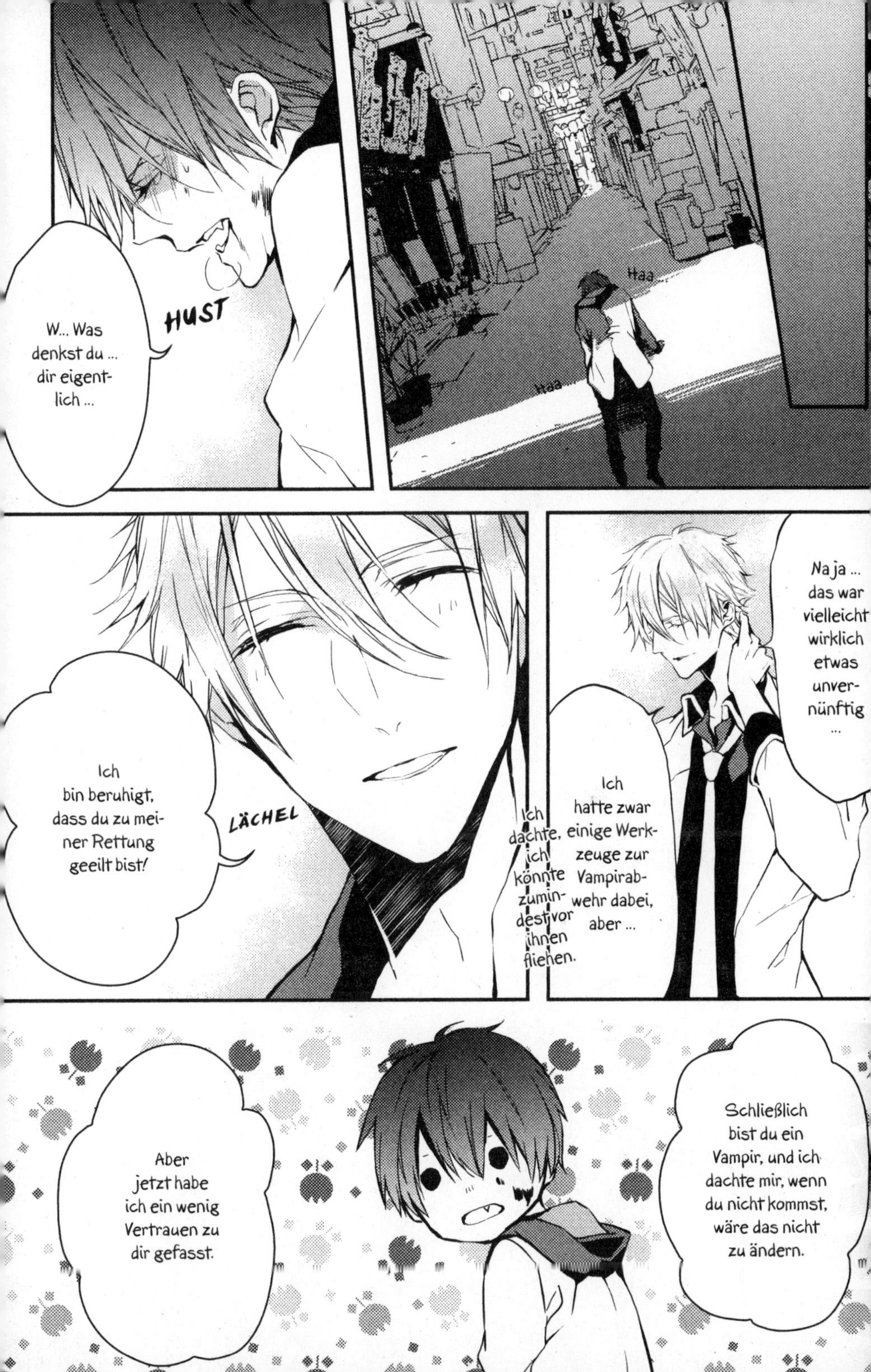

Haa
Haa
HUST
W... Was denkst du ... dir eigentlich ...
Na ja ... das war vielleicht wirklich etwas unvernünftig ...
Ich hatte zwar einige Werkzeuge zur Vampirabwehr dabei, aber ...
Ich dachte, ich könnte zumindest vor ihnen fliehen.
Ich bin beruhigt, dass du zu meiner Rettung geeilt bist!
LÄCHEL
Schließlich bist du ein Vampir, und ich dachte mir, wenn du nicht kommst, wäre das nicht zu ändern.
Aber jetzt habe ich ein wenig Vertrauen zu dir gefasst.

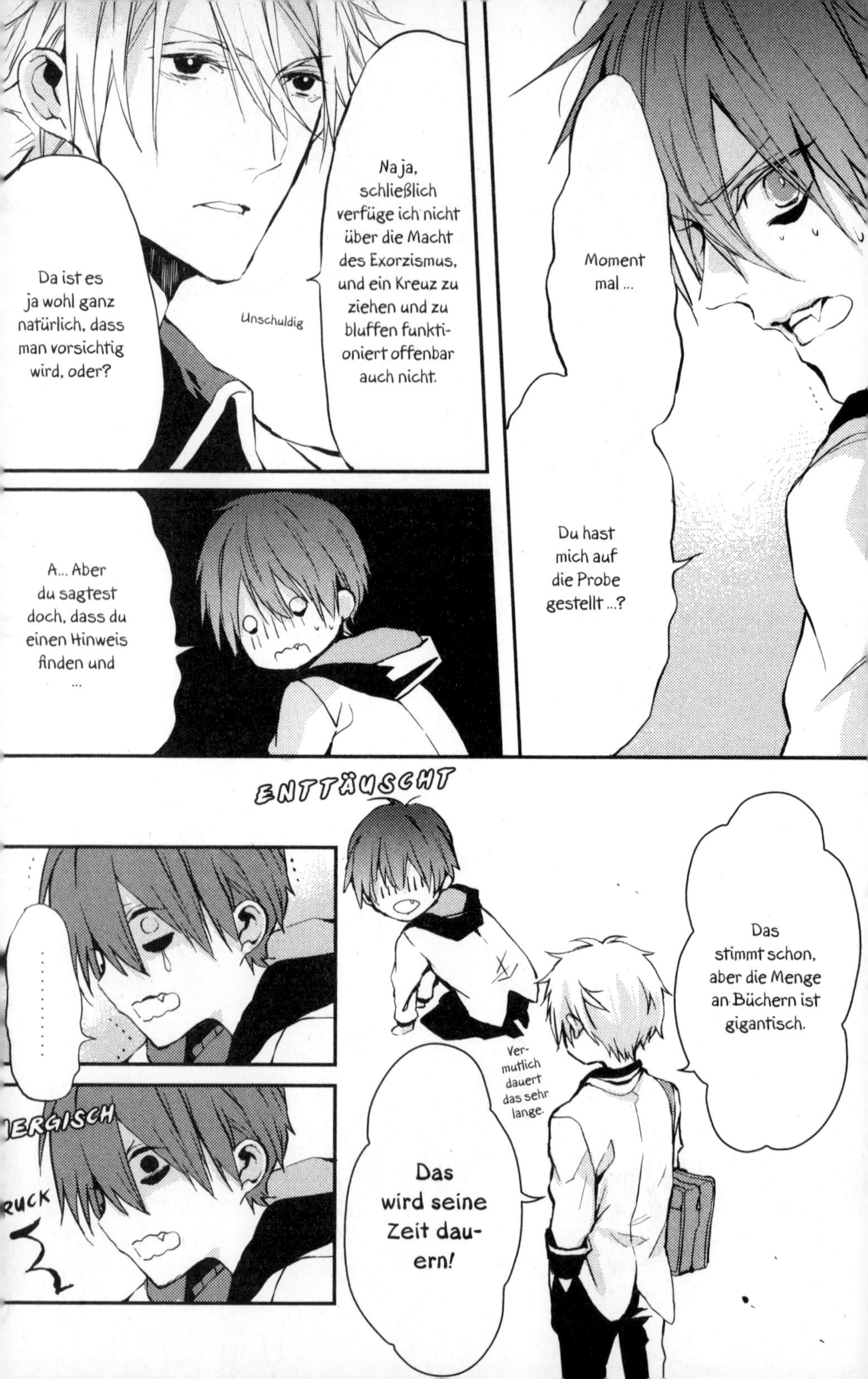

Moment mal ...
Du hast mich auf die Probe gestellt ...?
Na ja, schließlich verfüge ich nicht über die Macht des Exorzismus, und ein Kreuz zu ziehen und zu bluffen funktioniert offenbar auch nicht.
Unschuldig
Da ist es ja wohl ganz natürlich, dass man vorsichtig wird, oder?
A... Aber du sagtest doch, dass du einen Hinweis finden und ...
ENTTÄUSCHT
Das stimmt schon, aber die Menge an Büchern ist gigantisch.
Vermutlich dauert das sehr lange.
Das wird seine Zeit dauern!
....
ERGISCH
RUCK

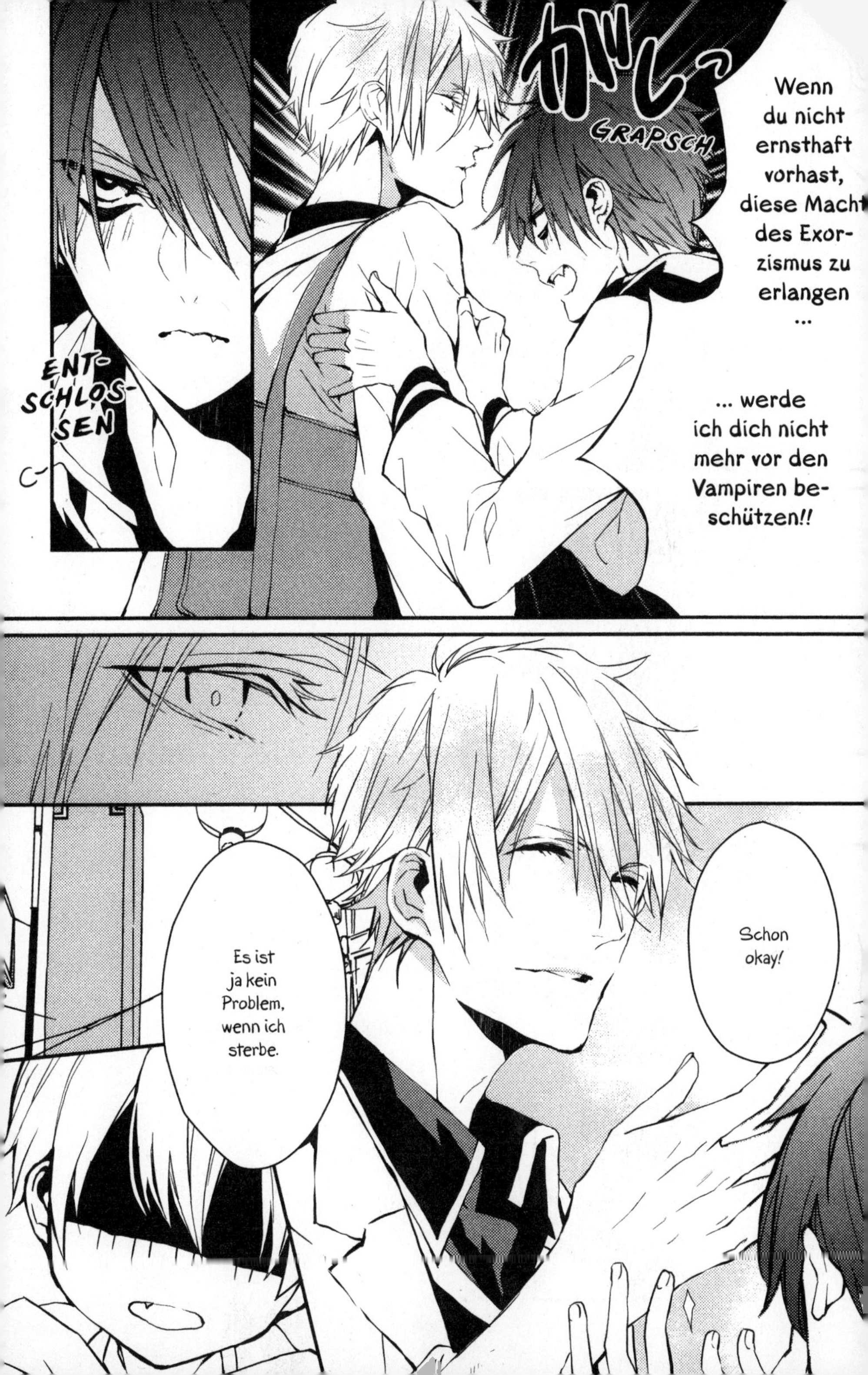
GRAPSCH
Wenn du nicht ernsthaft vorhast, diese Macht des Exorzismus zu erlangen ...
... werde ich dich nicht mehr vor den Vampiren beschützen!!
ENT-SCHLOS-SEN
Schon okay!
Es ist ja kein Problem, wenn ich sterbe.

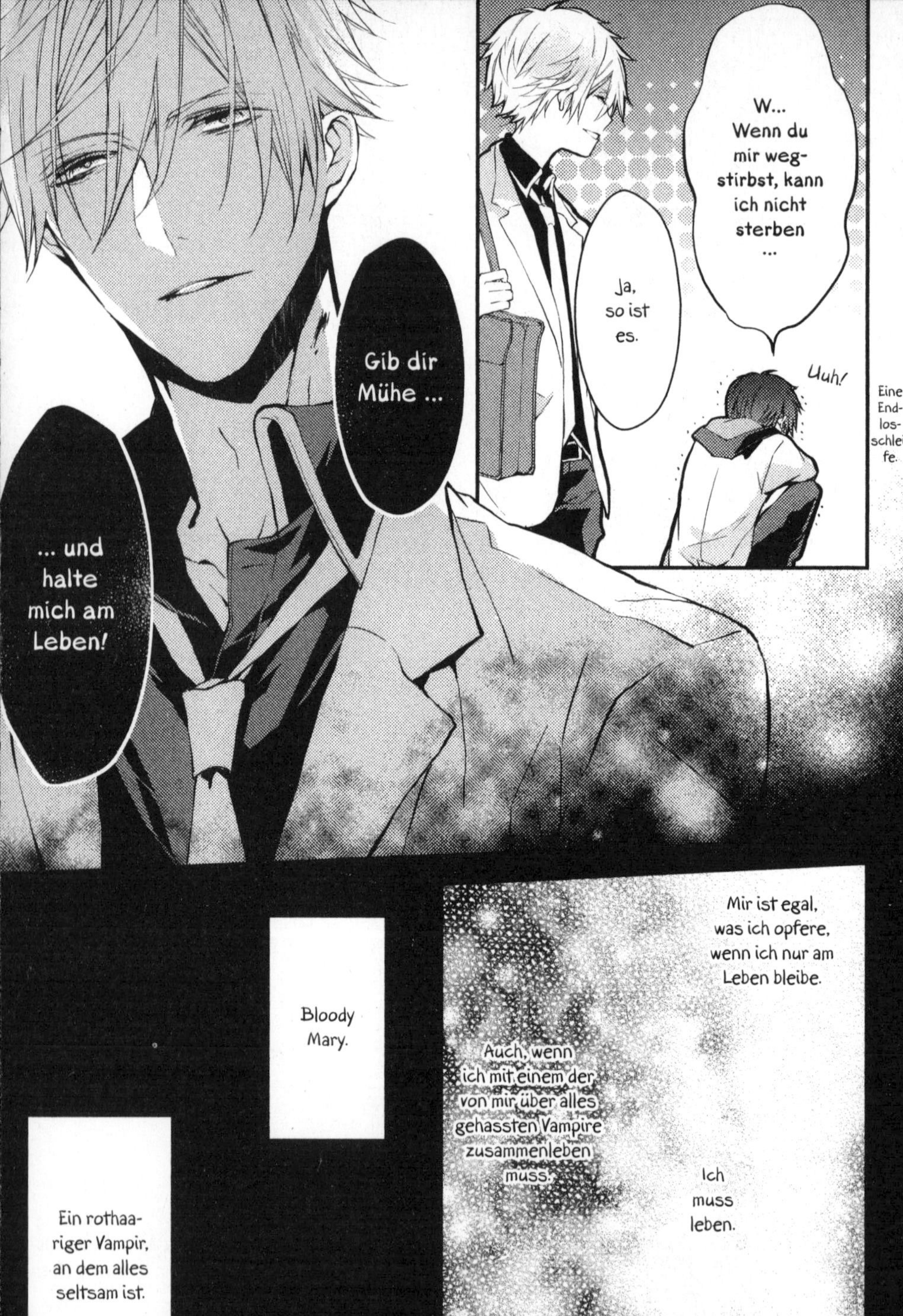
W... Wenn du mir weg-stirbst, kann ich nicht sterben ...
Ja, so ist es.
Uuh!
Eine Endlos-schlei-fe.
Gib dir Mühe ...
... und halte mich am Leben!
Mir ist egal, was ich opfere, wenn ich nur am Leben bleibe.
Auch, wenn ich mit einem der von mir über alles gehassten Vampire zusammenleben muss.
Ich muss leben.
Bloody Mary.
Ein rothaa-riger Vampir, an dem alles seltsam ist.

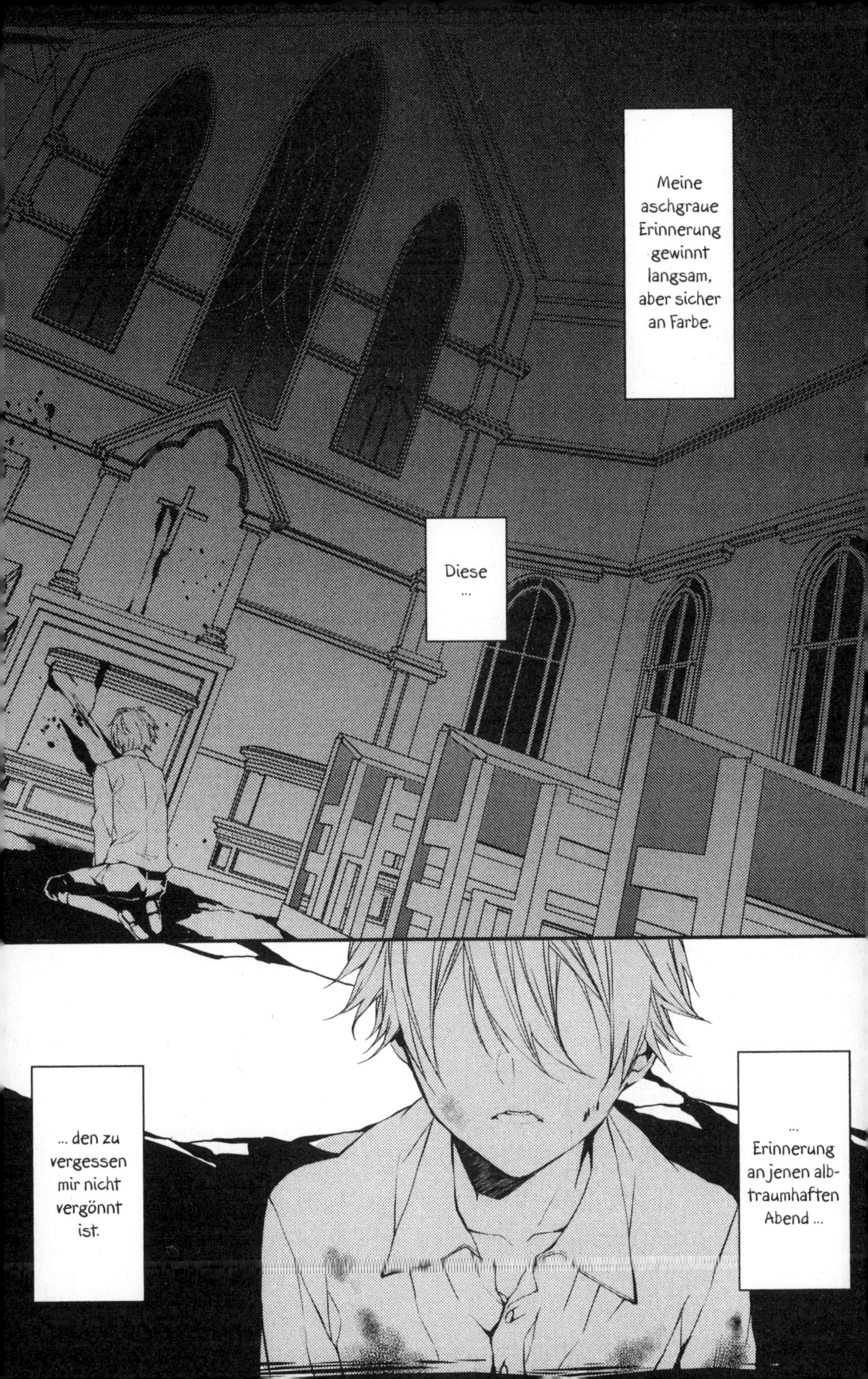
Meine aschgraue Erinnerung gewinnt langsam, aber sicher an Farbe.
Diese …
… Erinnerung an jenen albtraumhaften Abend …
… den zu vergessen mir nicht vergönnt ist.

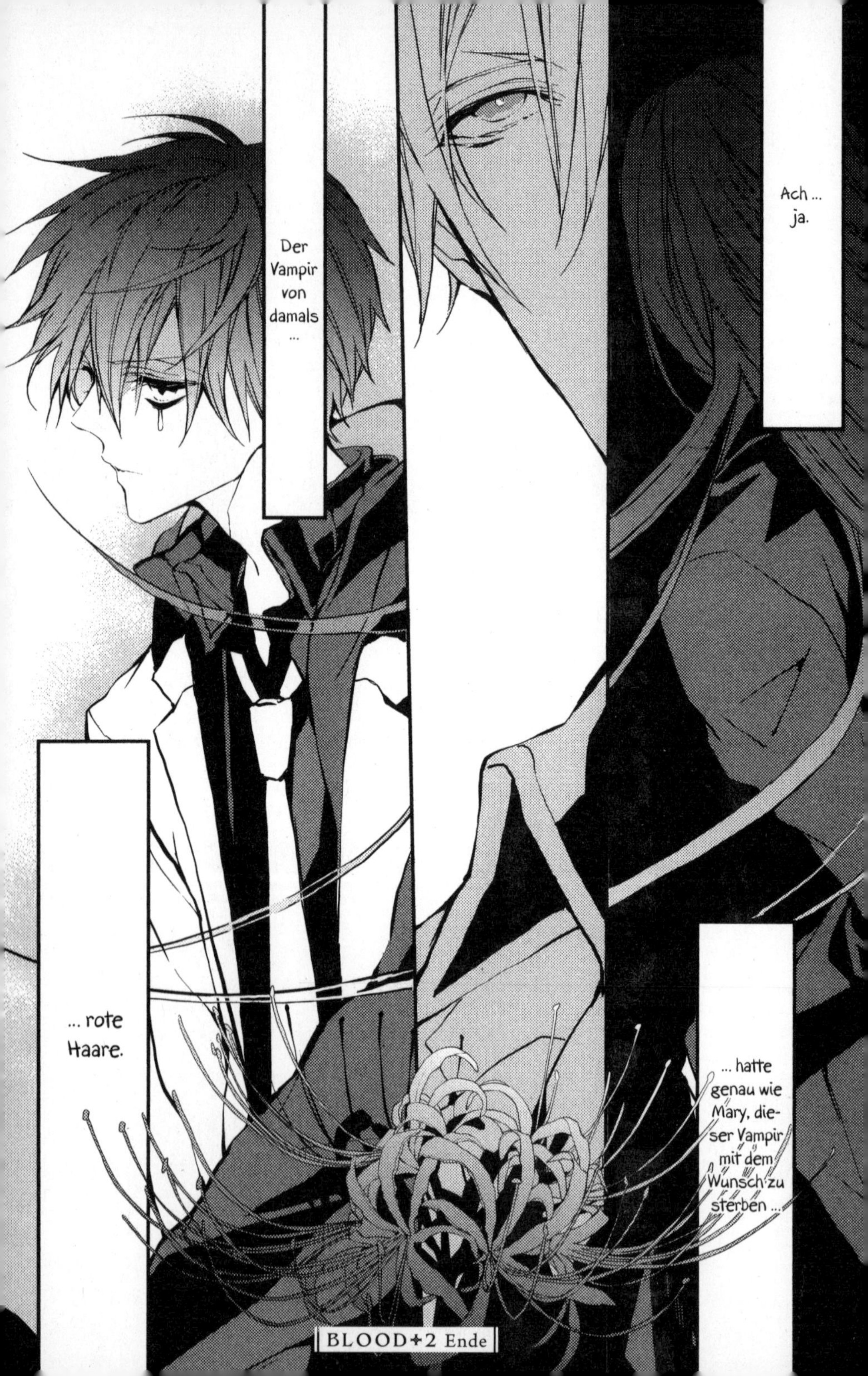
Ach ... ja.
Der Vampir von damals ...
... hatte genau wie Mary, dieser Vampir mit dem Wunsch zu sterben ...
... rote Haare.
BLOOD+2 Ende

Bloody†Mary

A vampire who wants to die. And a priest who wants to live.
Crossing purposes in life and death.

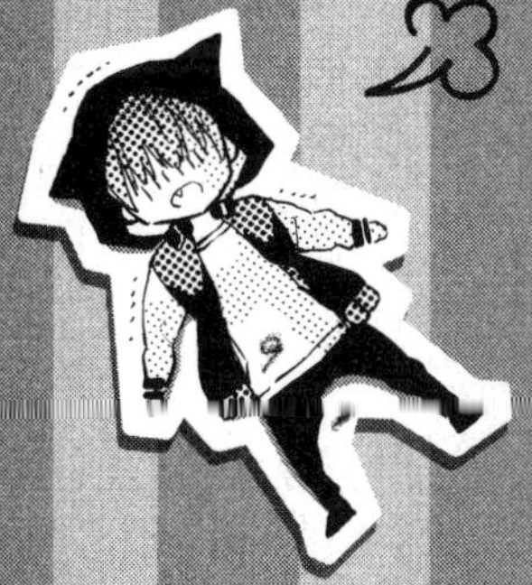

BLOOD ✝ 3 Ein schwarz gekleideter Besucher

Akaza Samamiya präsentiert

Bloody ✝ Mary

A vampire who wants to die. And a priest who wants to live.
Crossing purposes in life and death.

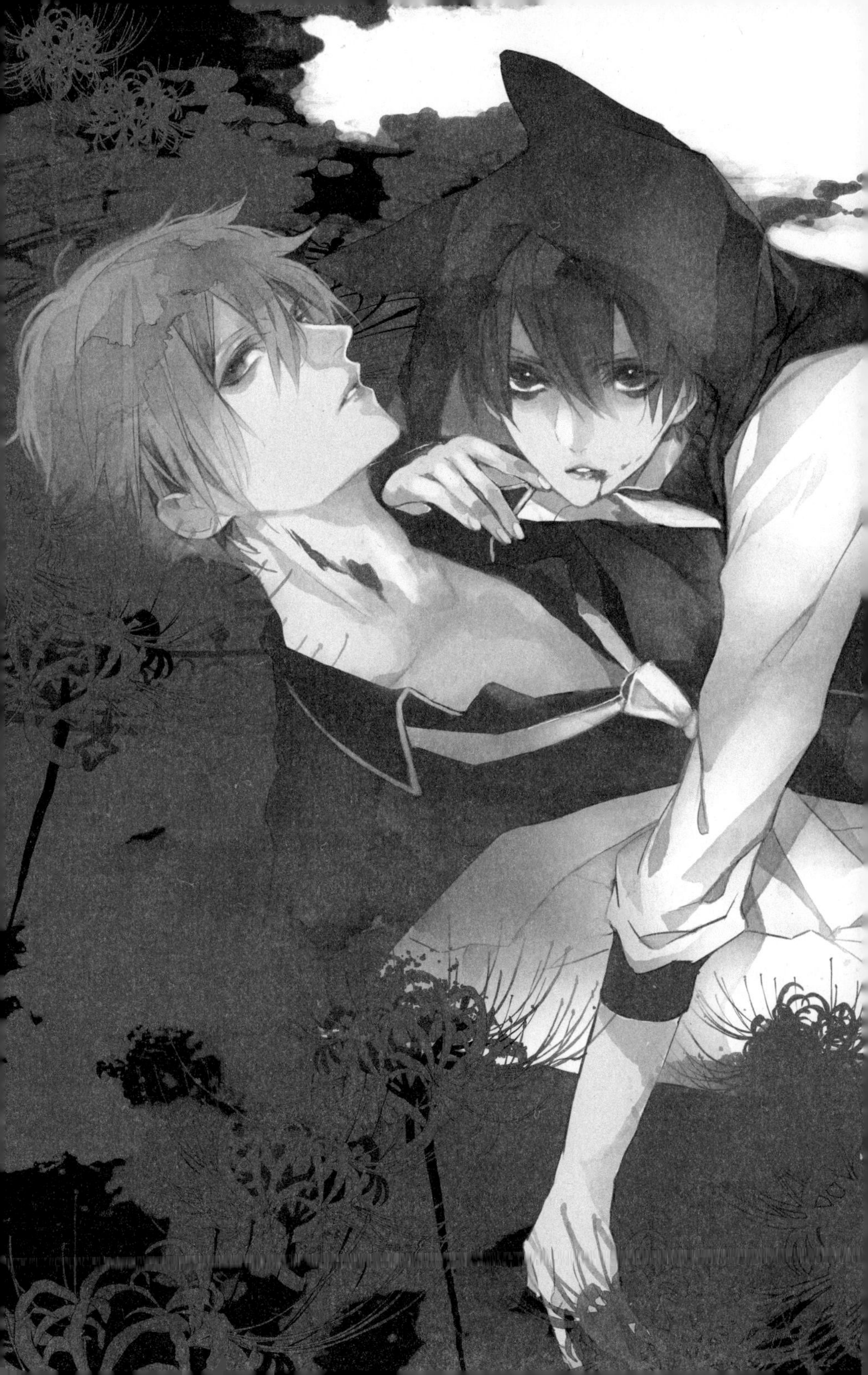

Bloody+Mary

A vampire who wants to die.
And a priest who wants to live.
Crossing purposes in life and death.

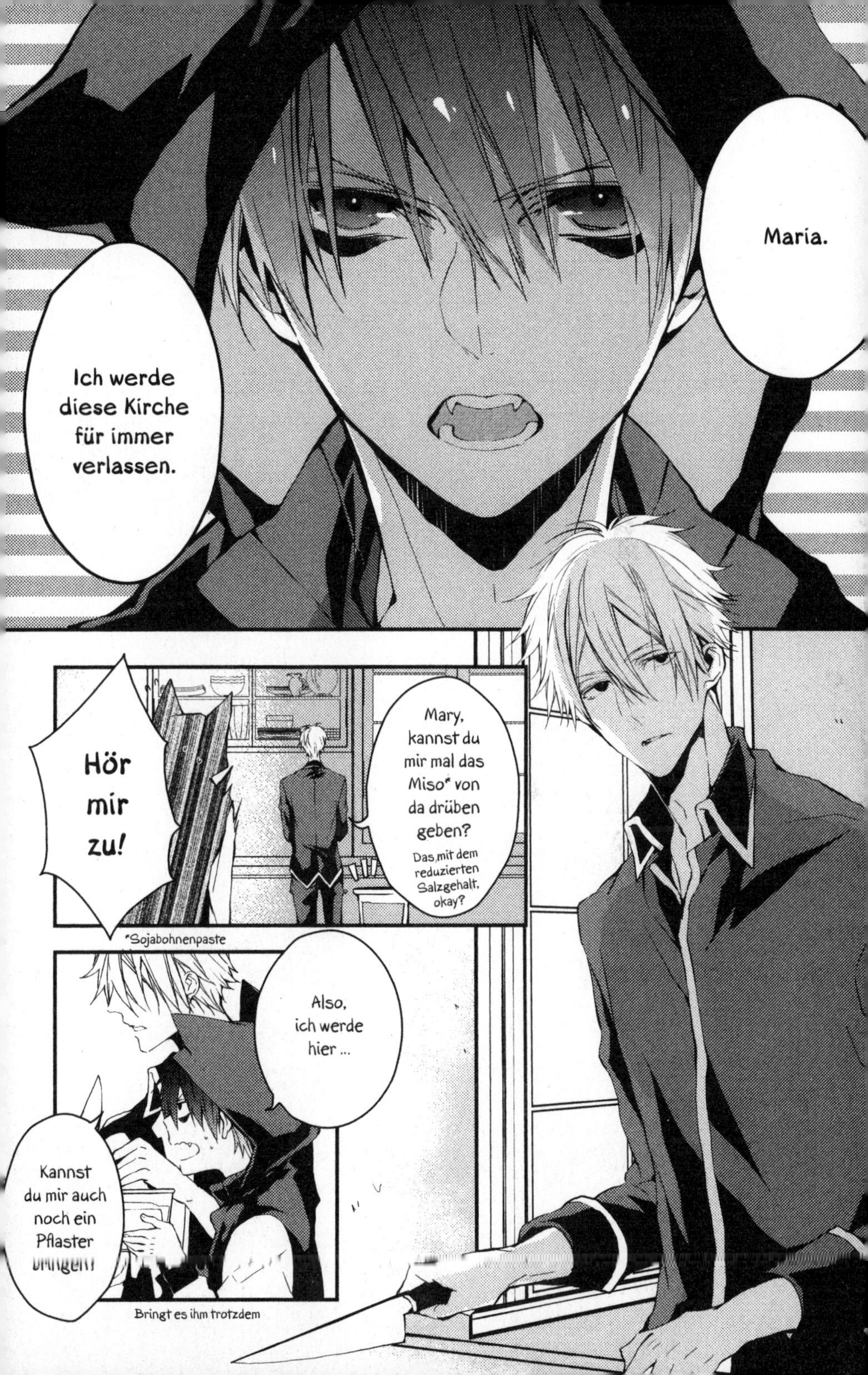
Maria.
Ich werde diese Kirche für immer verlassen.
Mary, kannst du mir mal das Miso* von da drüben geben?
Das mit dem reduzierten Salzgehalt, okay?
Hör mir zu!
*Sojabohnenpaste
Also, ich werde hier ...
Kannst du mir auch noch ein Pflaster
Bringt es ihm trotzdem

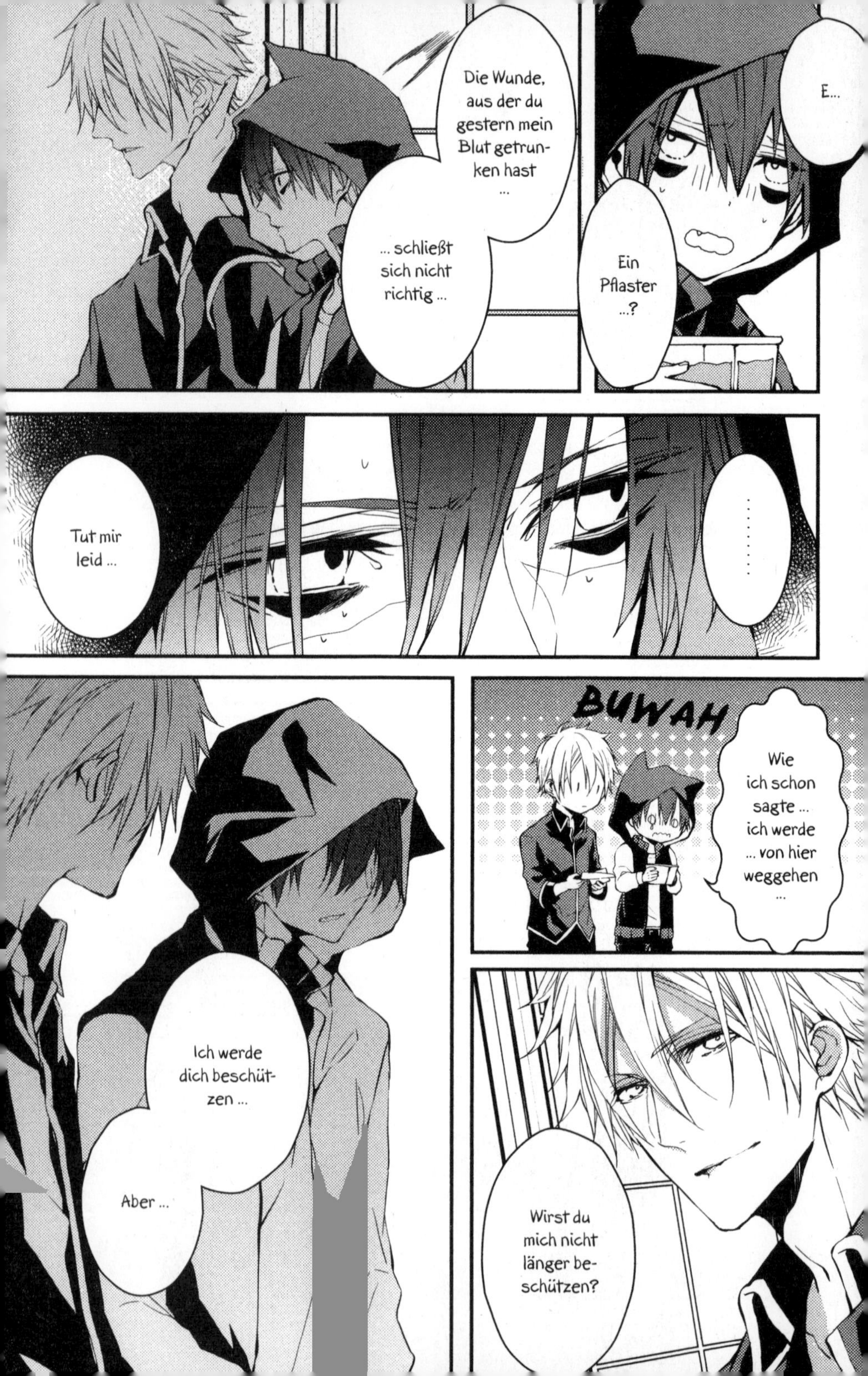

E...

Ein Pflaster ...?

Die Wunde, aus der du gestern mein Blut getrunken hast ...

... schließt sich nicht richtig ...

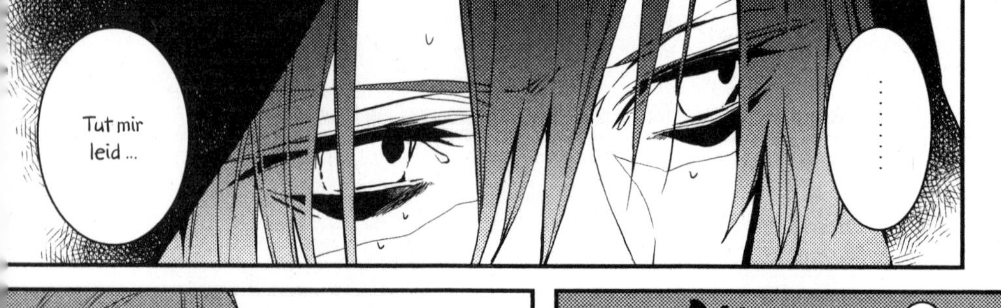

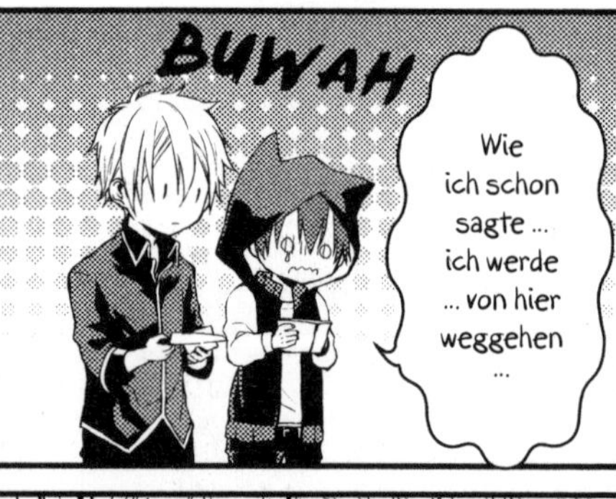

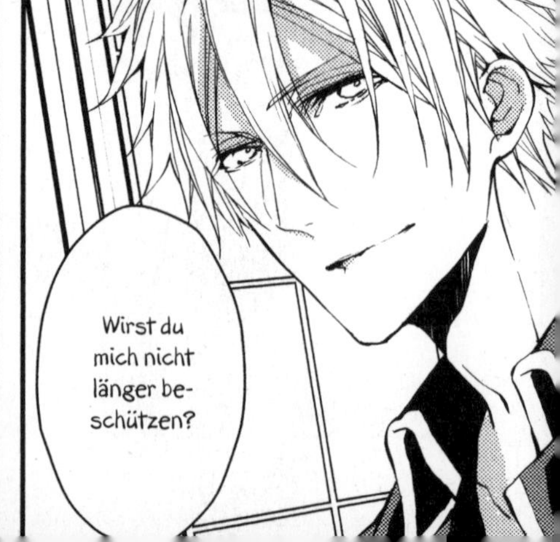

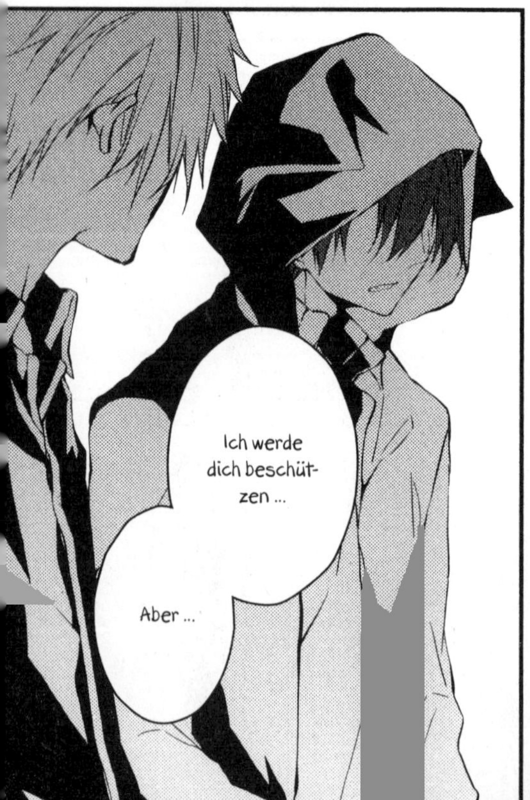

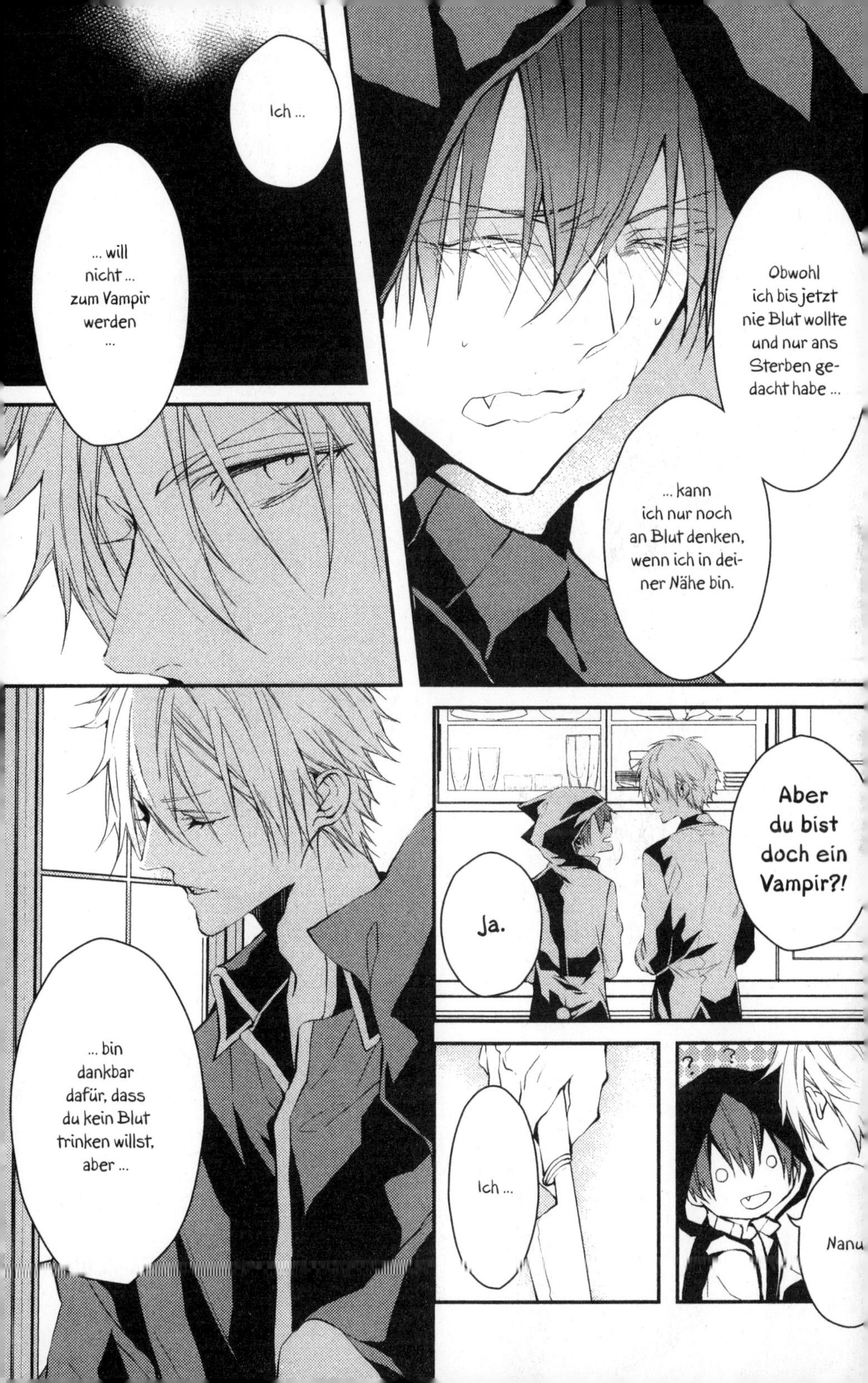
Obwohl ich bis jetzt nie Blut wollte und nur ans Sterben gedacht habe ...
... kann ich nur noch an Blut denken, wenn ich in deiner Nähe bin.
Ich ...
... will nicht ... zum Vampir werden ...
Aber du bist doch ein Vampir?!
Ja.
Nanu
Ich ...
... bin dankbar dafür, dass du kein Blut trinken willst, aber ...

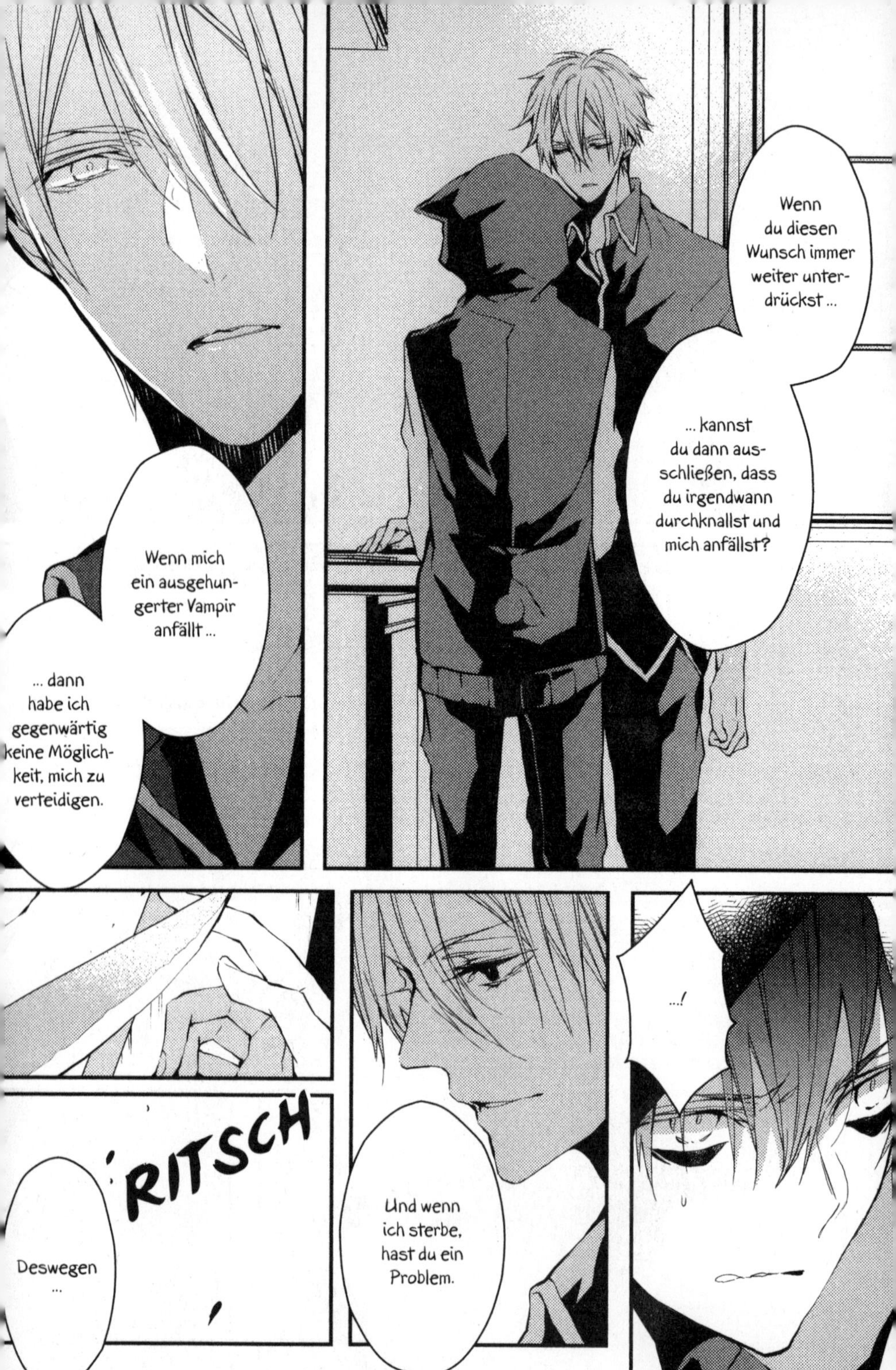
Wenn du diesen Wunsch immer weiter unterdrückst ...
... kannst du dann ausschließen, dass du irgendwann durchknallst und mich anfällst?
Wenn mich ein ausgehungerter Vampir anfällt ...
... dann habe ich gegenwärtig keine Möglichkeit, mich zu verteidigen.
...!
Und wenn ich sterbe, hast du ein Problem.
RITSCH
Deswegen ...

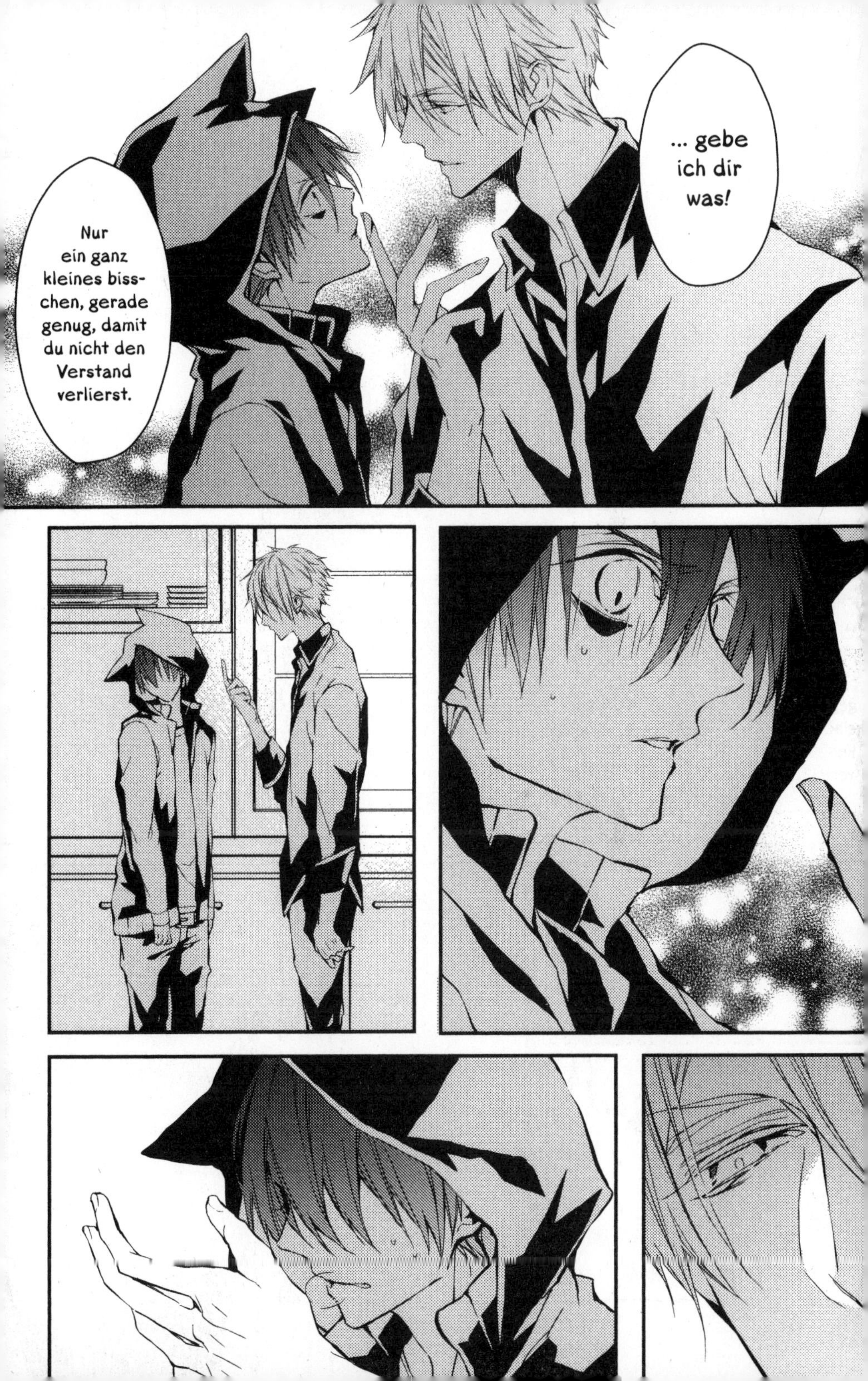

... gebe ich dir was!

Nur ein ganz kleines bisschen, gerade genug, damit du nicht den Verstand verlierst.

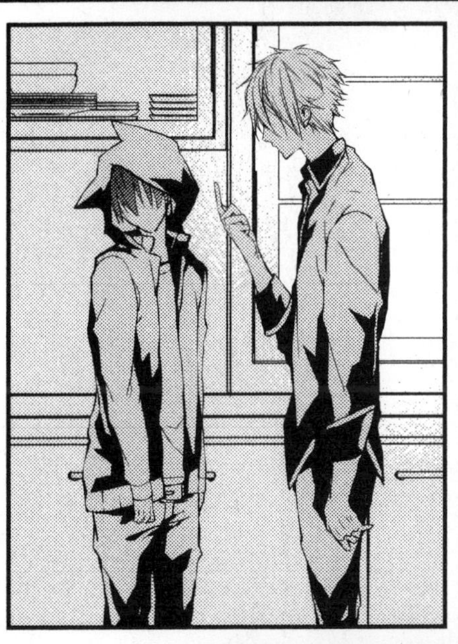

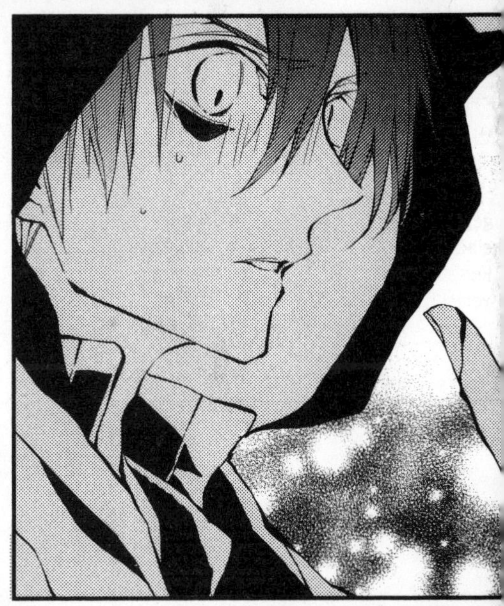

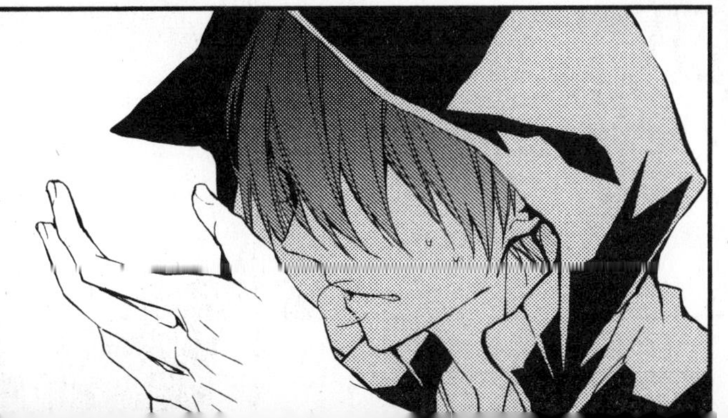

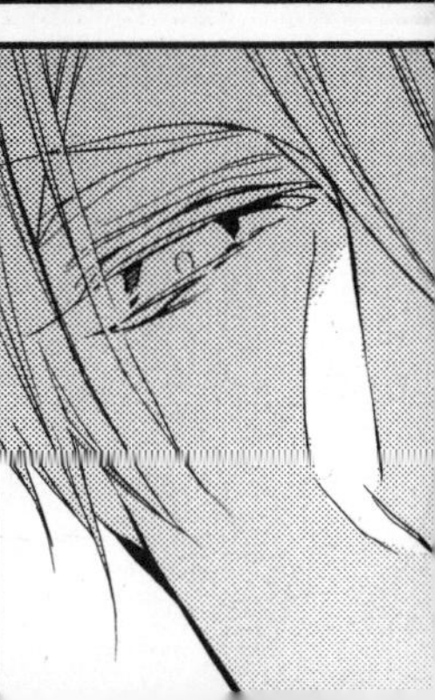

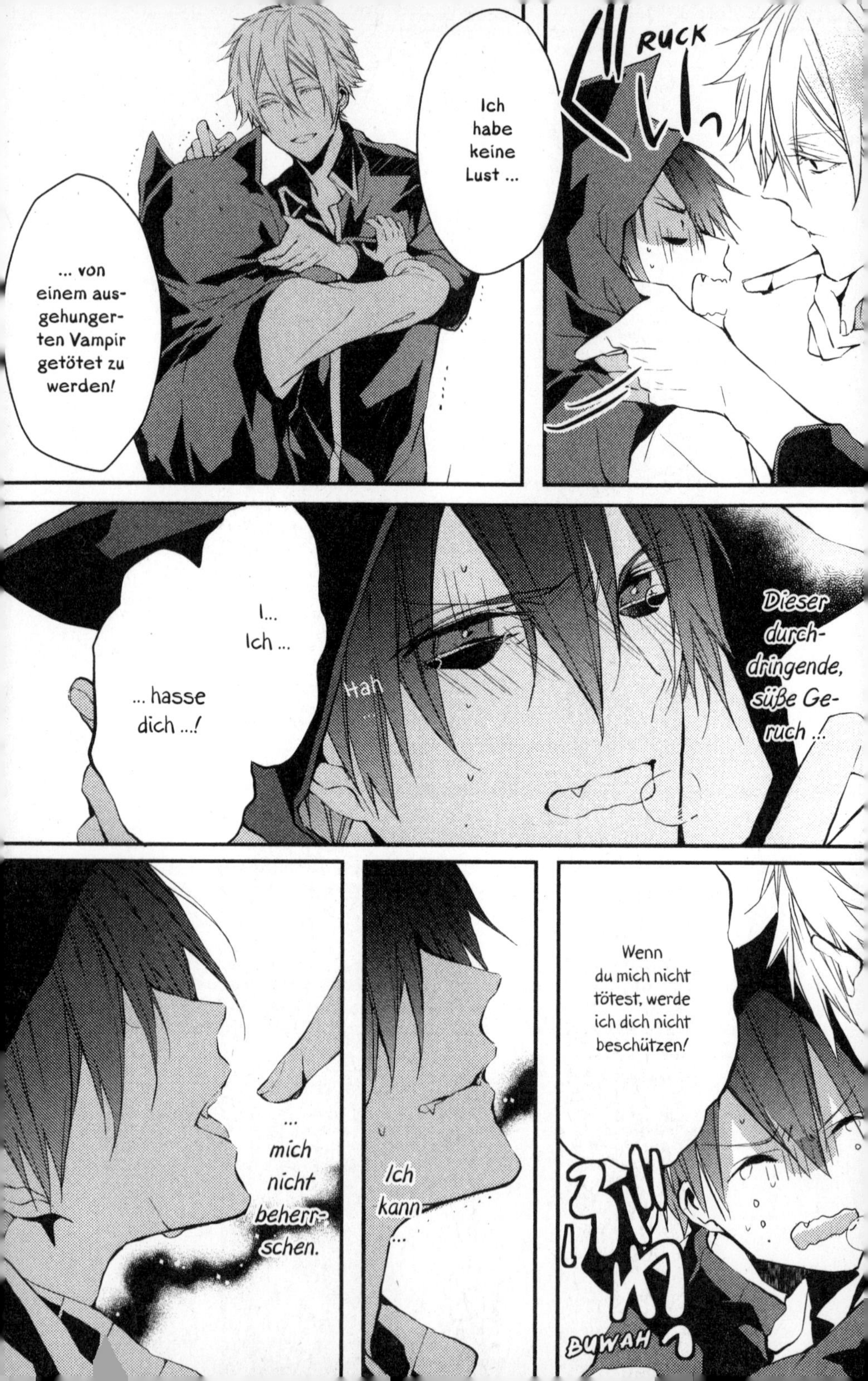

RUCK

Ich habe keine Lust ...

... von einem ausgehungerten Vampir getötet zu werden!

Dieser durchdringende, süße Geruch ...

Hah ...

I... Ich ...

... hasse dich ...!

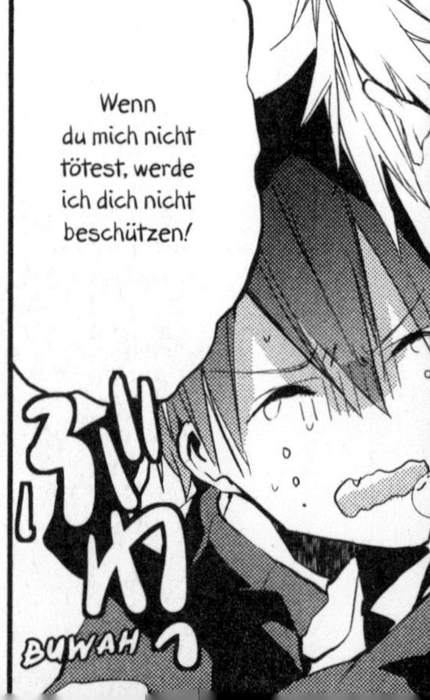

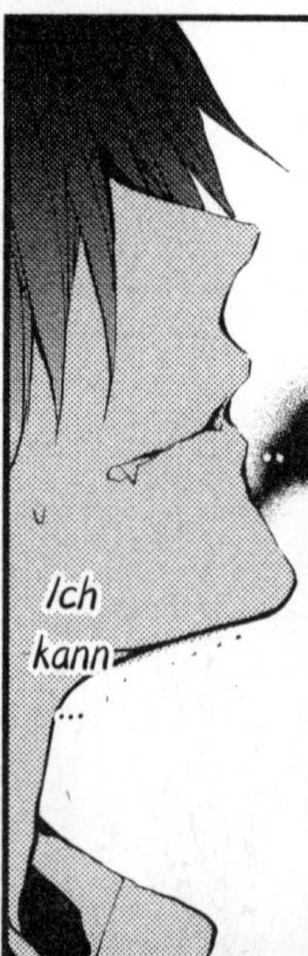

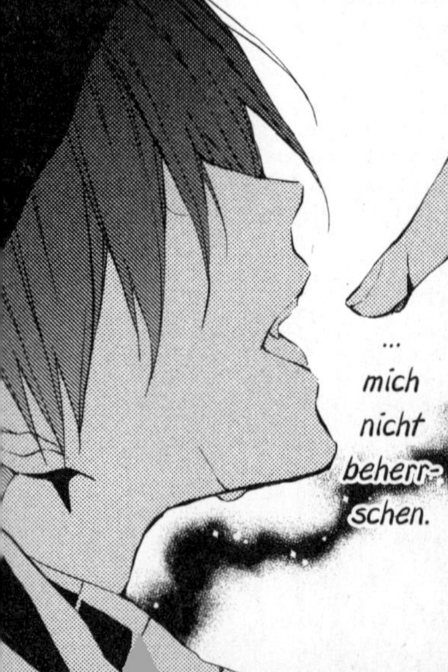

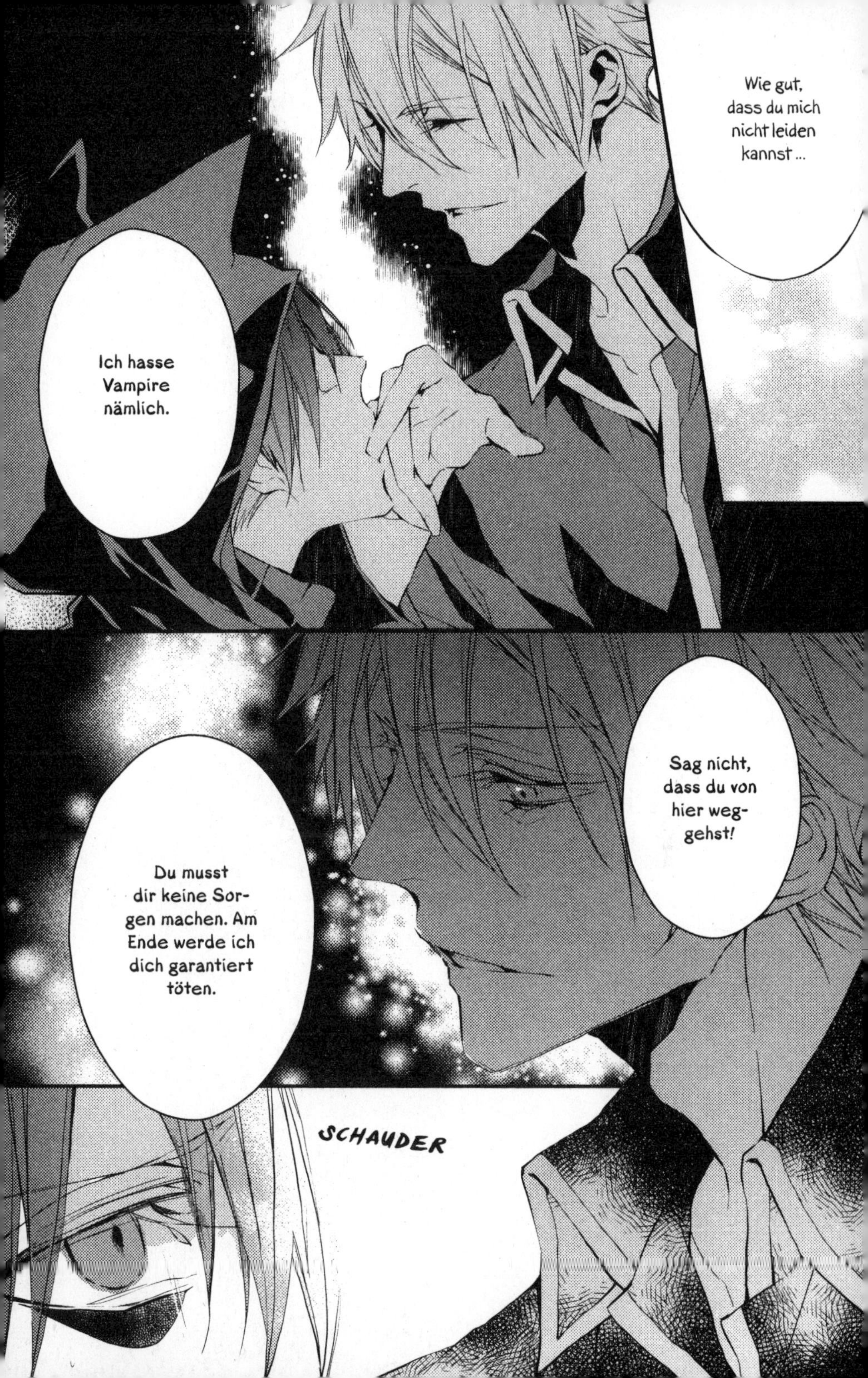
Wie gut, dass du mich nicht leiden kannst ...
Ich hasse Vampire nämlich.
Sag nicht, dass du von hier weg-gehst!
Du musst dir keine Sor-gen machen. Am Ende werde ich dich garantiert töten.
SCHAUDER

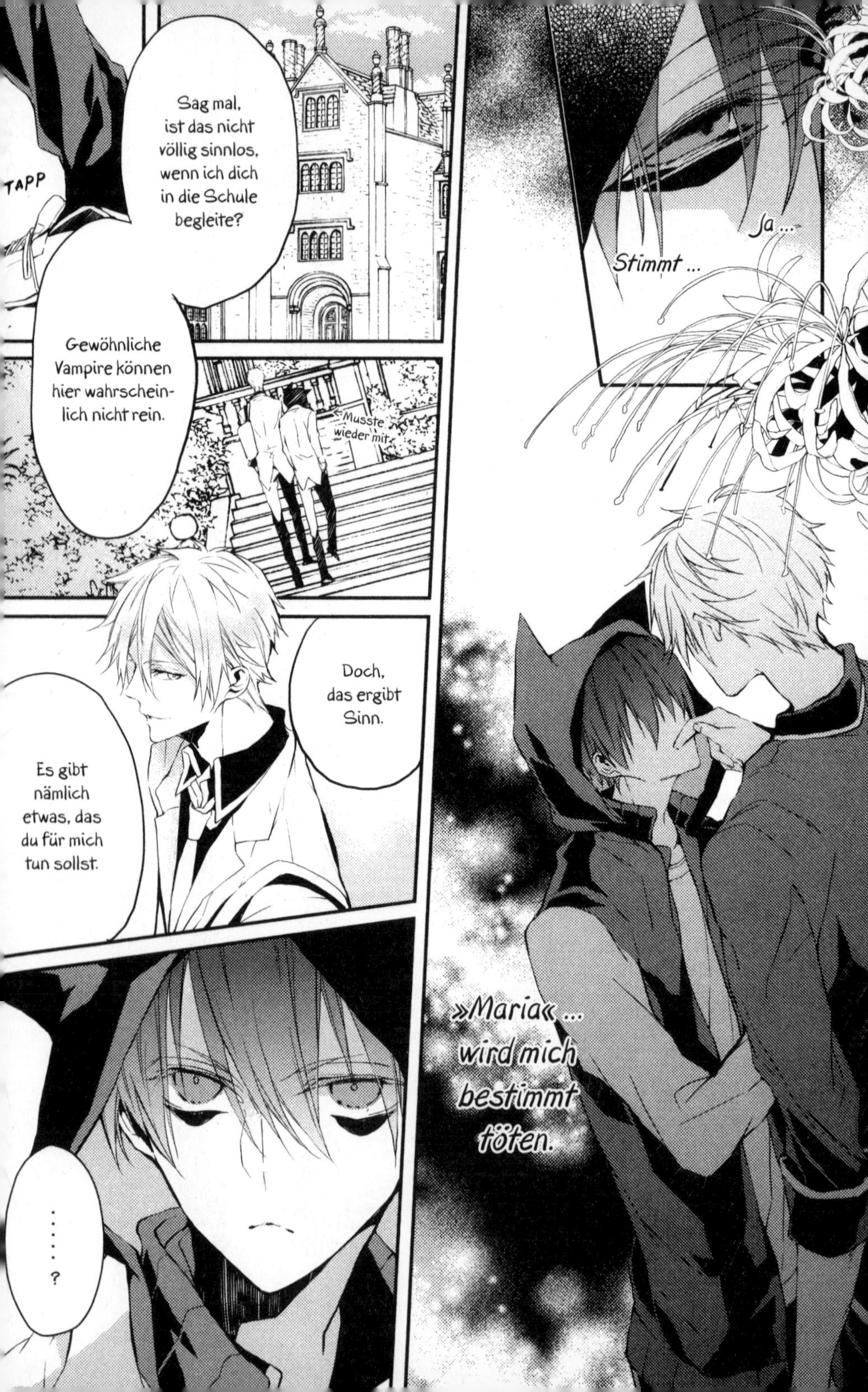

Ja ...
Stimmt ...
»Maria« ...
wird mich bestimmt töten.
TAPP
Sag mal, ist das nicht völlig sinnlos, wenn ich dich in die Schule begleite?
Gewöhnliche Vampire können hier wahrscheinlich nicht rein.
Musste wieder mit
Doch, das ergibt Sinn.
Es gibt nämlich etwas, das du für mich tun sollst.
...... ?

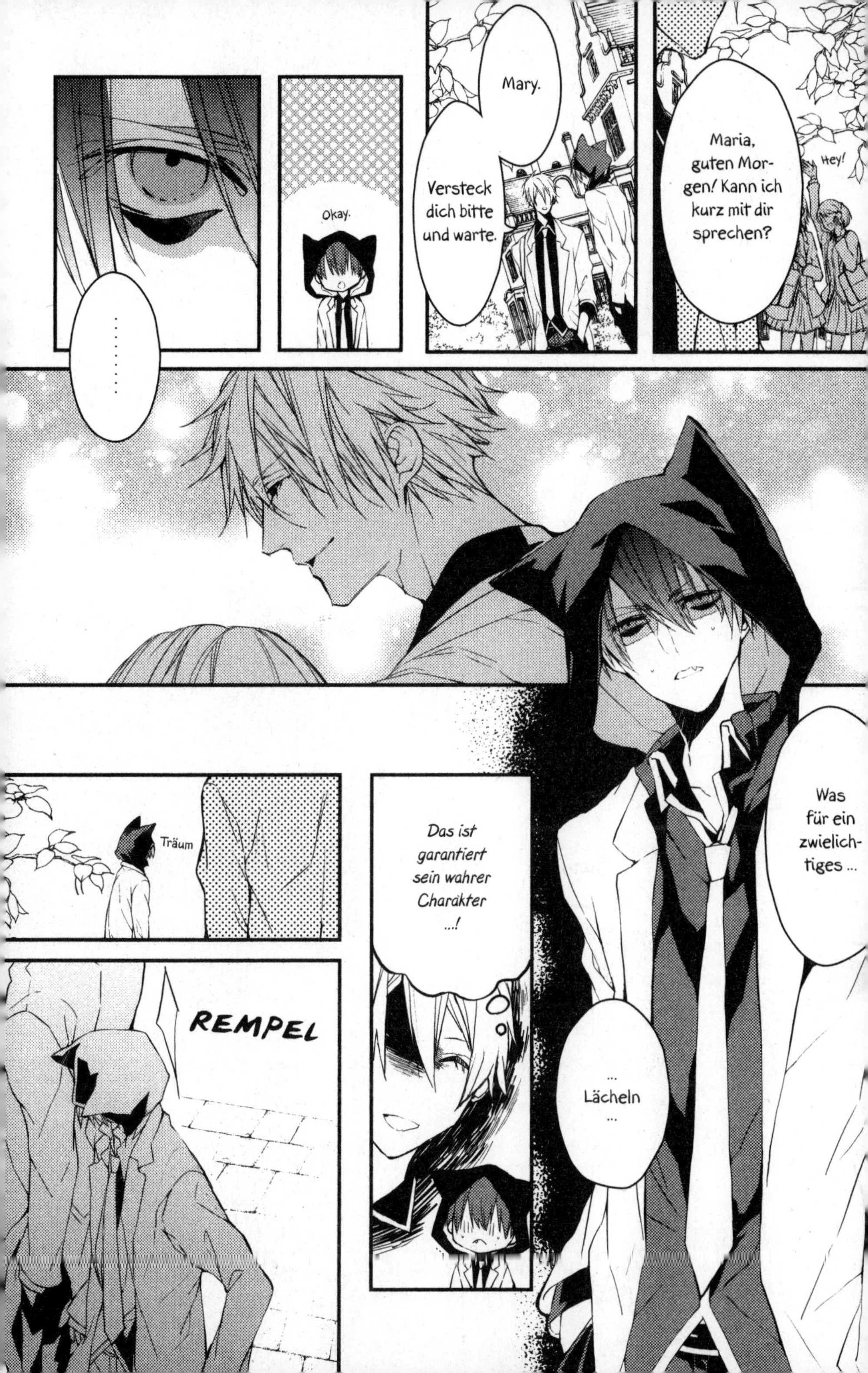

Maria, guten Morgen! Kann ich kurz mit dir sprechen?
Hey!
Mary.
Versteck dich bitte und warte.
Okay.
....
Was für ein zwielichtiges ...
... Lächeln ...
Das ist garantiert sein wahrer Charakter ...!
Träum
REMPEL

Entschuldige
... Habe ich dir
wehgetan?

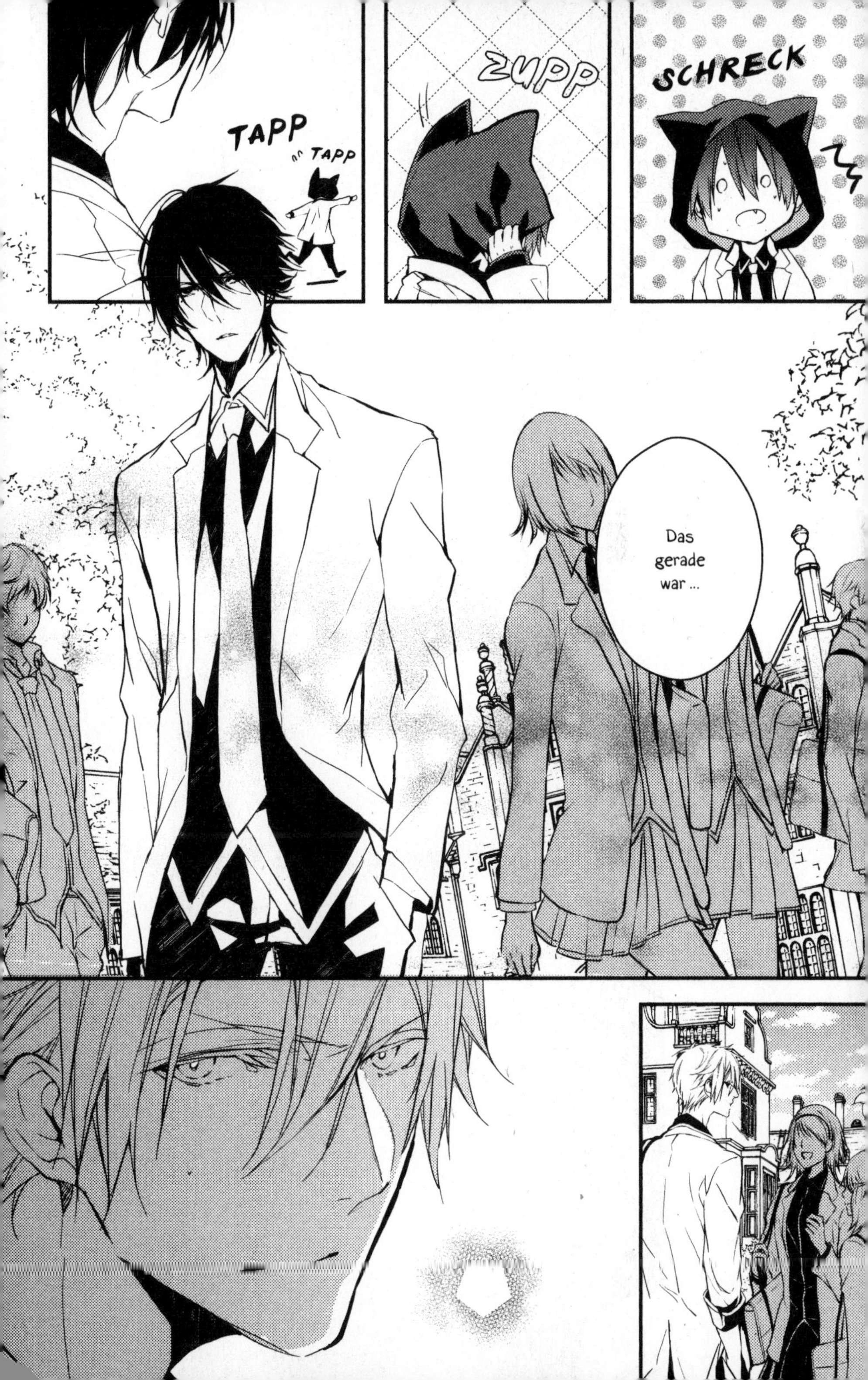
SCHRECK
ZUPP
TAPP
TAPP
Das gerade war ...

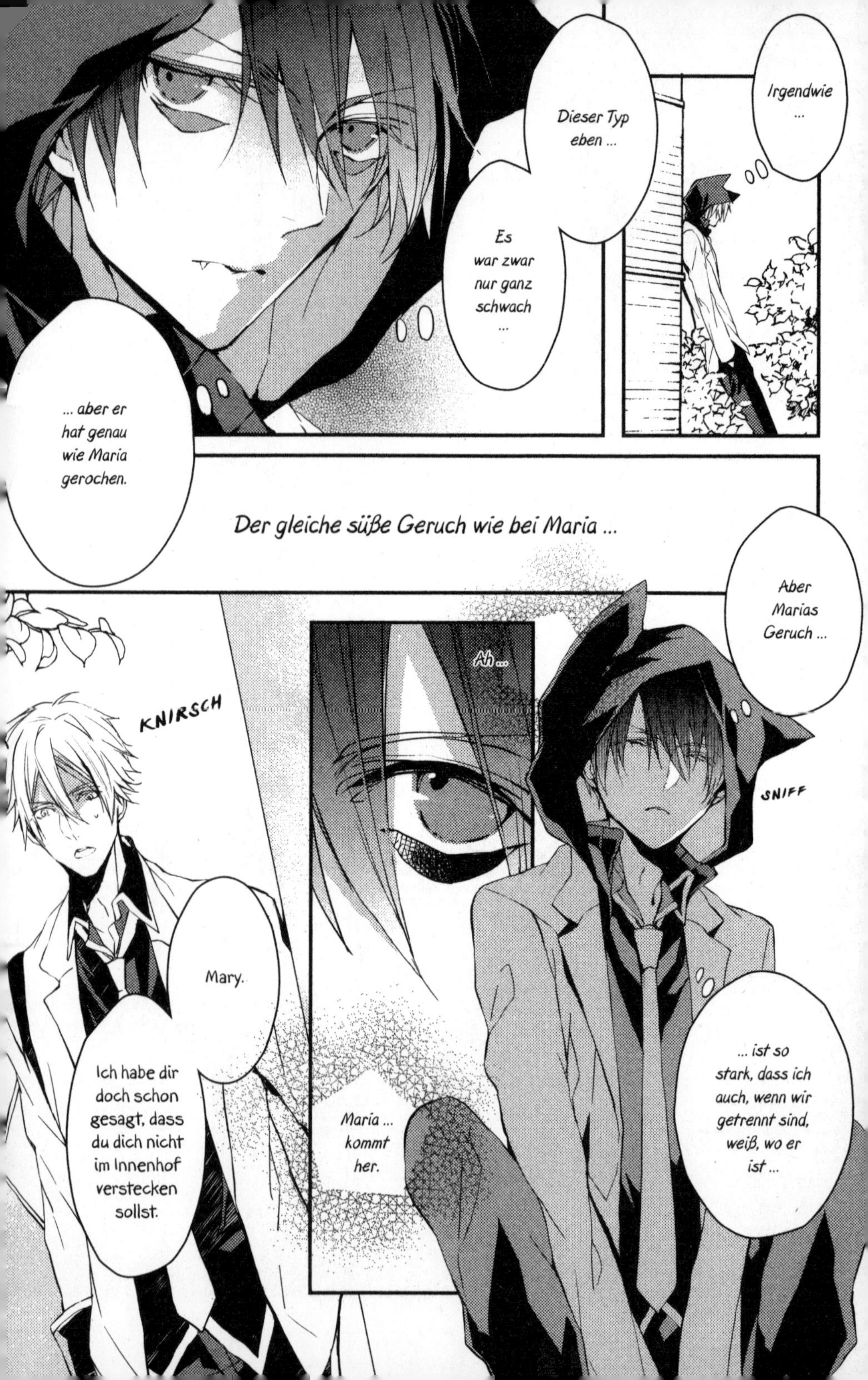
Irgendwie ...
Dieser Typ eben ...
Es war zwar nur ganz schwach ...
... aber er hat genau wie Maria gerochen.
Der gleiche süße Geruch wie bei Maria ...
Aber Marias Geruch ...
SNIFF
... ist so stark, dass ich auch, wenn wir getrennt sind, weiß, wo er ist ...
Ah ...
Maria ... kommt her.
KNIRSCH
Mary.
Ich habe dir doch schon gesagt, dass du dich nicht im Innenhof verstecken sollst.

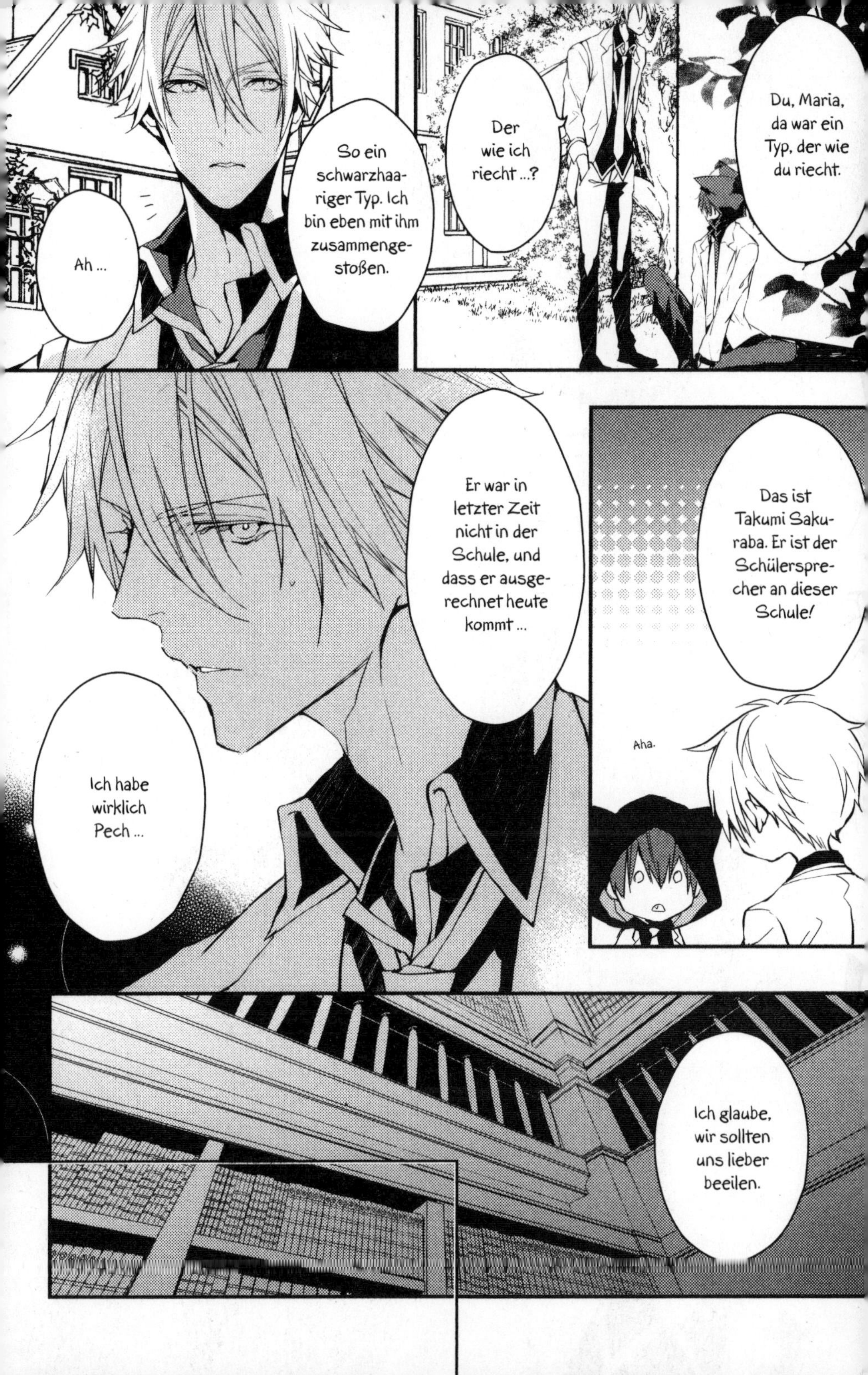
Du, Maria, da war ein Typ, der wie du riecht.
Der wie ich riecht ...?
So ein schwarzhaariger Typ. Ich bin eben mit ihm zusammengestoßen.
Ah ...
Das ist Takumi Sakuraba. Er ist der Schülersprecher an dieser Schule!
Aha.
Er war in letzter Zeit nicht in der Schule, und dass er ausgerechnet heute kommt ...
Ich habe wirklich Pech ...
Ich glaube, wir sollten uns lieber beeilen.

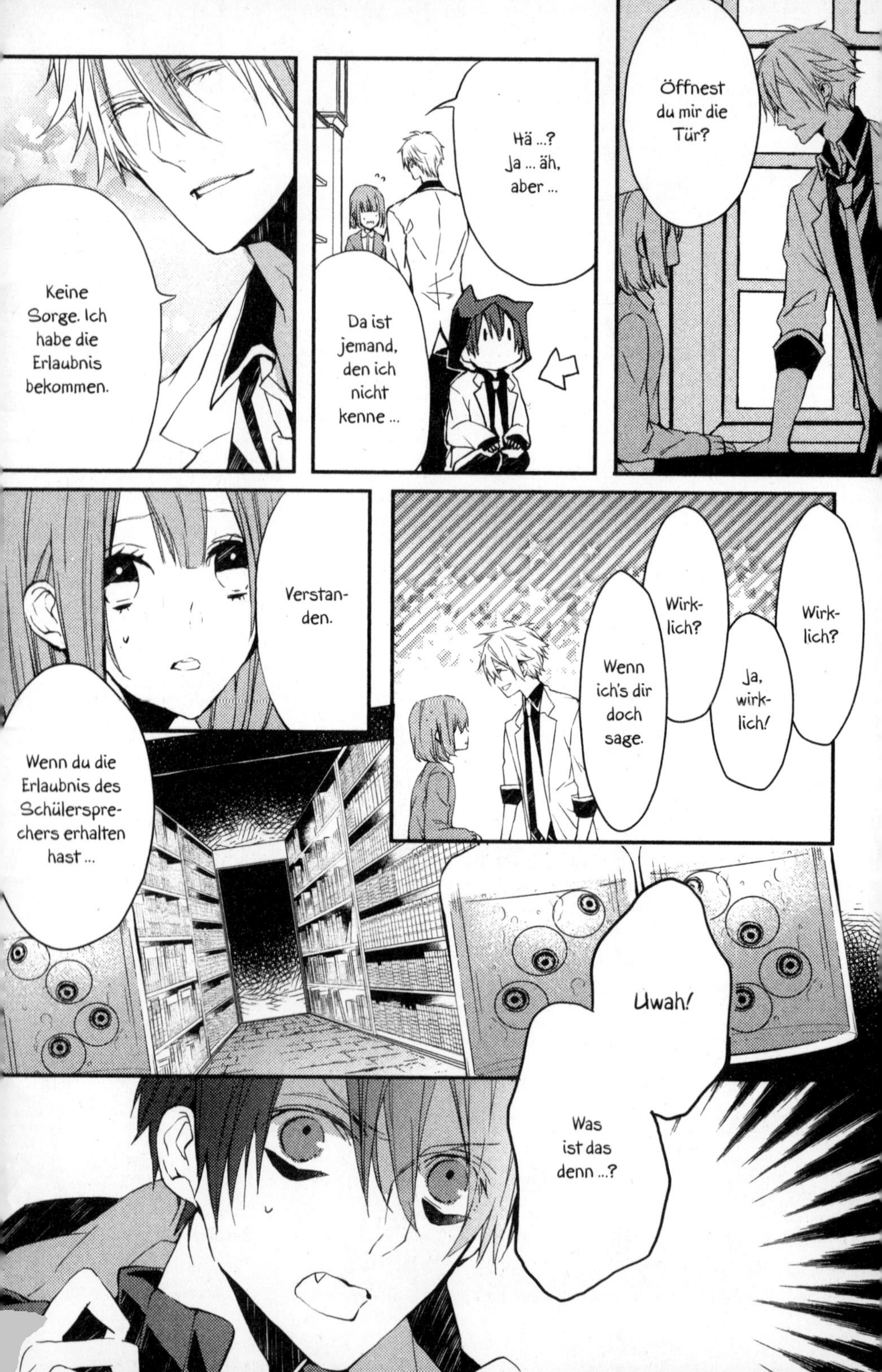
Öffnest du mir die Tür?
Hä ...? Ja ... äh, aber ...
Da ist jemand, den ich nicht kenne ...
Keine Sorge. Ich habe die Erlaubnis bekommen.
Wirk-lich?
Wirk-lich?
Ja, wirk-lich!
Wenn ich's dir doch sage.
Verstan-den.
Wenn du die Erlaubnis des Schülersprechers erhalten hast ...
Uwah!
Was ist das denn ...?

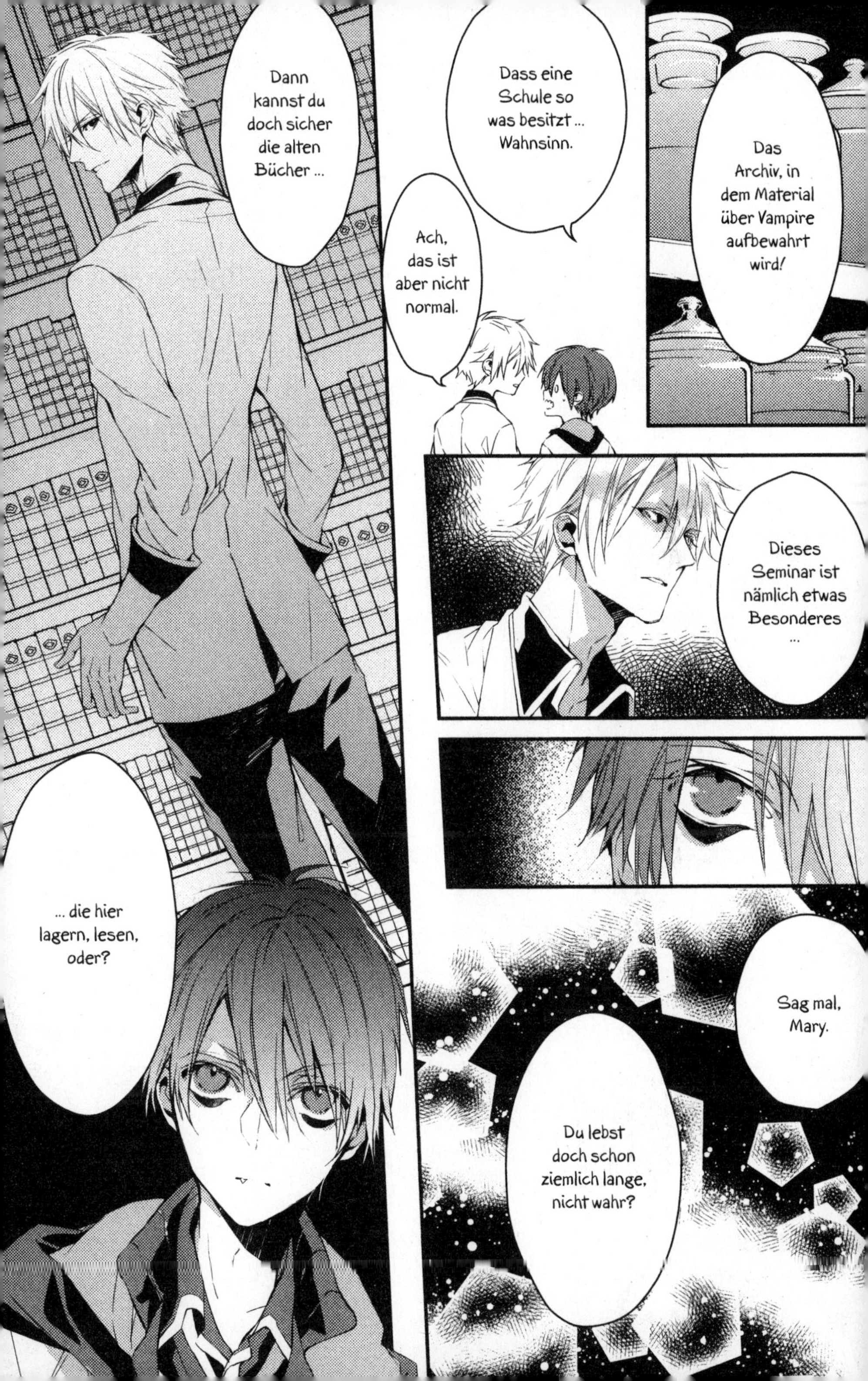
Das Archiv, in dem Material über Vampire aufbewahrt wird!
Dass eine Schule so was besitzt ... Wahnsinn.
Ach, das ist aber nicht normal.
Dieses Seminar ist nämlich etwas Besonderes ...
Sag mal, Mary.
Du lebst doch schon ziemlich lange, nicht wahr?
Dann kannst du doch sicher die alten Bücher ...
... die hier lagern, lesen, oder?

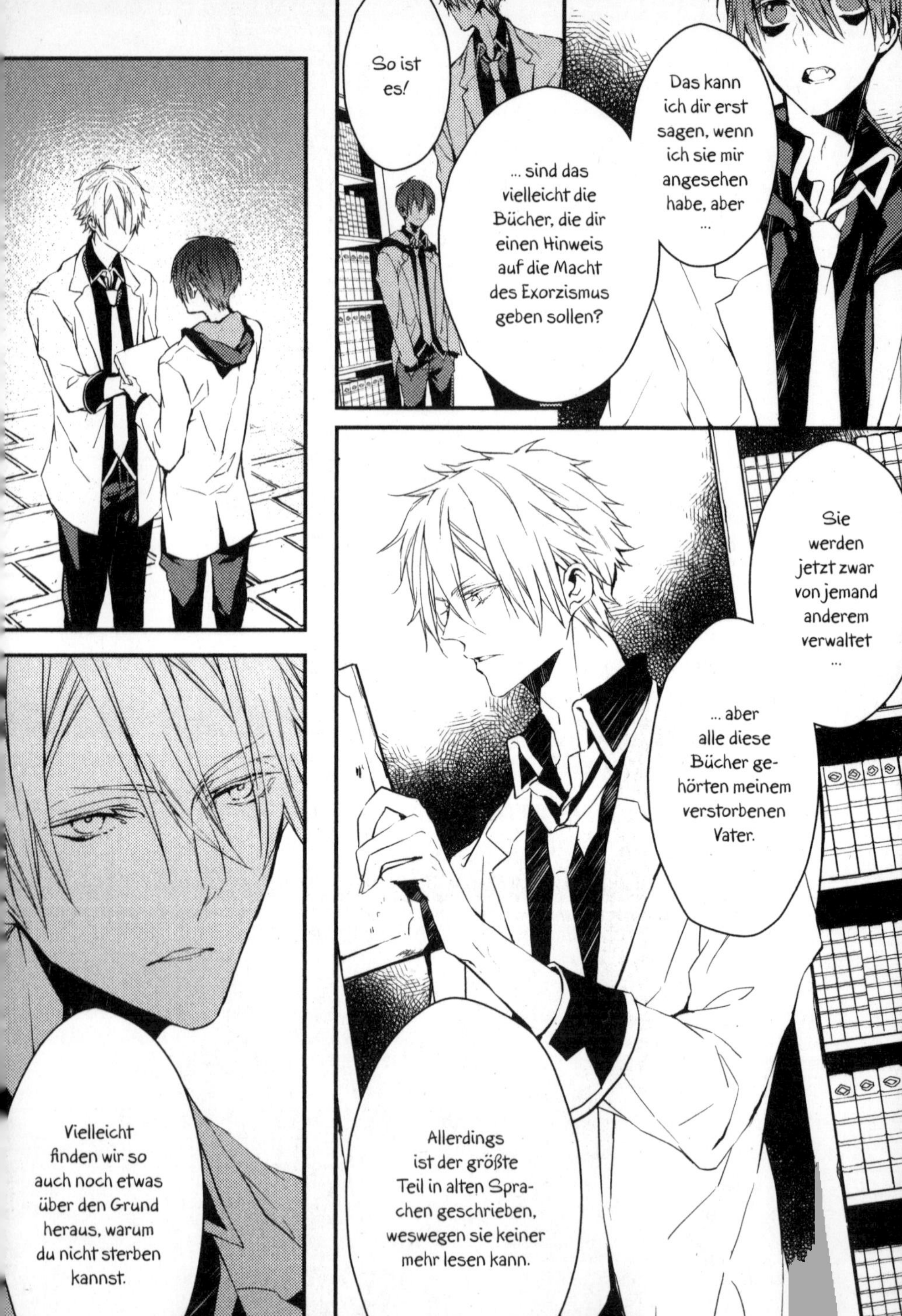
Das kann ich dir erst sagen, wenn ich sie mir angesehen habe, aber …
… sind das vielleicht die Bücher, die dir einen Hinweis auf die Macht des Exorzismus geben sollen?
So ist es!
Sie werden jetzt zwar von jemand anderem verwaltet …
… aber alle diese Bücher gehörten meinem verstorbenen Vater.
Allerdings ist der größte Teil in alten Sprachen geschrieben, weswegen sie keiner mehr lesen kann.
Vielleicht finden wir so auch noch etwas über den Grund heraus, warum du nicht sterben kannst.

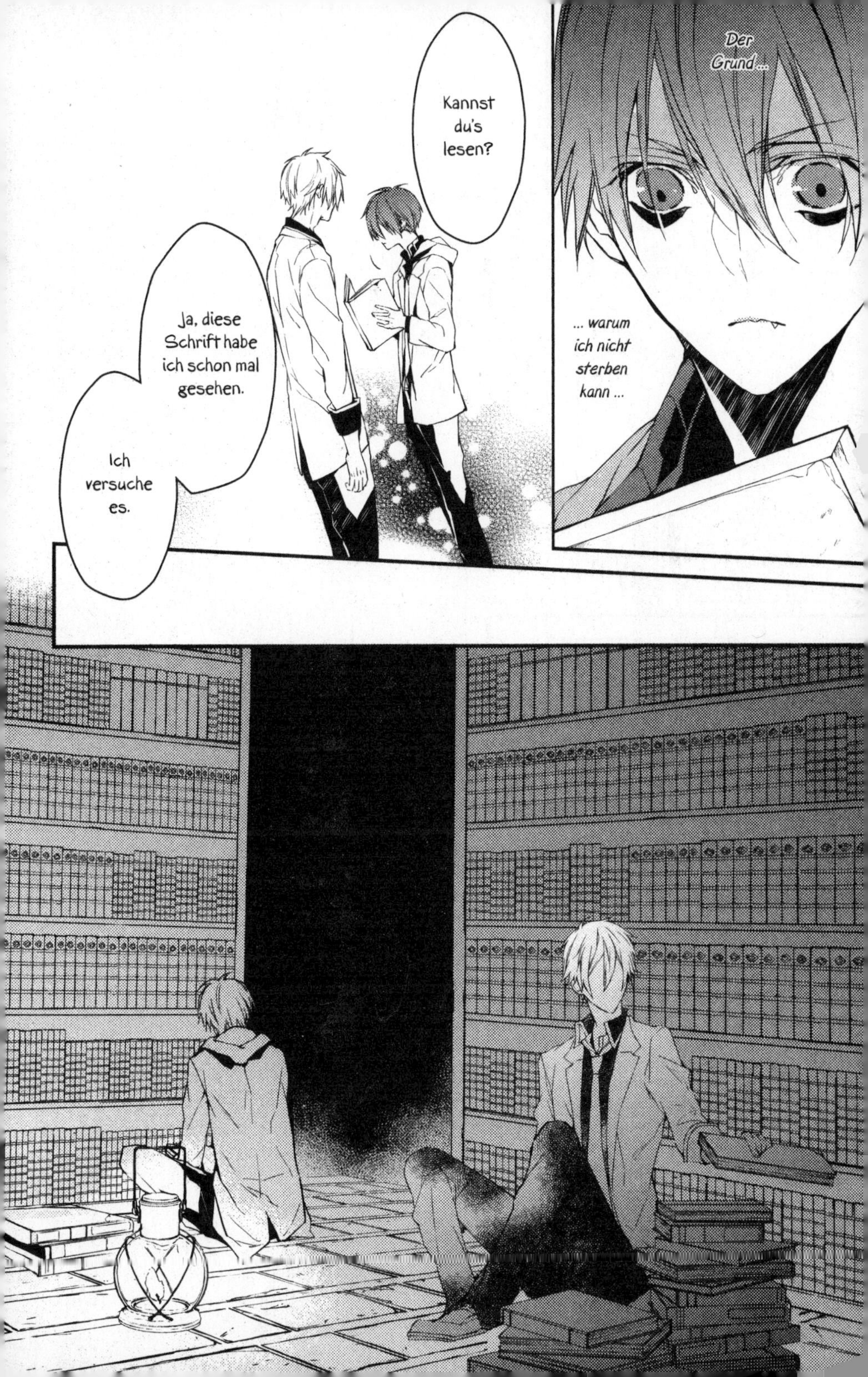
Der Grund ...
... warum ich nicht sterben kann ...
Kannst du's lesen?
Ja, diese Schrift habe ich schon mal gesehen.
Ich versuche es.

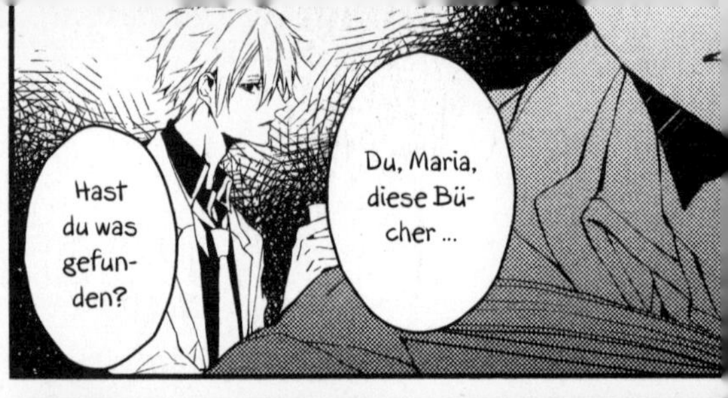
Du, Maria, diese Bücher ...
Hast du was gefunden?

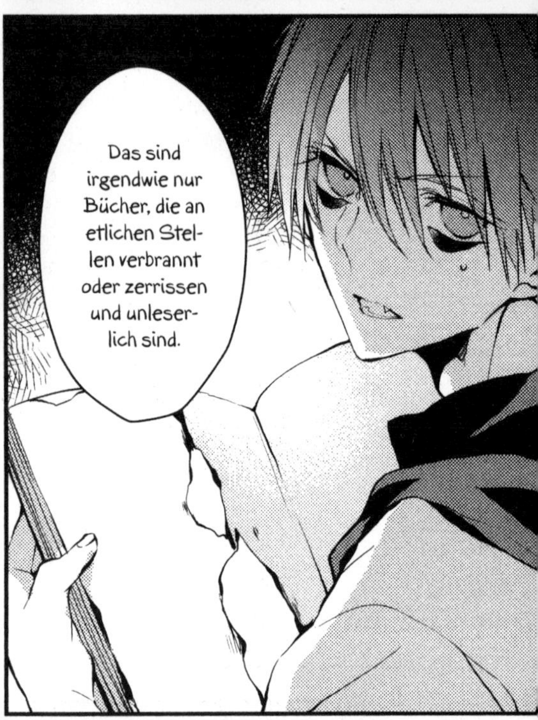
Das sind irgendwie nur Bücher, die an etlichen Stellen verbrannt oder zerrissen und unleserlich sind.

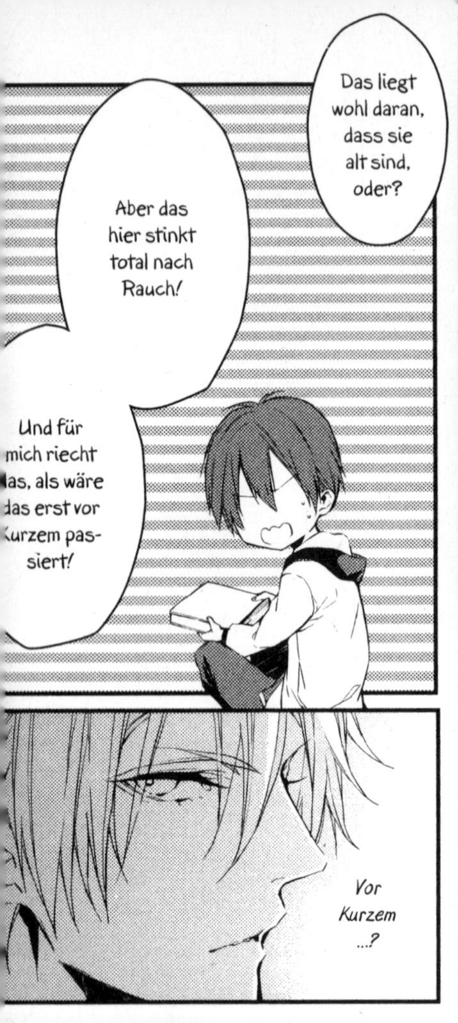
Das liegt wohl daran, dass sie alt sind, oder?
Aber das hier stinkt total nach Rauch!
Und für mich riecht as, als wäre das erst vor Kurzem passiert!
Vor Kurzem ...?

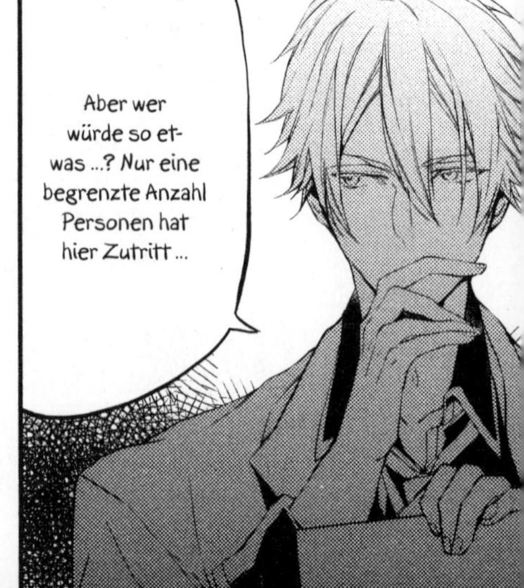
Aber wer würde so etwas ...? Nur eine begrenzte Anzahl Personen hat hier Zutritt ...

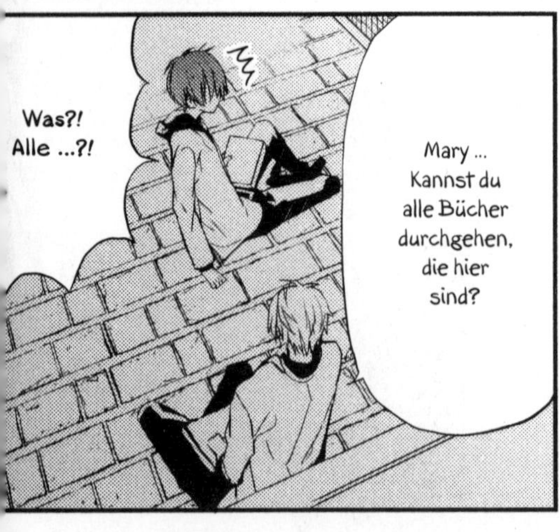
Mary ... Kannst du alle Bücher durchgehen, die hier sind?
Was?! Alle ...?!

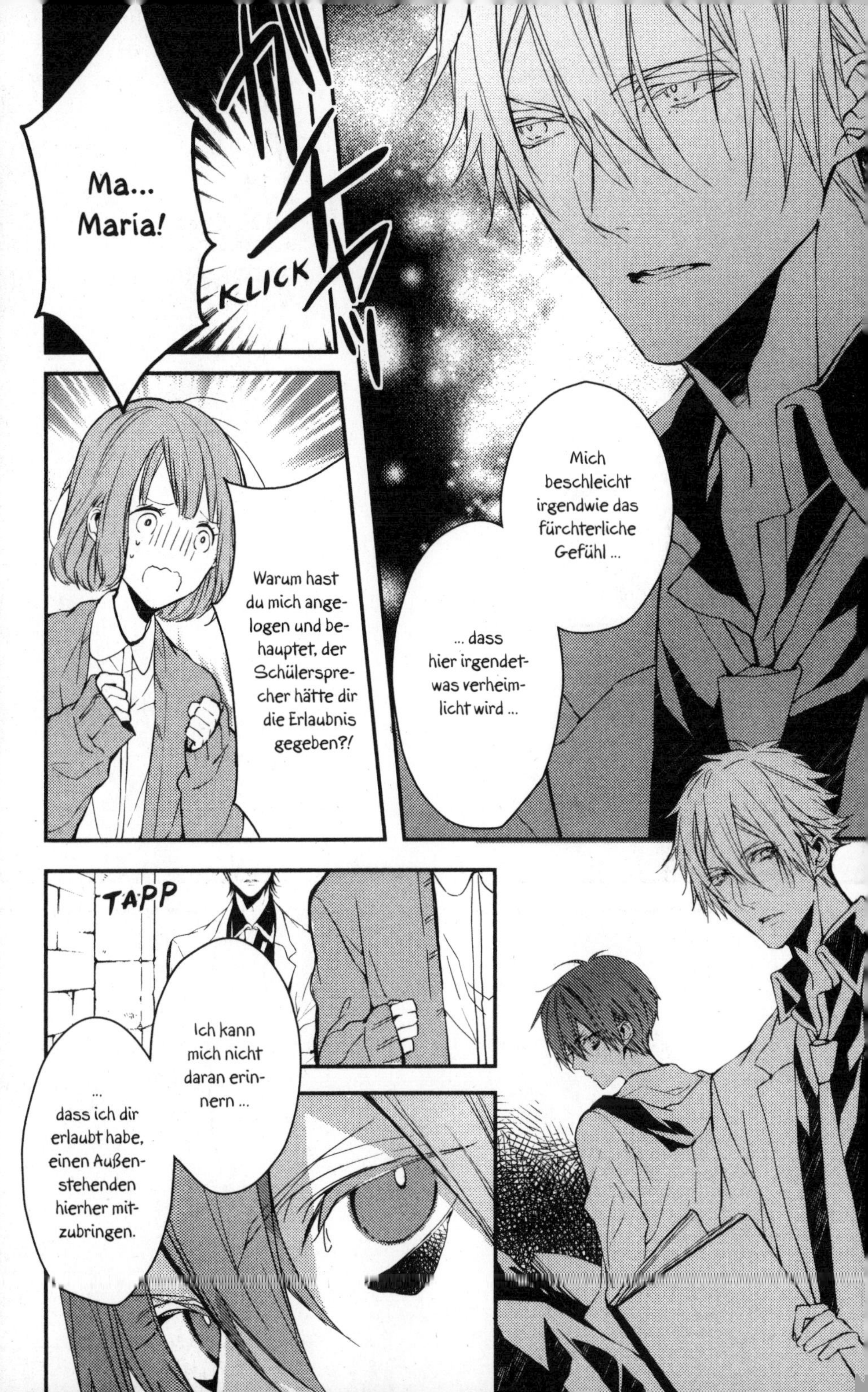
KLICK
Ma... Maria!
Mich beschleicht irgendwie das fürchterliche Gefühl ...
... dass hier irgendetwas verheimlicht wird ...
Warum hast du mich angelogen und behauptet, der Schülersprecher hätte dir die Erlaubnis gegeben?!
TAPP
Ich kann mich nicht daran erinnern ...
... dass ich dir erlaubt habe, einen Außenstehenden hierher mitzubringen.

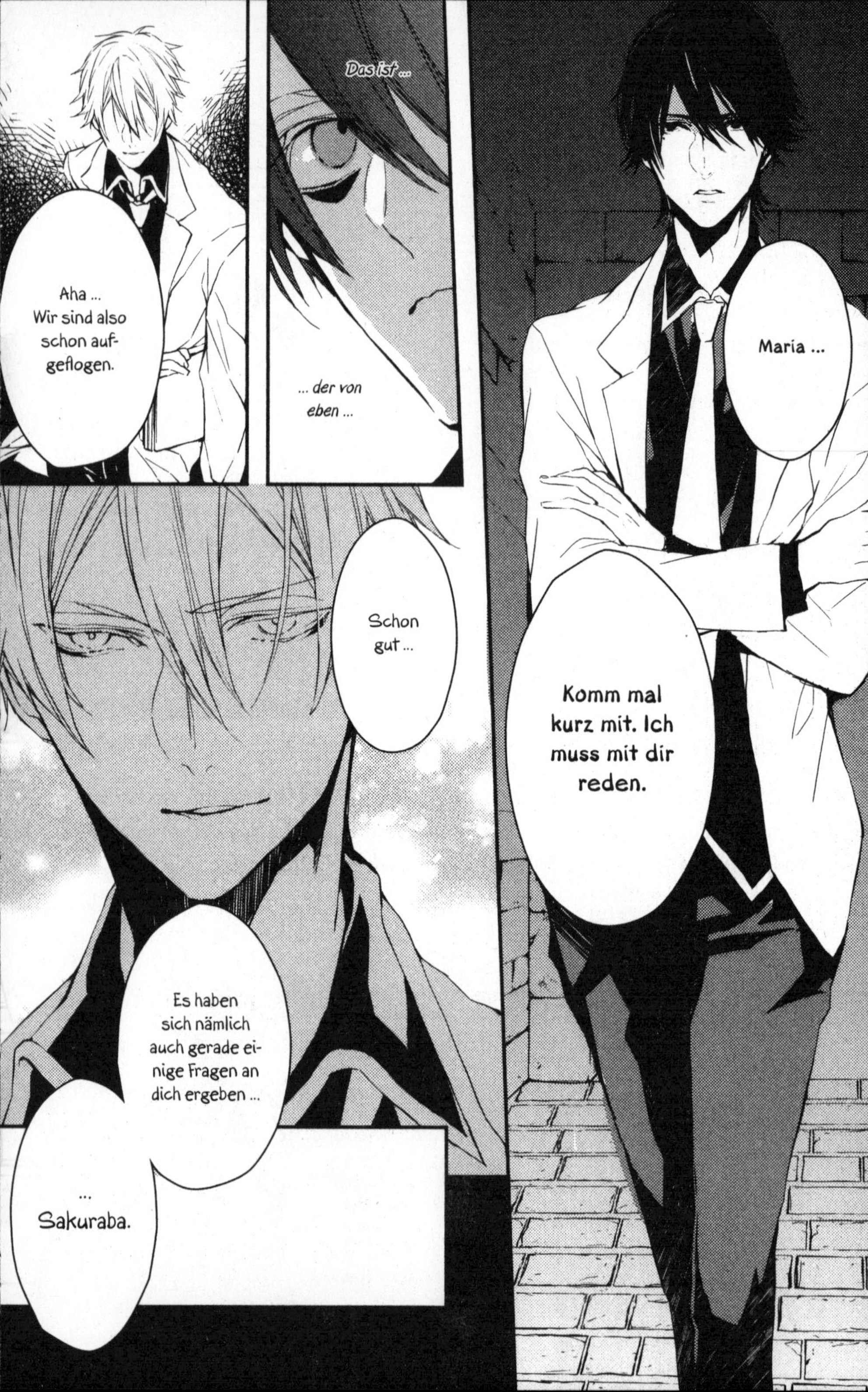
Maria ...
Komm mal kurz mit. Ich muss mit dir reden.
Das ist ...
... der von eben ...
Aha ... Wir sind also schon aufgeflogen.
Schon gut ...
Es haben sich nämlich auch gerade einige Fragen an dich ergeben ...
... Sakuraba.

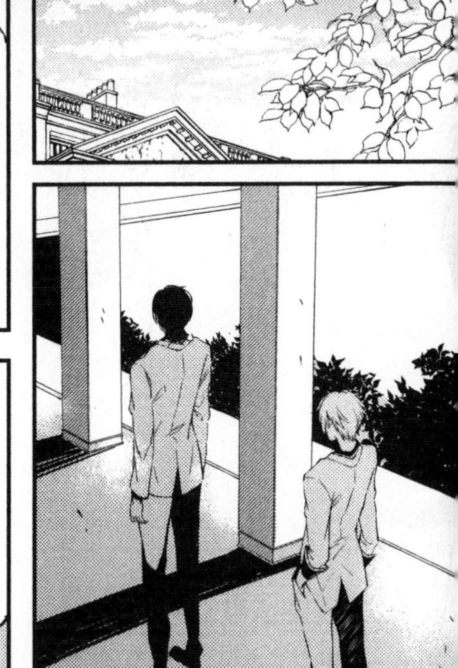

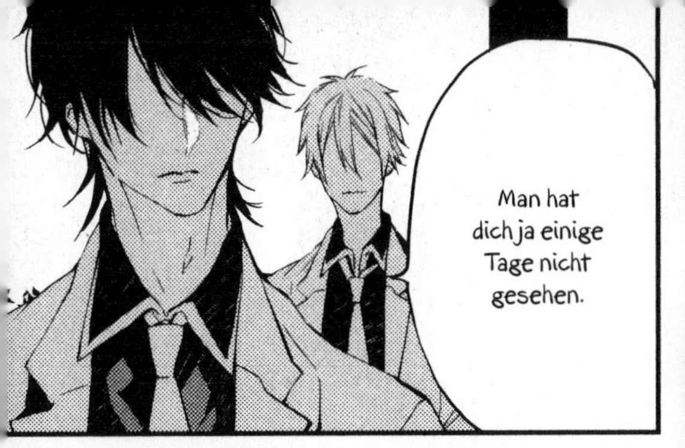
Man hat dich ja einige Tage nicht gesehen.

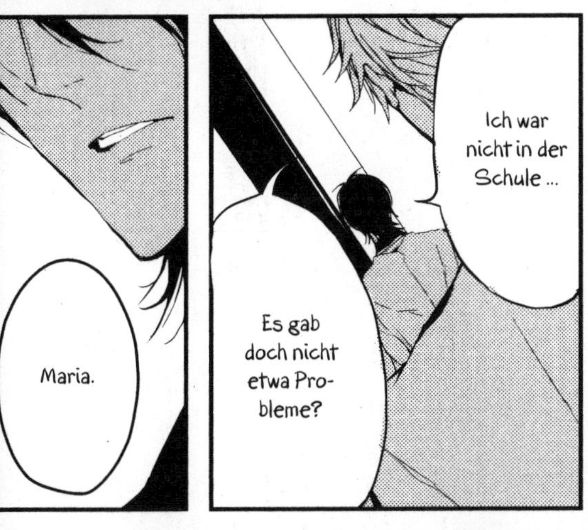
Ich war nicht in der Schule ...
Es gab doch nicht etwa Probleme?
Maria.

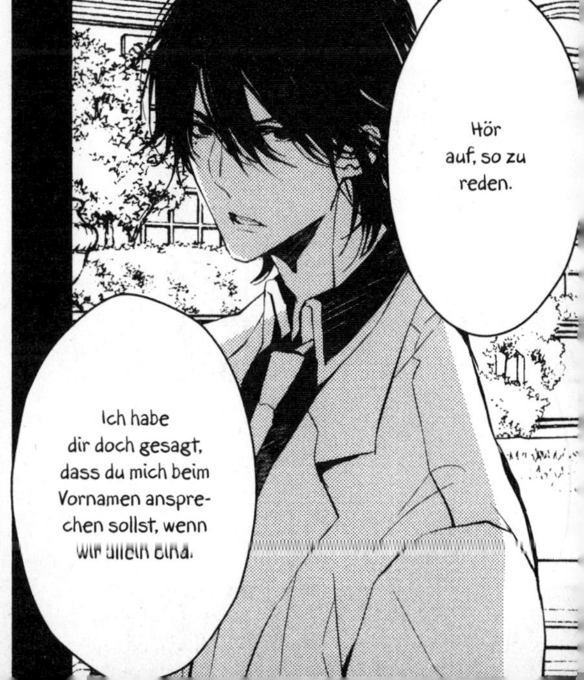
Hör auf, so zu reden.
Ich habe dir doch gesagt, dass du mich beim Vornamen ansprechen sollst, wenn wir allein sind.

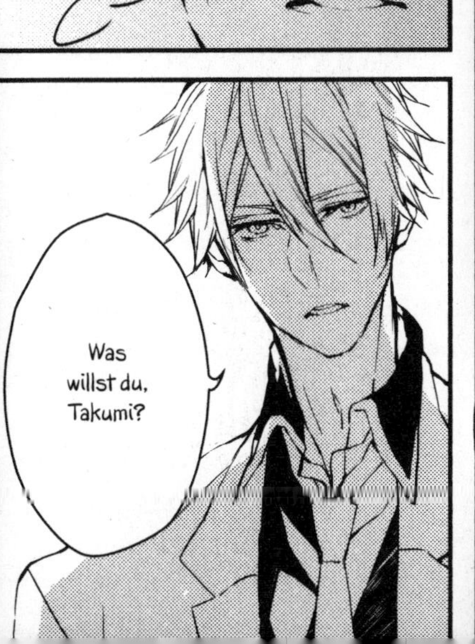
Was willst du, Takumi?

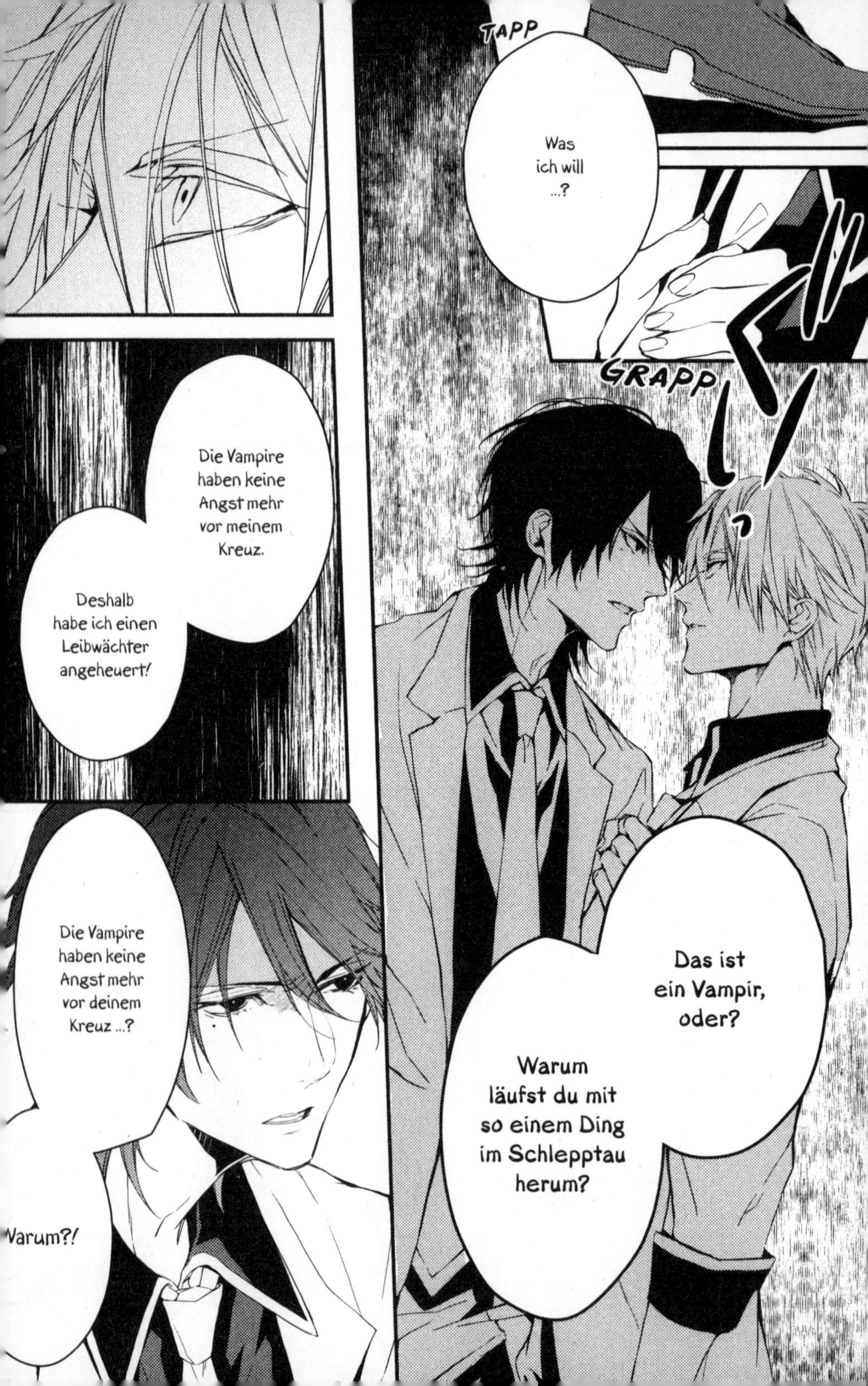
TAPP
Was ich will ...?
GRAPP
Die Vampire haben keine Angst mehr vor meinem Kreuz.
Deshalb habe ich einen Leibwächter angeheuert!
Das ist ein Vampir, oder?
Warum läufst du mit so einem Ding im Schlepptau herum?
Die Vampire haben keine Angst mehr vor deinem Kreuz ...?
Varum?!

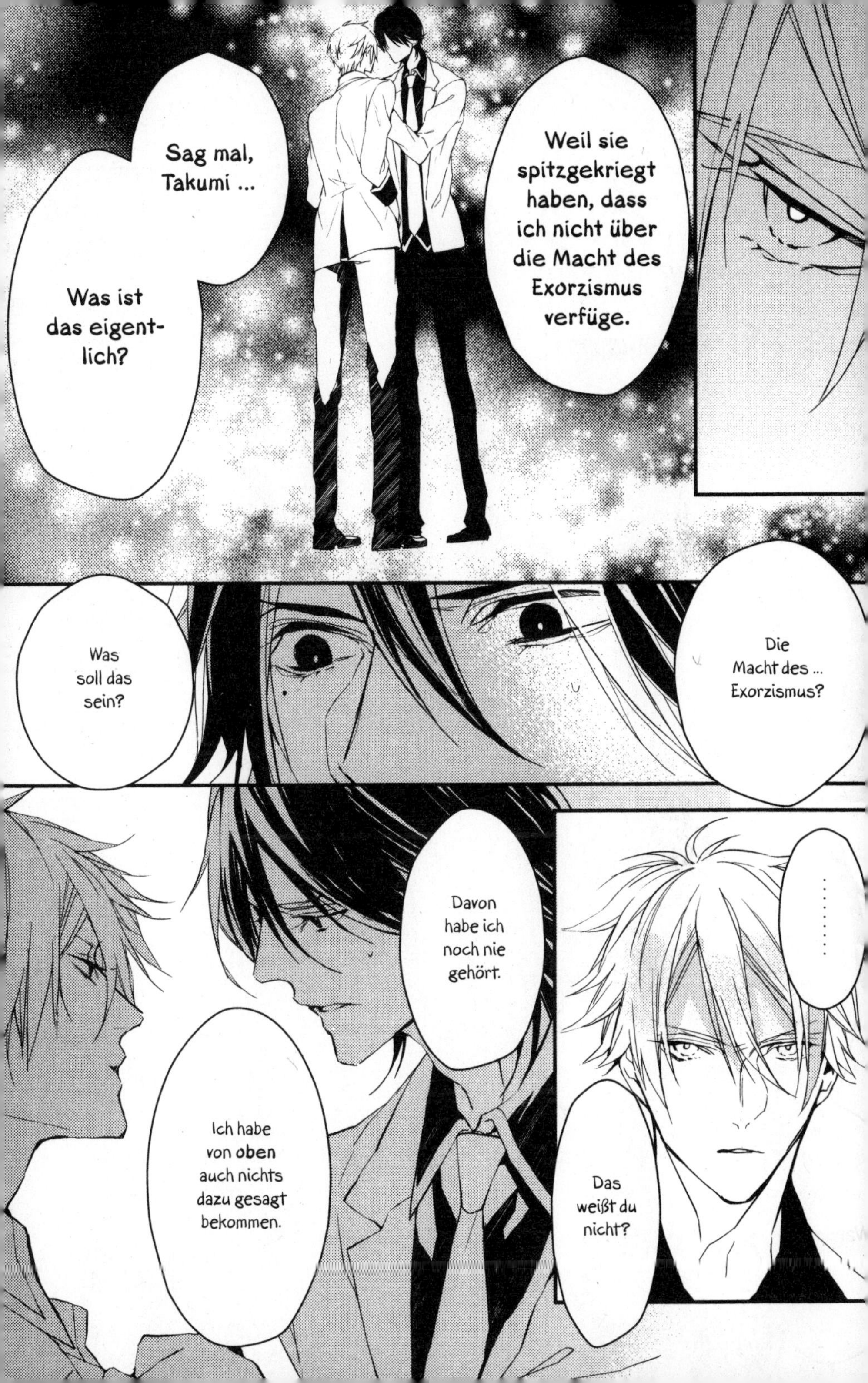
Weil sie spitzgekriegt haben, dass ich nicht über die Macht des Exorzismus verfüge.
Sag mal, Takumi ...
Was ist das eigentlich?
Die Macht des ... Exorzismus?
Was soll das sein?
....
Das weißt du nicht?
Davon habe ich noch nie gehört.
Ich habe von **oben** auch nichts dazu gesagt bekommen.

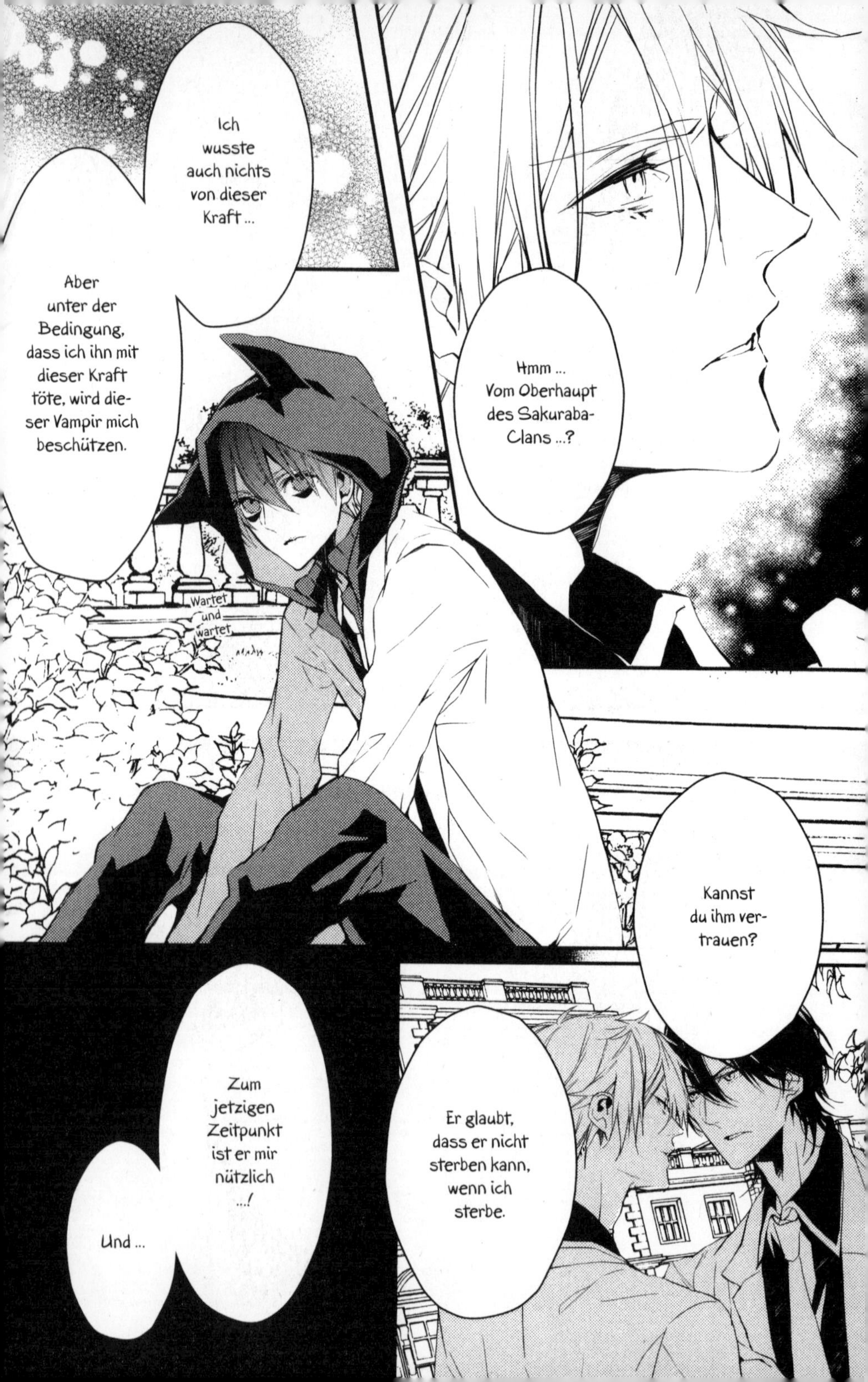
Hmm ... Vom Oberhaupt des Sakuraba-Clans ...?
Ich wusste auch nichts von dieser Kraft ...
Aber unter der Bedingung, dass ich ihn mit dieser Kraft töte, wird dieser Vampir mich beschützen.
Wartet und wartet
Kannst du ihm vertrauen?
Er glaubt, dass er nicht sterben kann, wenn ich sterbe.
Zum jetzigen Zeitpunkt ist er mir nützlich ...!
Und ...

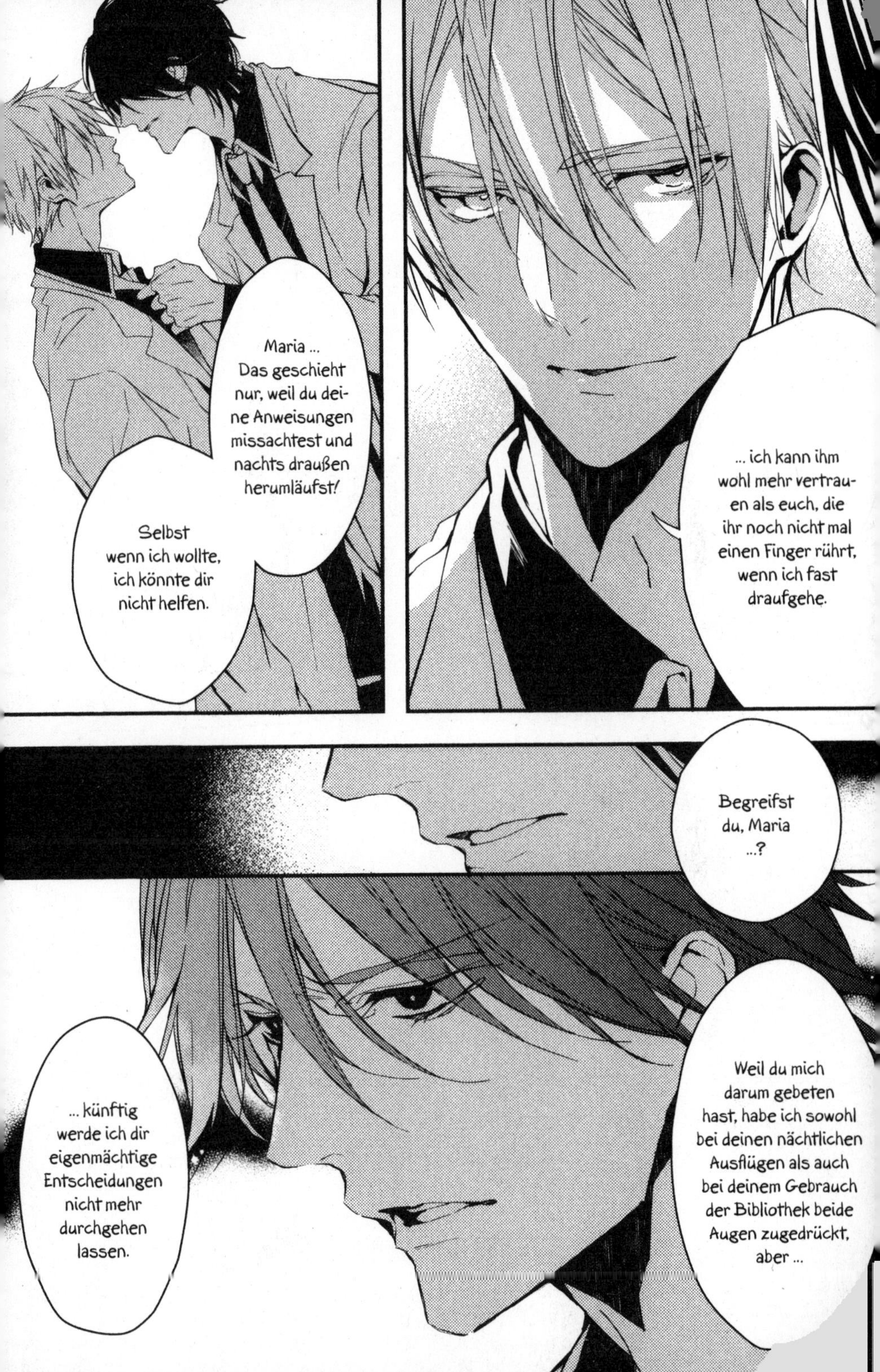
... ich kann ihm wohl mehr vertrauen als euch, die ihr noch nicht mal einen Finger rührt, wenn ich fast draufgehe.
Maria ... Das geschieht nur, weil du deine Anweisungen missachtest und nachts draußen herumläufst!
Selbst wenn ich wollte, ich könnte dir nicht helfen.
Begreifst du, Maria ...?
Weil du mich darum gebeten hast, habe ich sowohl bei deinen nächtlichen Ausflügen als auch bei deinem Gebrauch der Bibliothek beide Augen zugedrückt, aber ...
... künftig werde ich dir eigenmächtige Entscheidungen nicht mehr durchgehen lassen.

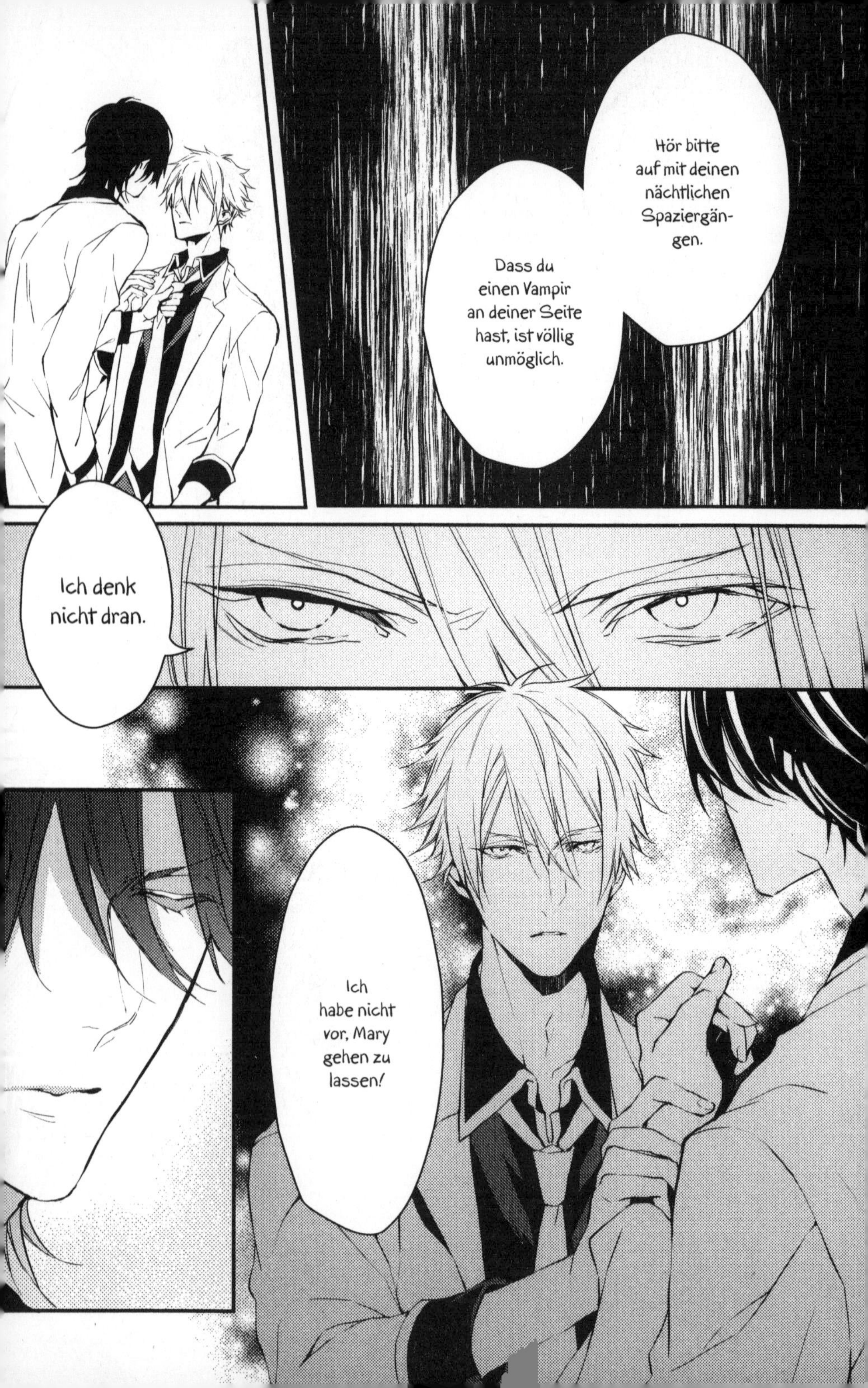
Hör bitte auf mit deinen nächtlichen Spaziergängen.
Dass du einen Vampir an deiner Seite hast, ist völlig unmöglich.
Ich denk nicht dran.
Ich habe nicht vor, Mary gehen zu lassen!

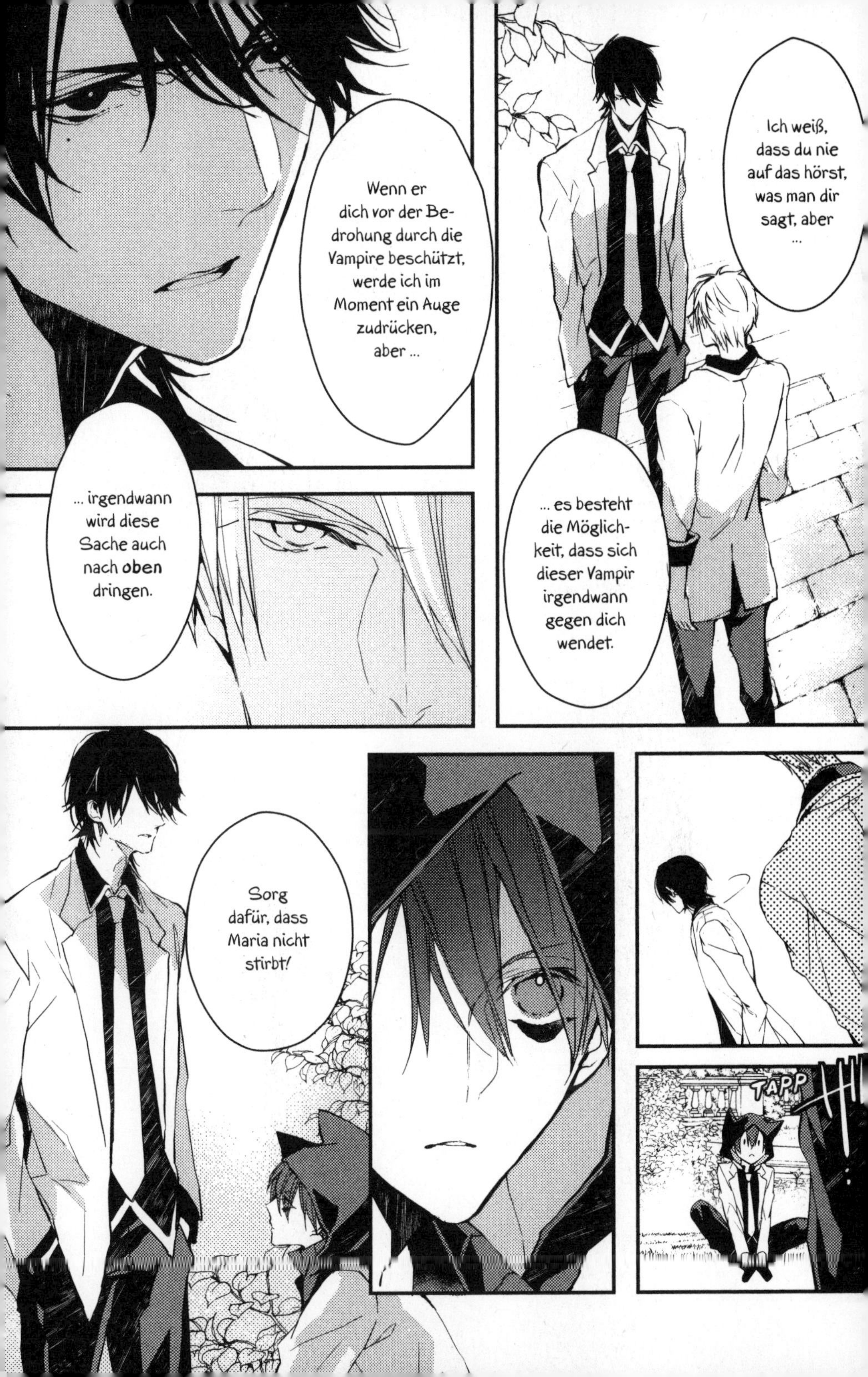

Ich weiß, dass du nie auf das hörst, was man dir sagt, aber ...

... es besteht die Möglichkeit, dass sich dieser Vampir irgendwann gegen dich wendet.

Wenn er dich vor der Bedrohung durch die Vampire beschützt, werde ich im Moment ein Auge zudrücken, aber ...

... irgendwann wird diese Sache auch nach **oben** dringen.

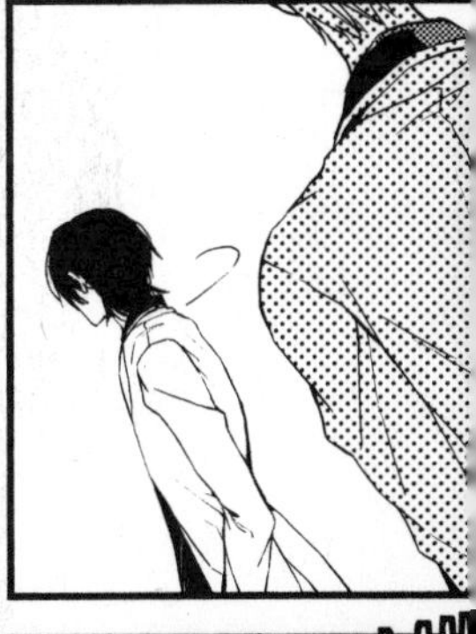

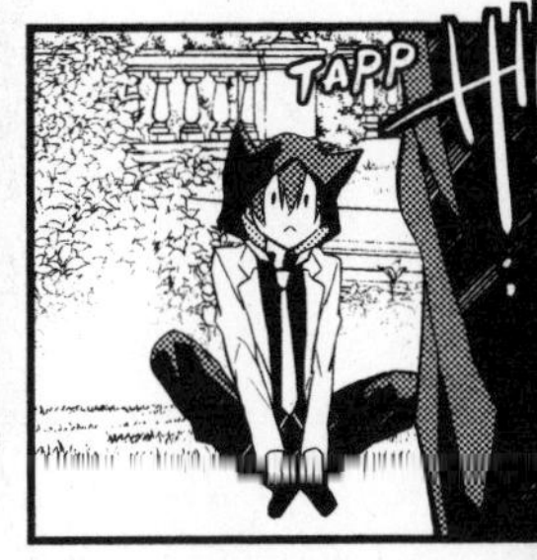

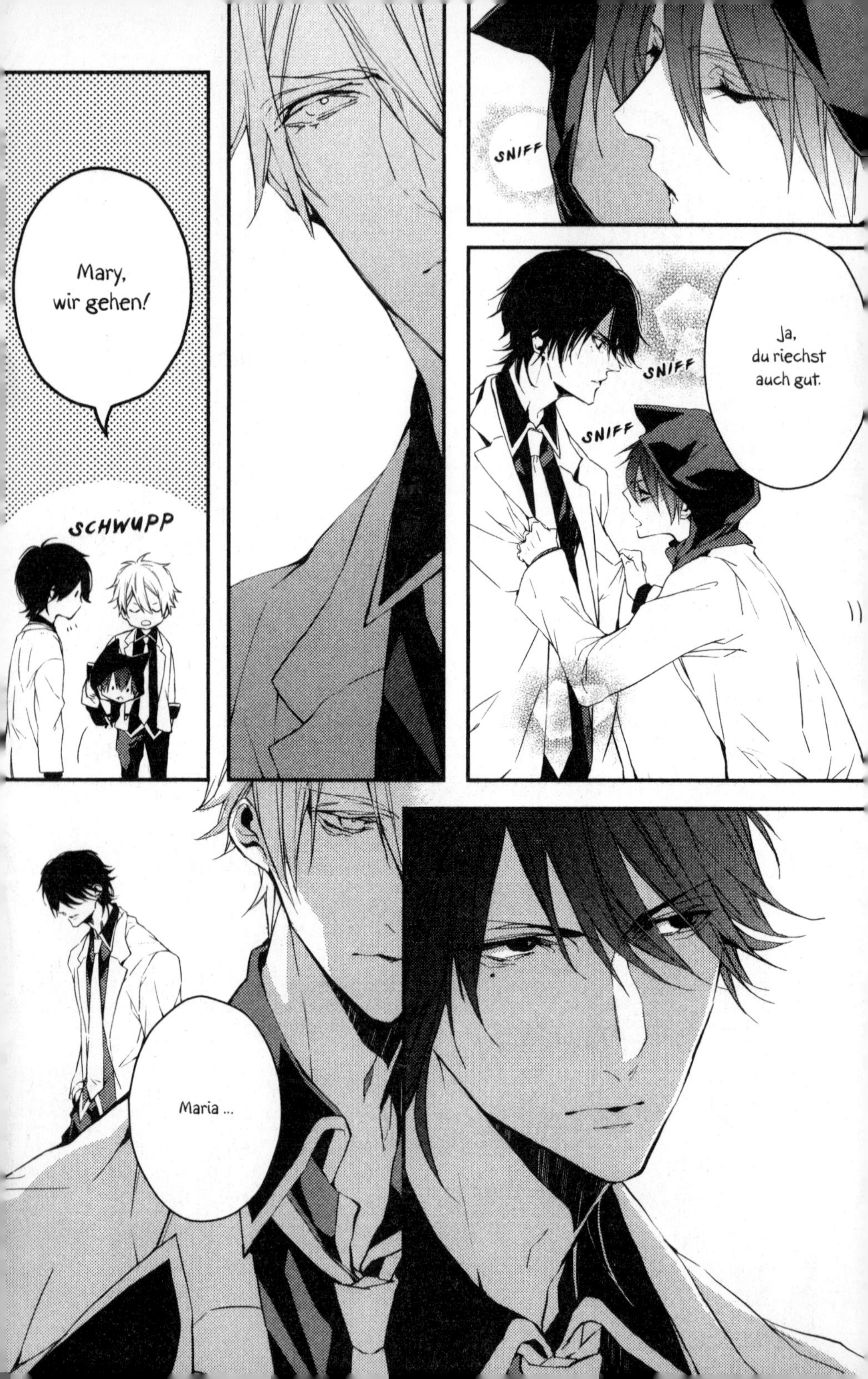
SNIFF
SNIFF
SNIFF
Ja, du riechst auch gut.
Mary, wir gehen!
SCHWUPP
Maria ...

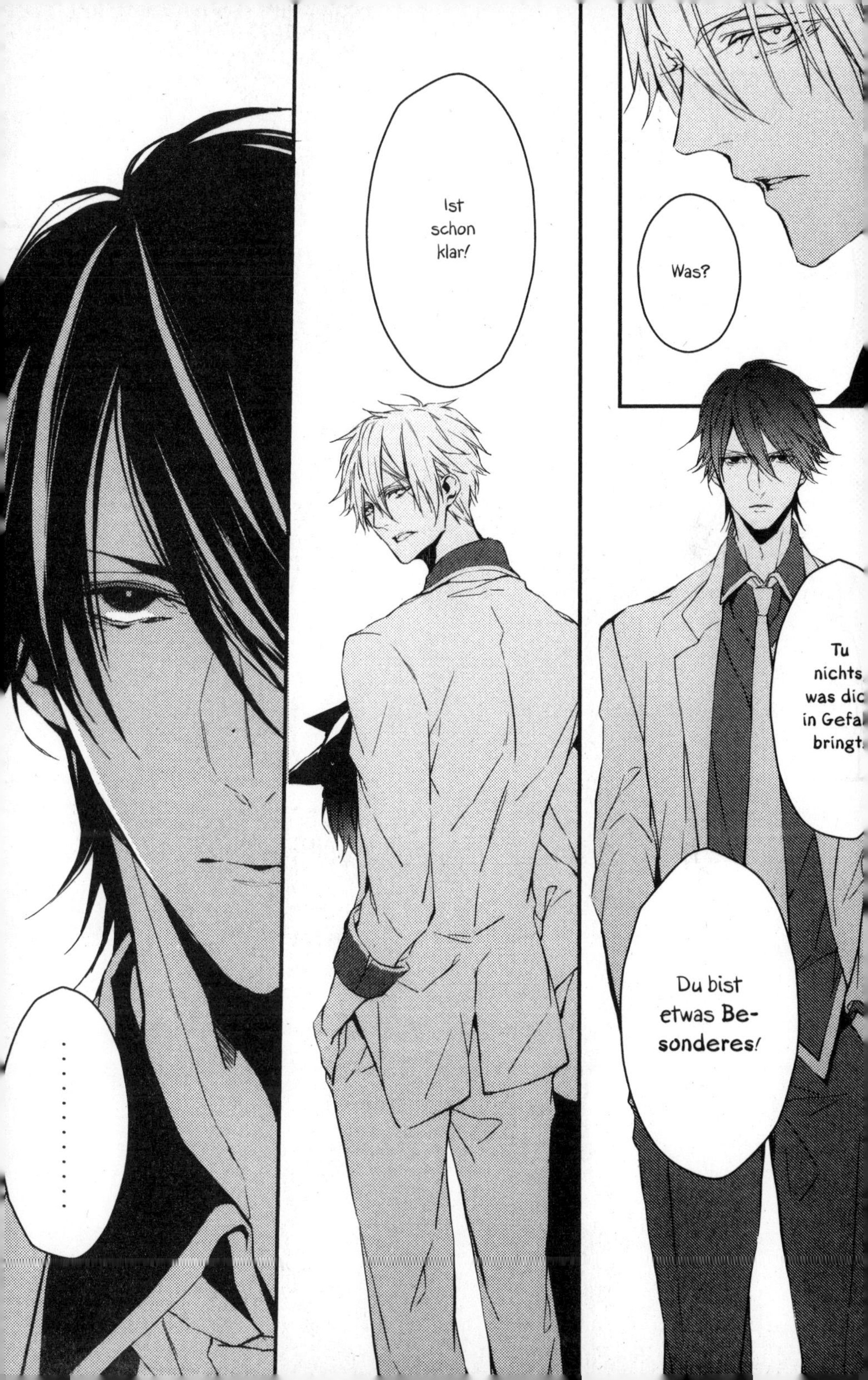
Was?
Tu nichts, was dic in Gefa bringt.
Du bist etwas Besonderes!
Ist schon klar!
......

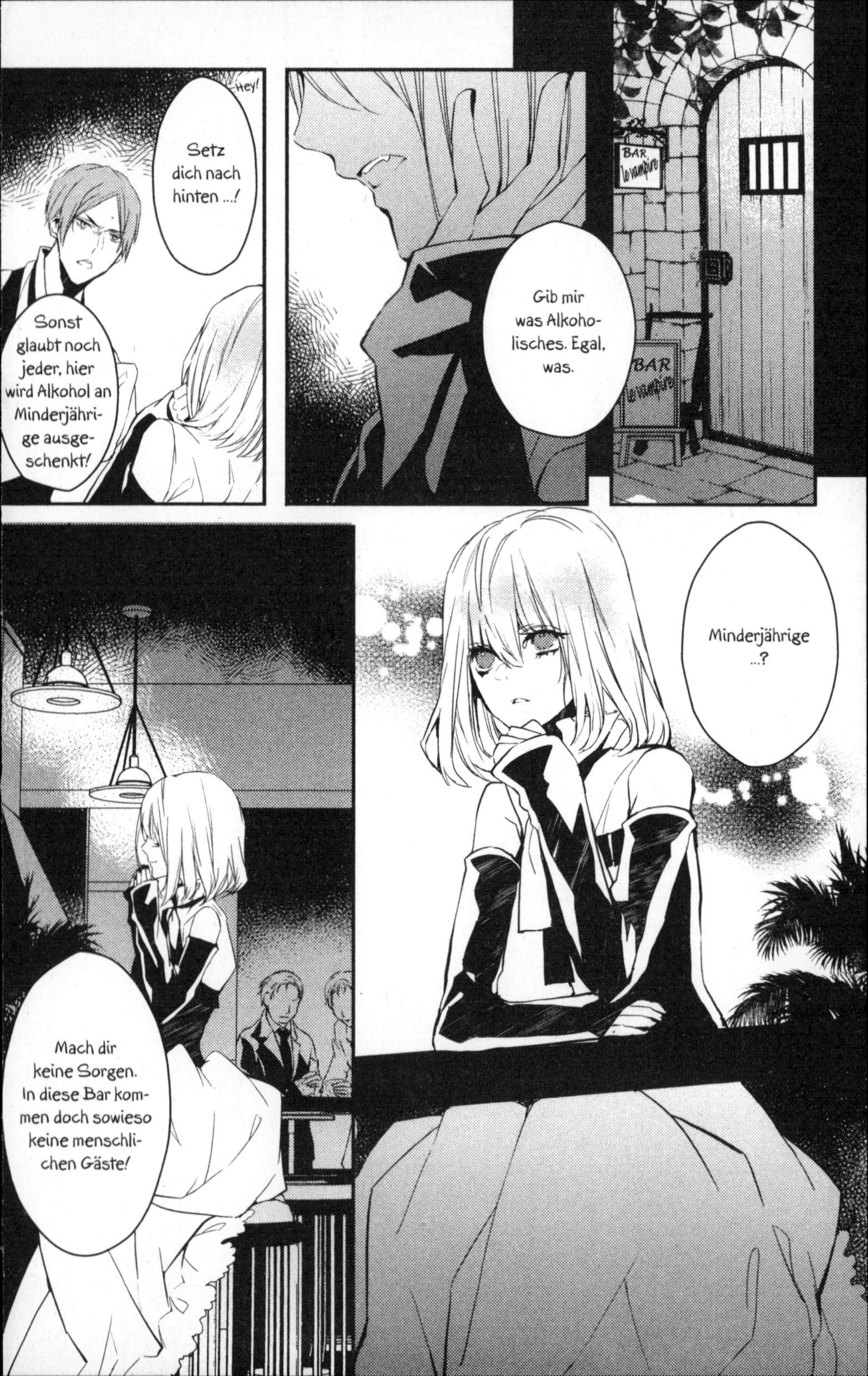

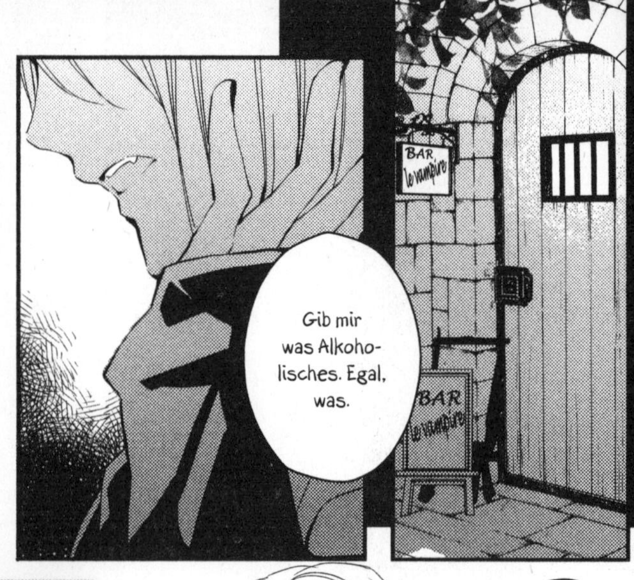
BAR le vampire
BAR le vampire
Gib mir was Alkoholisches. Egal, was.

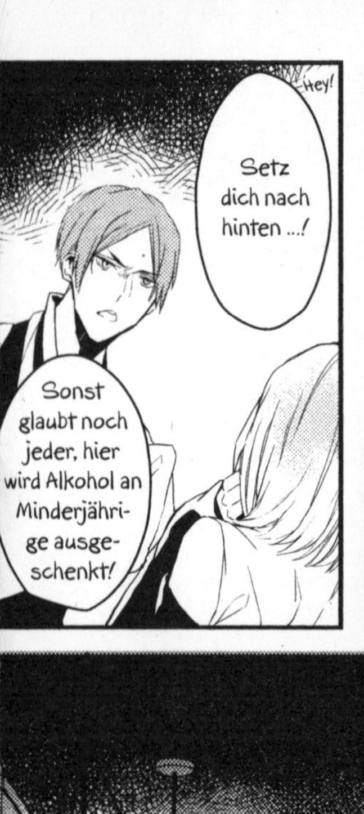
Hey!
Setz dich nach hinten ...!
Sonst glaubt noch jeder, hier wird Alkohol an Minderjährige ausgeschenkt!
Minderjährige ...?
Mach dir keine Sorgen. In diese Bar kommen doch sowieso keine menschlichen Gäste!

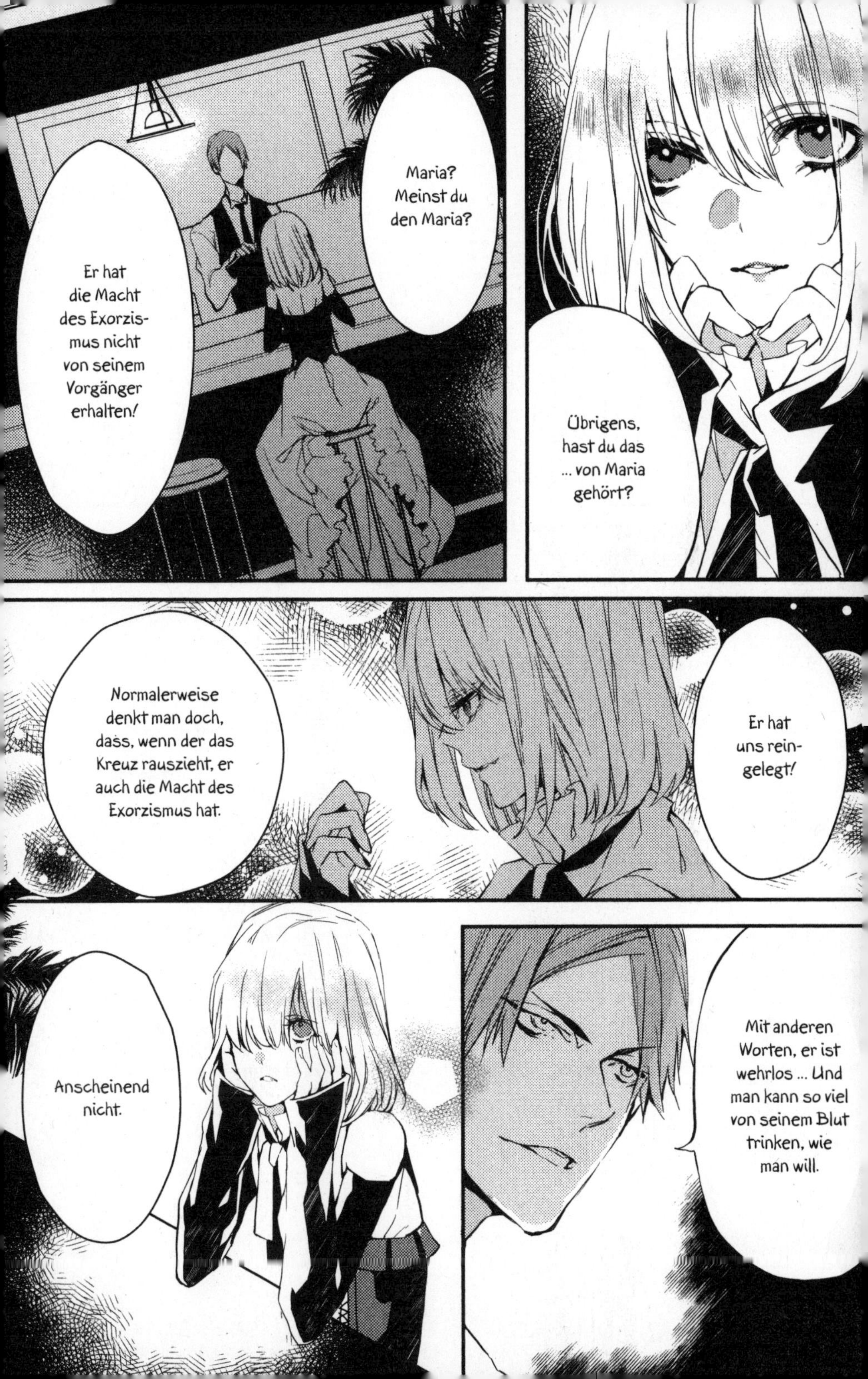

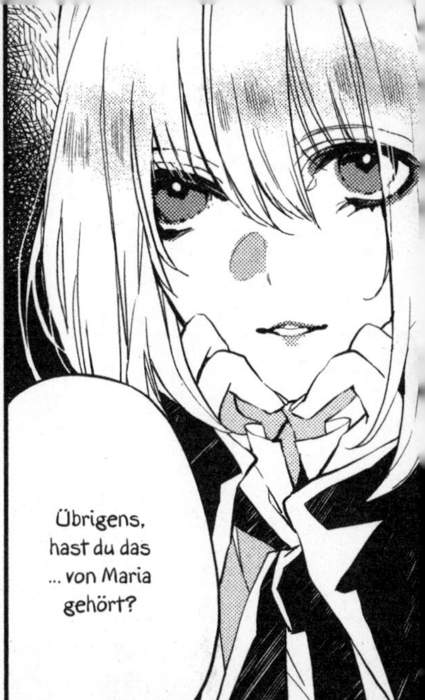

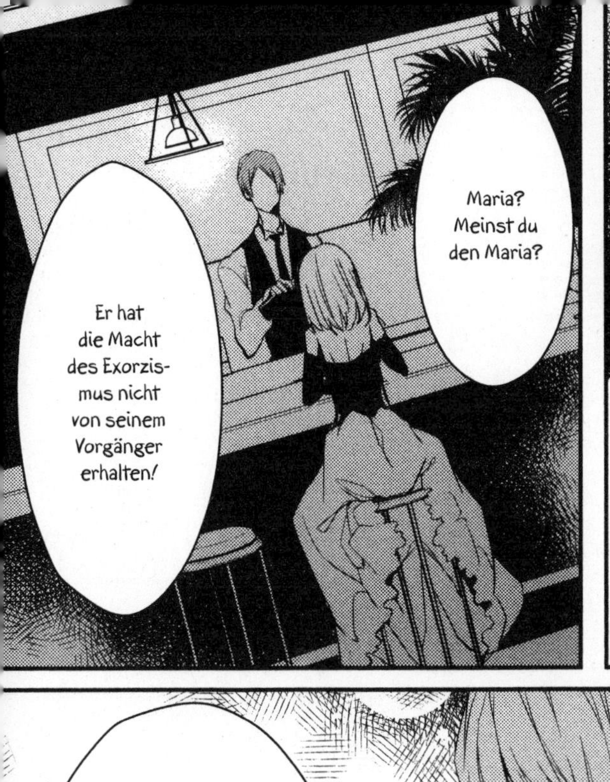

Er hat uns reingelegt!

Normalerweise denkt man doch, dass, wenn der das Kreuz rauszieht, er auch die Macht des Exorzismus hat.

Mit anderen Worten, er ist wehrlos ... Und man kann so viel von seinem Blut trinken, wie man will.

Anscheinend nicht.

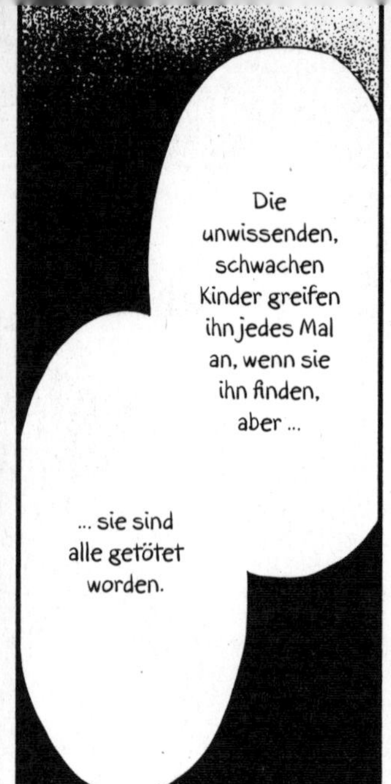
Die unwissenden, schwachen Kinder greifen ihn jedes Mal an, wenn sie ihn finden, aber ...
... sie sind alle getötet worden.

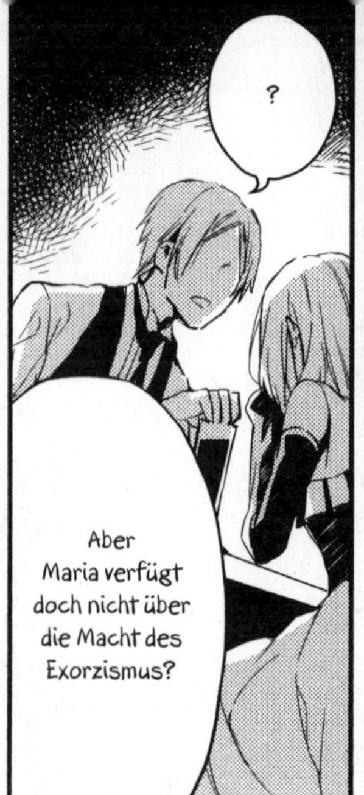
?
Aber Maria verfügt doch nicht über die Macht des Exorzismus?

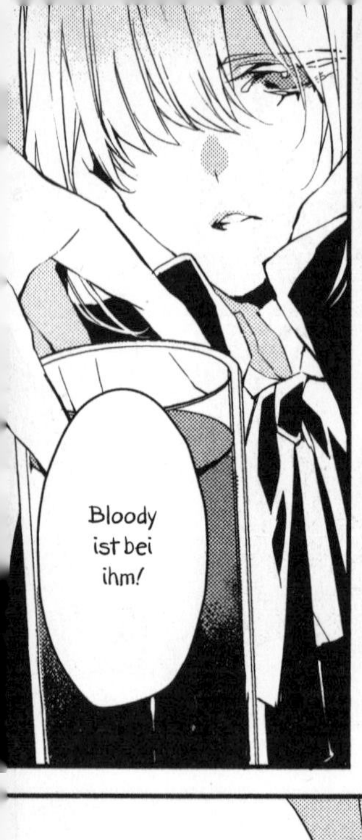
Bloody ist bei ihm!

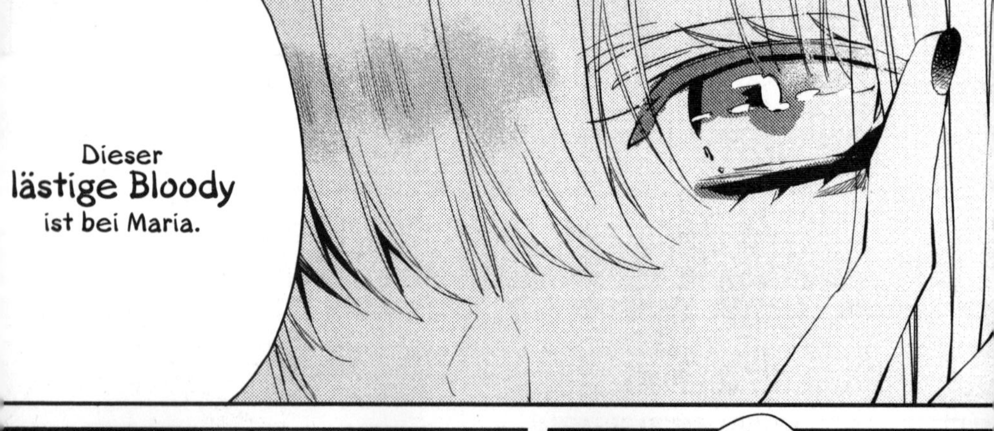
Dieser lästige Bloody ist bei Maria.

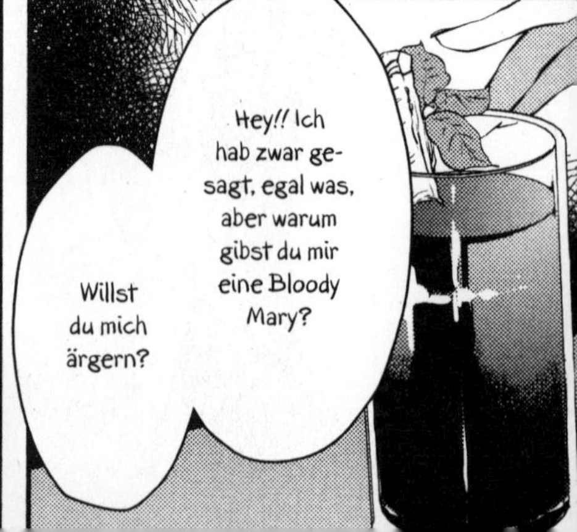
Hey!! Ich hab zwar gesagt, egal was, aber warum gibst du mir eine Bloody Mary?
Willst du mich ärgern?

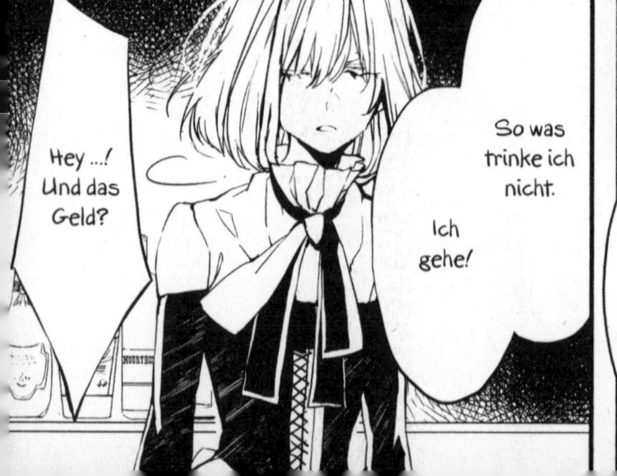
So was trinke ich nicht.
Ich gehe!
Hey ...! Und das Geld?

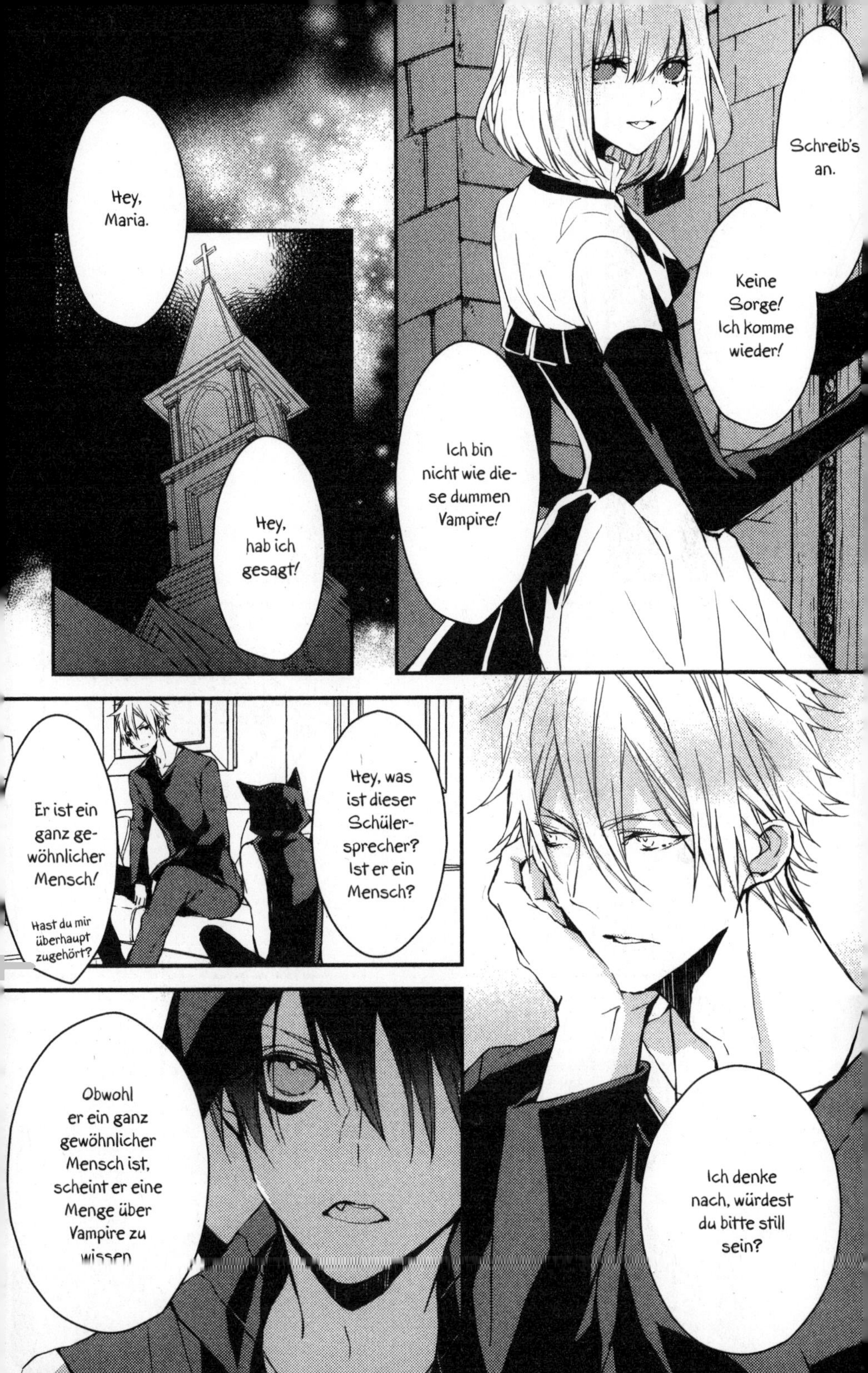
Schreib's an.
Keine Sorge! Ich komme wieder!
Ich bin nicht wie diese dummen Vampire!
Hey, Maria.
Hey, hab ich gesagt!
Hey, was ist dieser Schülersprecher? Ist er ein Mensch?
Er ist ein ganz gewöhnlicher Mensch!
Hast du mir überhaupt zugehört?
Ich denke nach, würdest du bitte still sein?
Obwohl er ein ganz gewöhnlicher Mensch ist, scheint er eine Menge über Vampire zu wissen

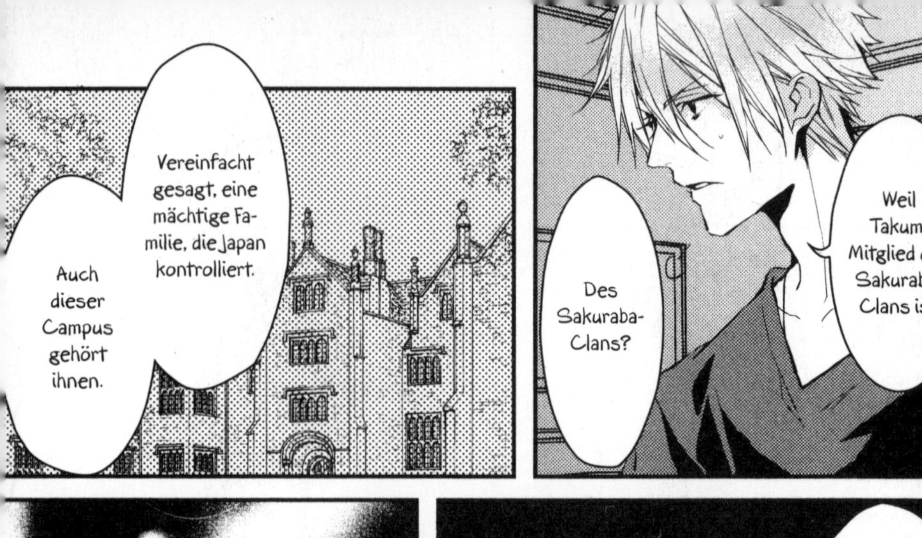
Weil Takumi Mitglied des Sakuraba-Clans ist.
Des Sakuraba-Clans?
Vereinfacht gesagt, eine mächtige Familie, die Japan kontrolliert.
Auch dieser Campus gehört ihnen.

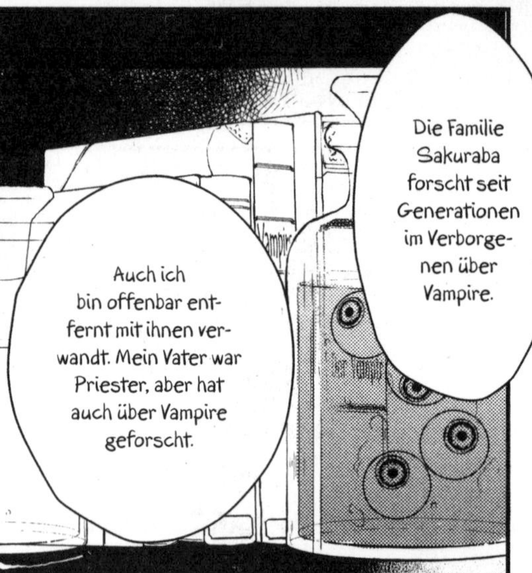
Die Familie Sakuraba forscht seit Generationen im Verborgenen über Vampire.
Auch ich bin offenbar entfernt mit ihnen verwandt. Mein Vater war Priester, aber hat auch über Vampire geforscht.

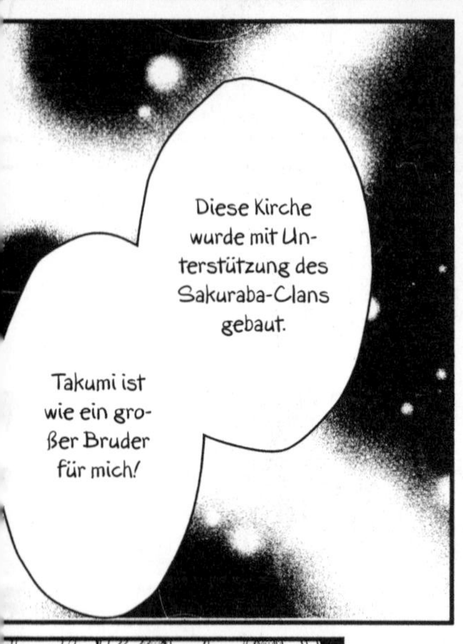
Diese Kirche wurde mit Unterstützung des Sakuraba-Clans gebaut.
Takumi ist wie ein großer Bruder für mich!

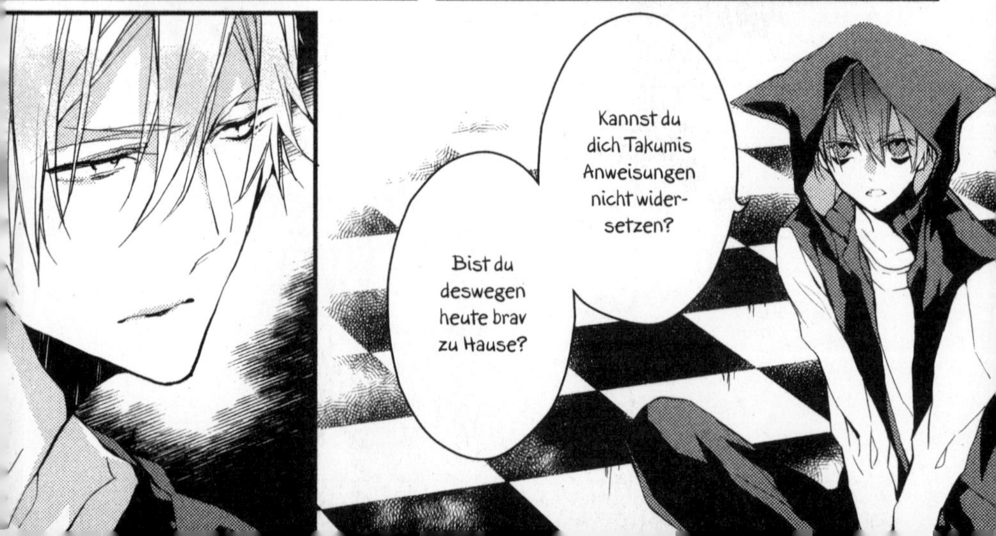
Kannst du dich Takumis Anweisungen nicht widersetzen?
Bist du deswegen heute brav zu Hause?

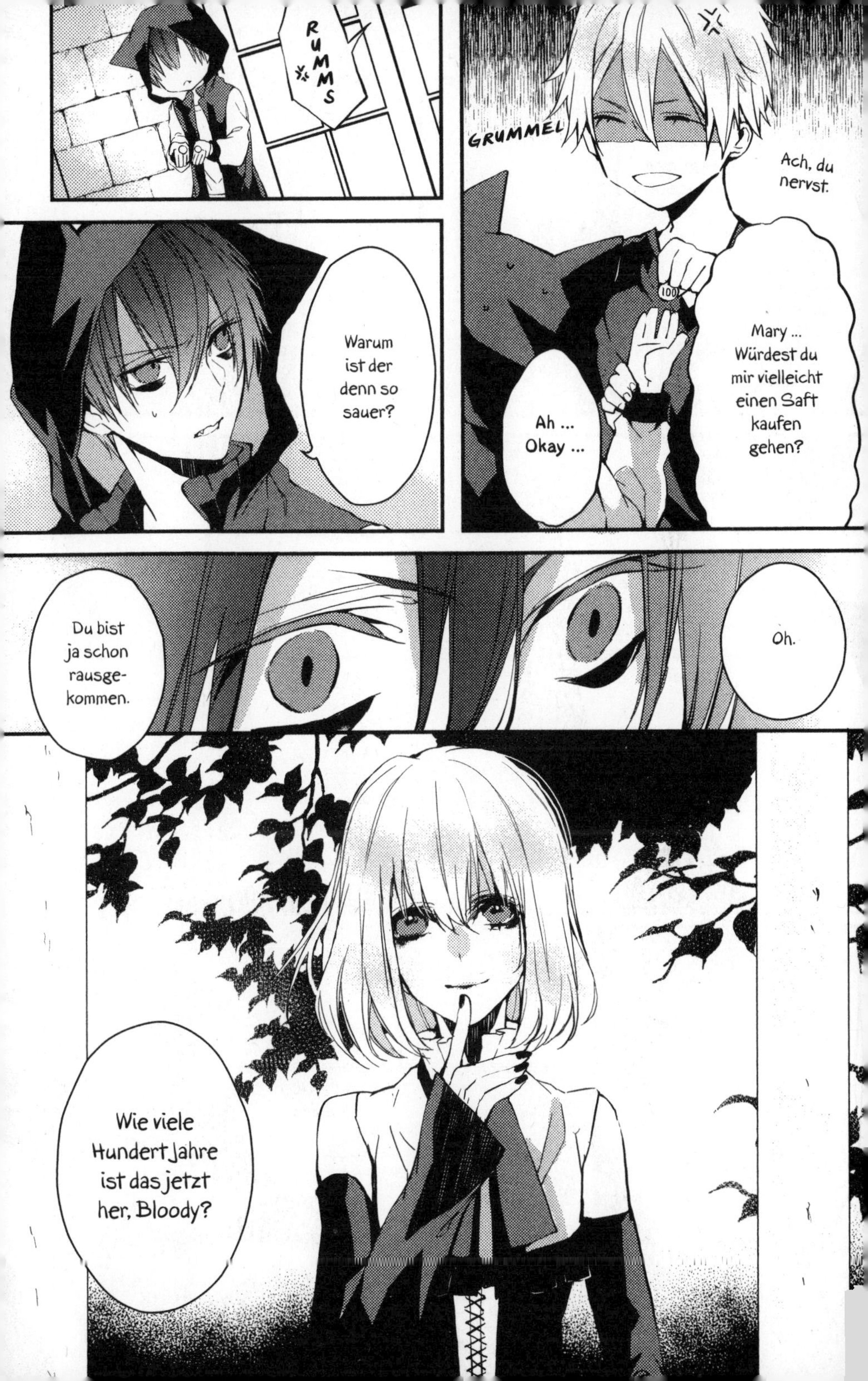

GRUMMEL

Ach, du nervst.

Mary ... Würdest du mir vielleicht einen Saft kaufen gehen?

Ah ... Okay ...

RUMMS

Warum ist der denn so sauer?

Oh.

Du bist ja schon rausgekommen.

Wie viele Hundert Jahre ist das jetzt her, Bloody?

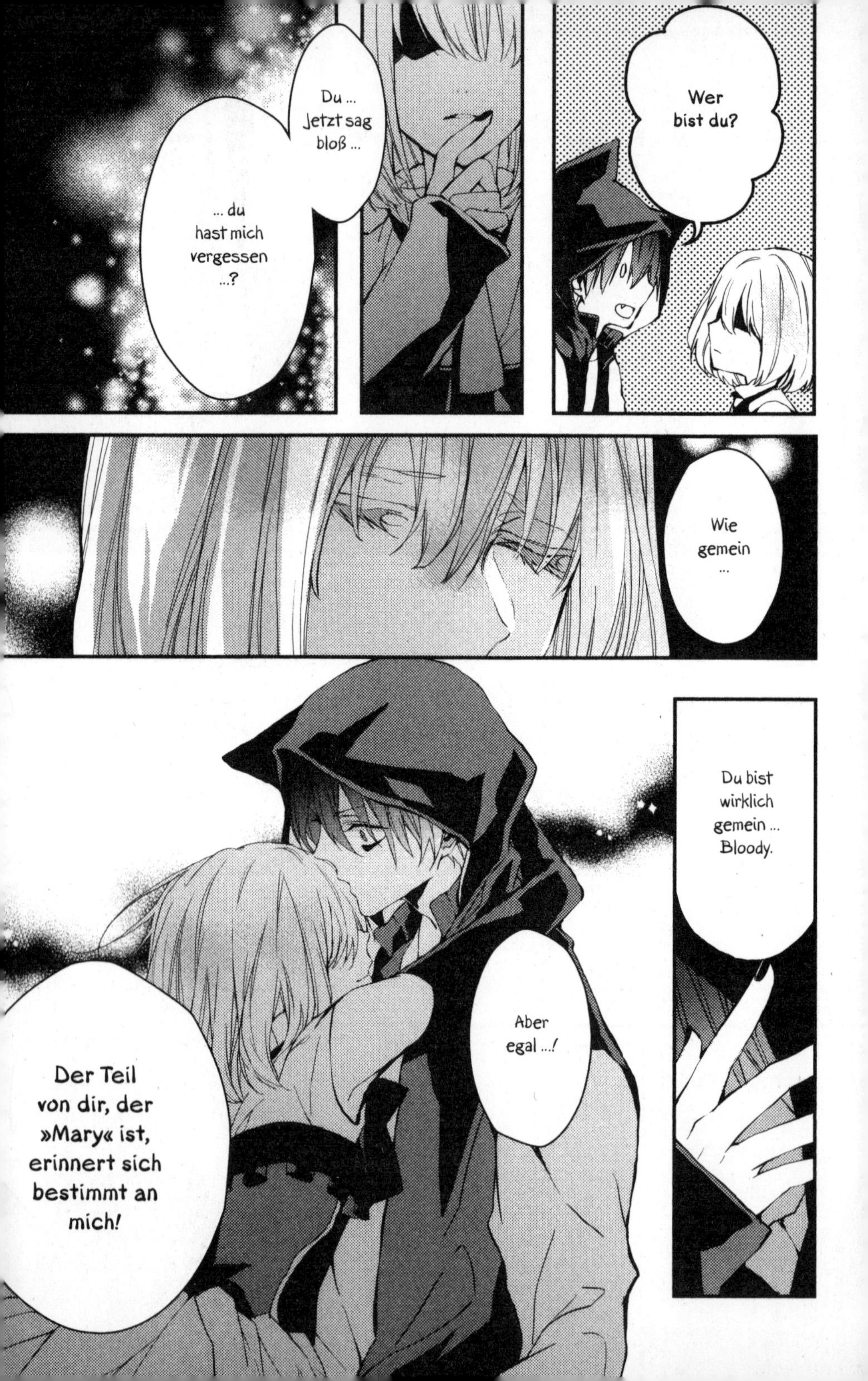

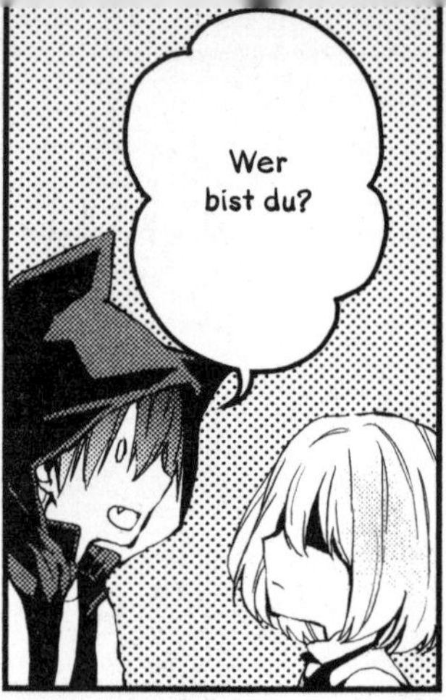

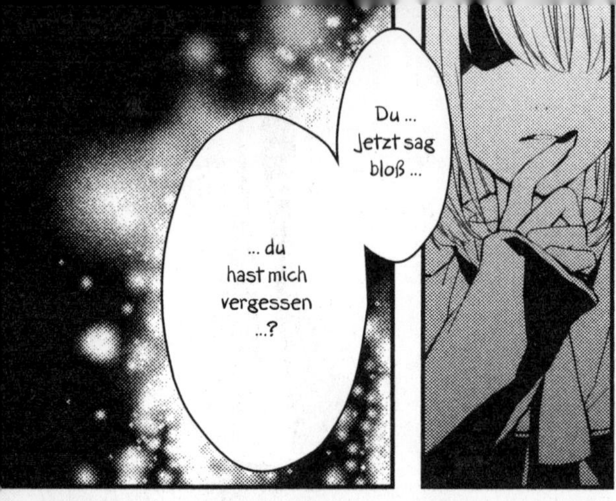

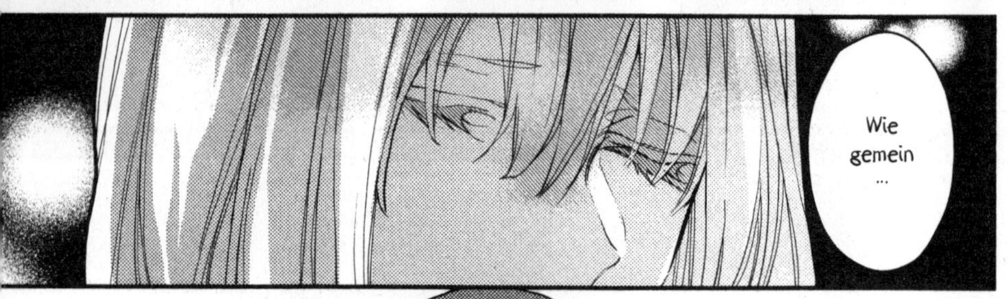

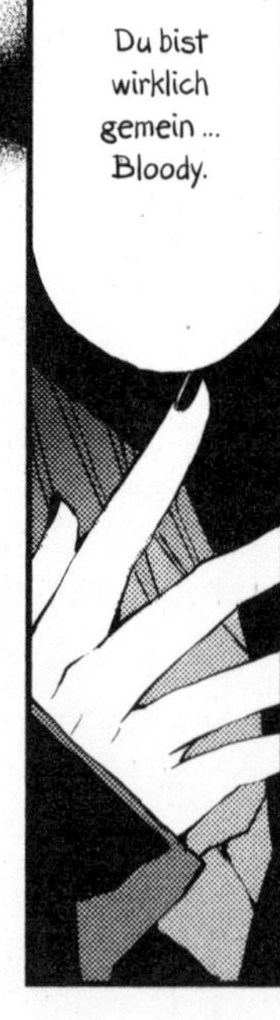

Aber egal ...!

Der Teil von dir, der »Mary« ist, erinnert sich bestimmt an mich!

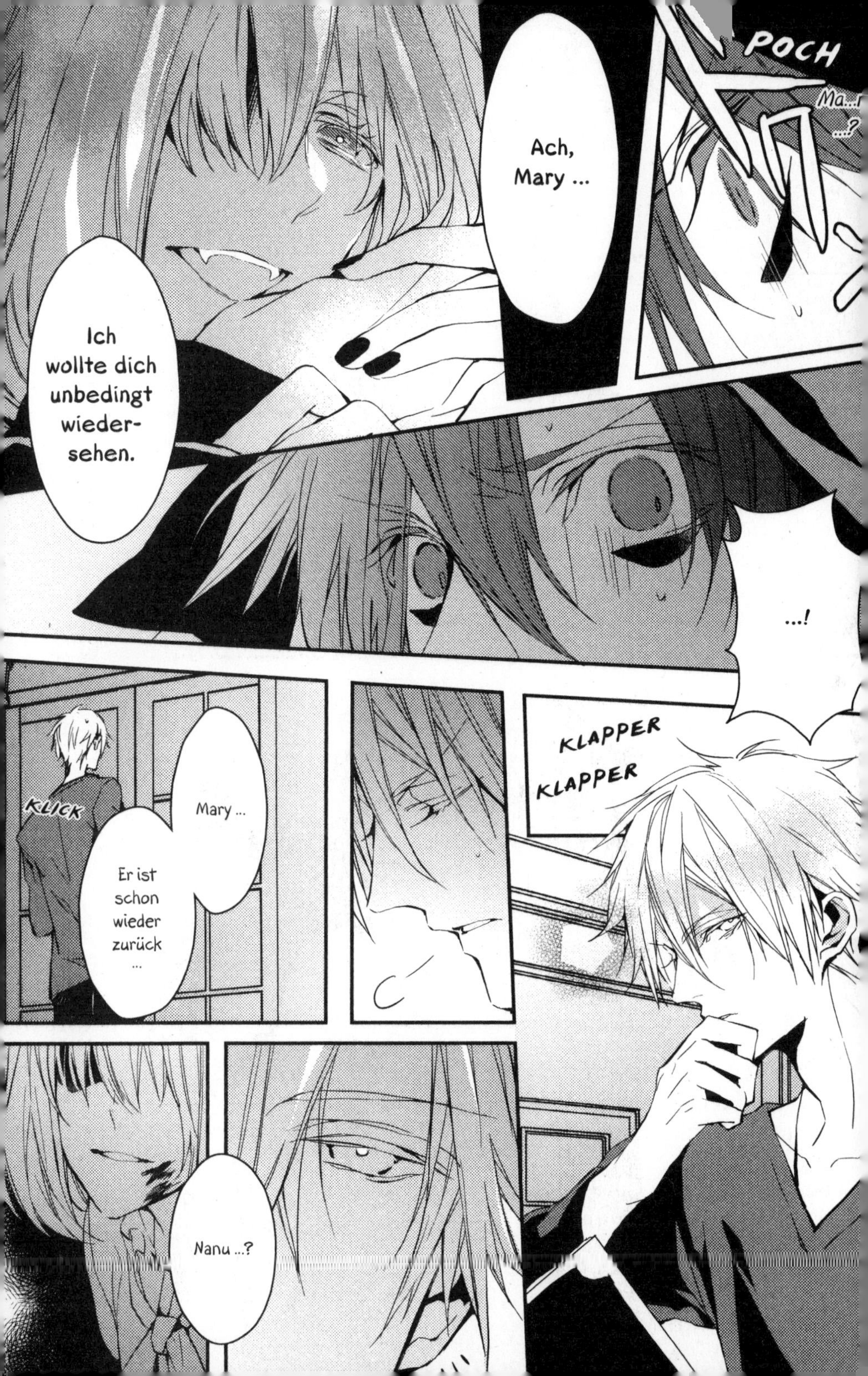
POCH
Ma...r ...?
Ach, Mary ...
Ich wollte dich unbedingt wiedersehen.
...!
KLAPPER KLAPPER
Mary ...
Er ist schon wieder zurück ...
KLICK
Nanu ...?

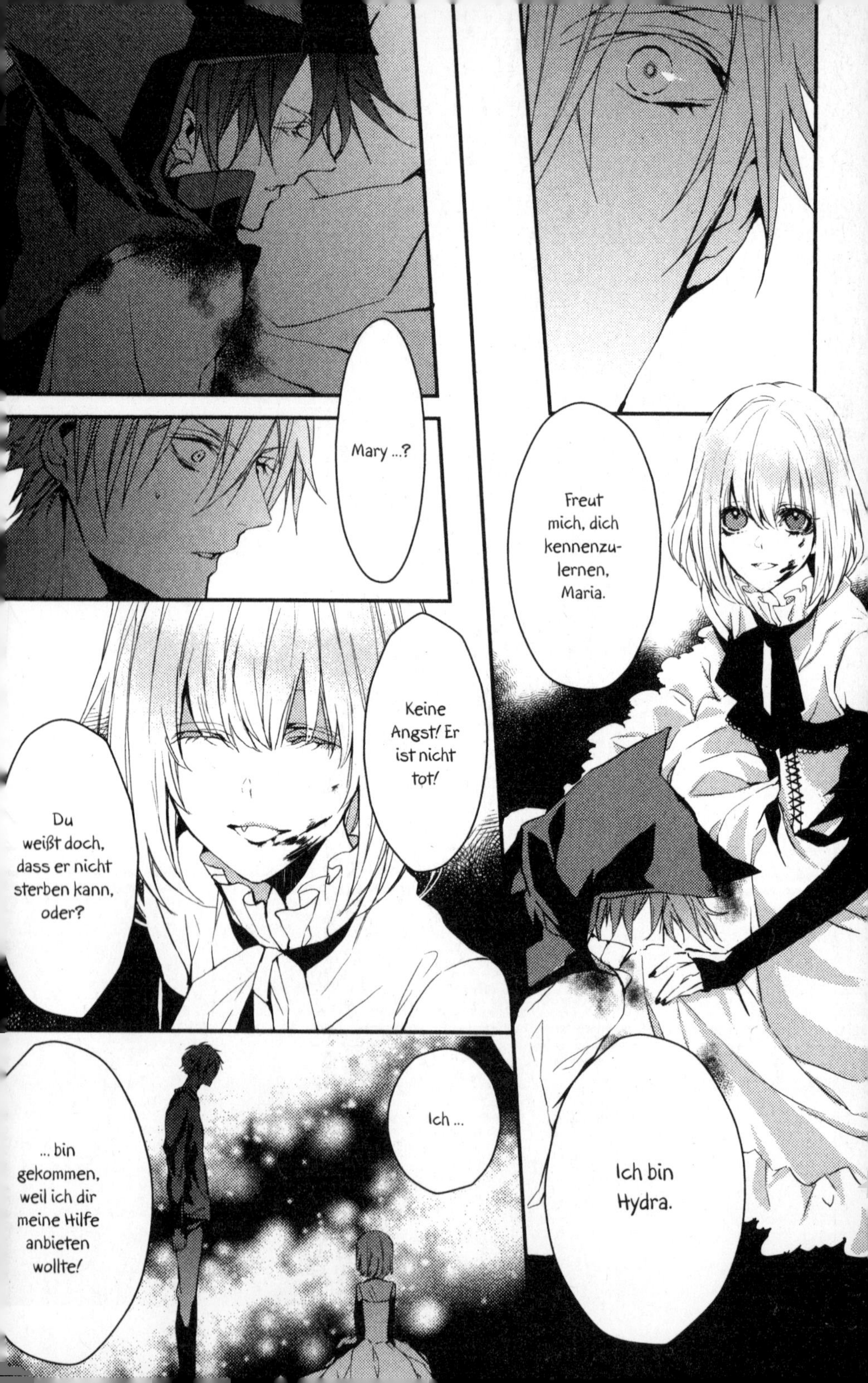
Mary ...?
Freut mich, dich kennenzulernen, Maria.
Ich bin Hydra.
Keine Angst! Er ist nicht tot!
Du weißt doch, dass er nicht sterben kann, oder?
Ich ...
... bin gekommen, weil ich dir meine Hilfe anbieten wollte!

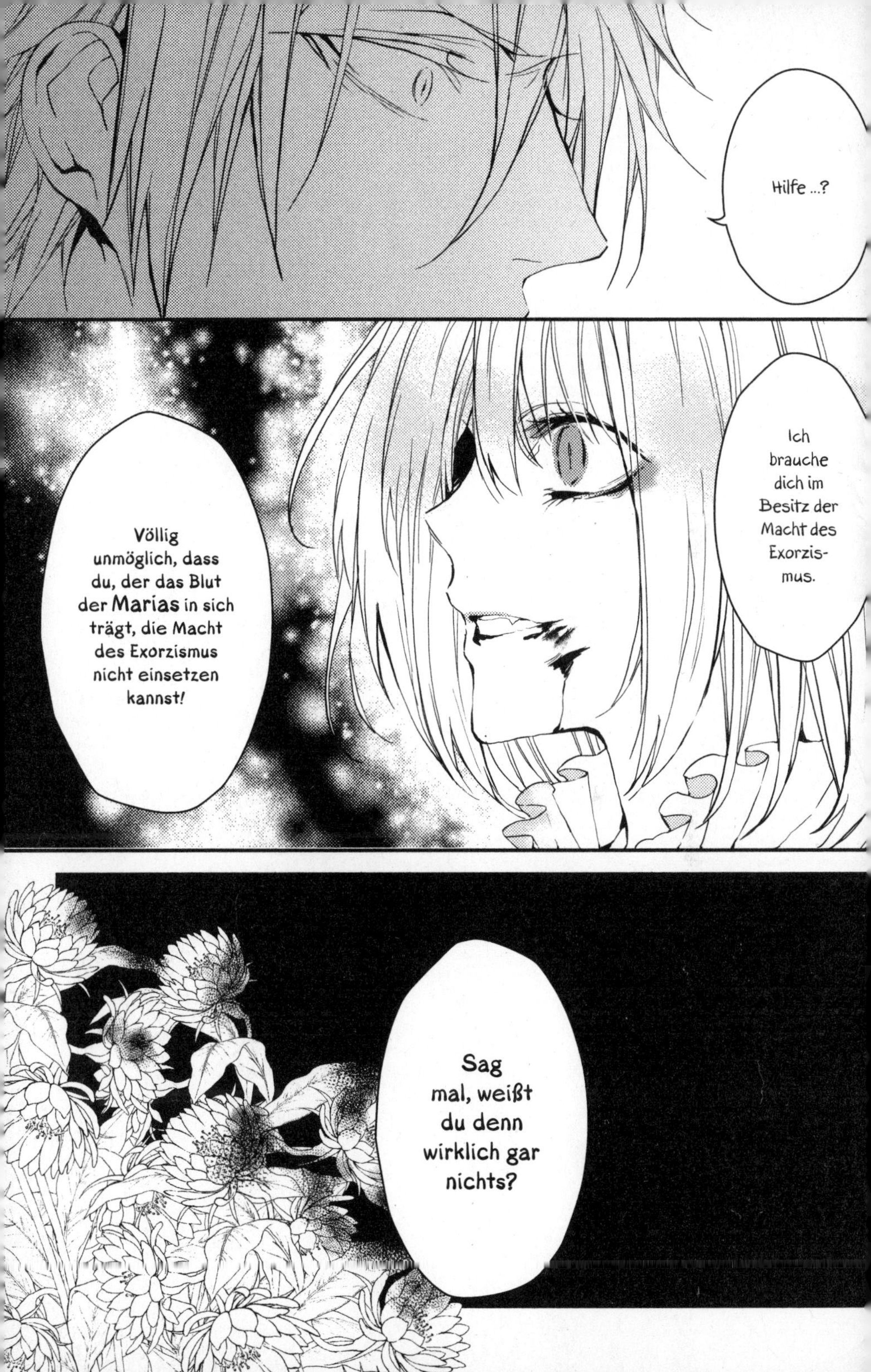
Hilfe ...?
Ich brauche dich im Besitz der Macht des Exorzis-mus.
Völlig unmöglich, dass du, der das Blut der Marias in sich trägt, die Macht des Exorzismus nicht einsetzen kannst!
Sag mal, weißt du denn wirklich gar nichts?

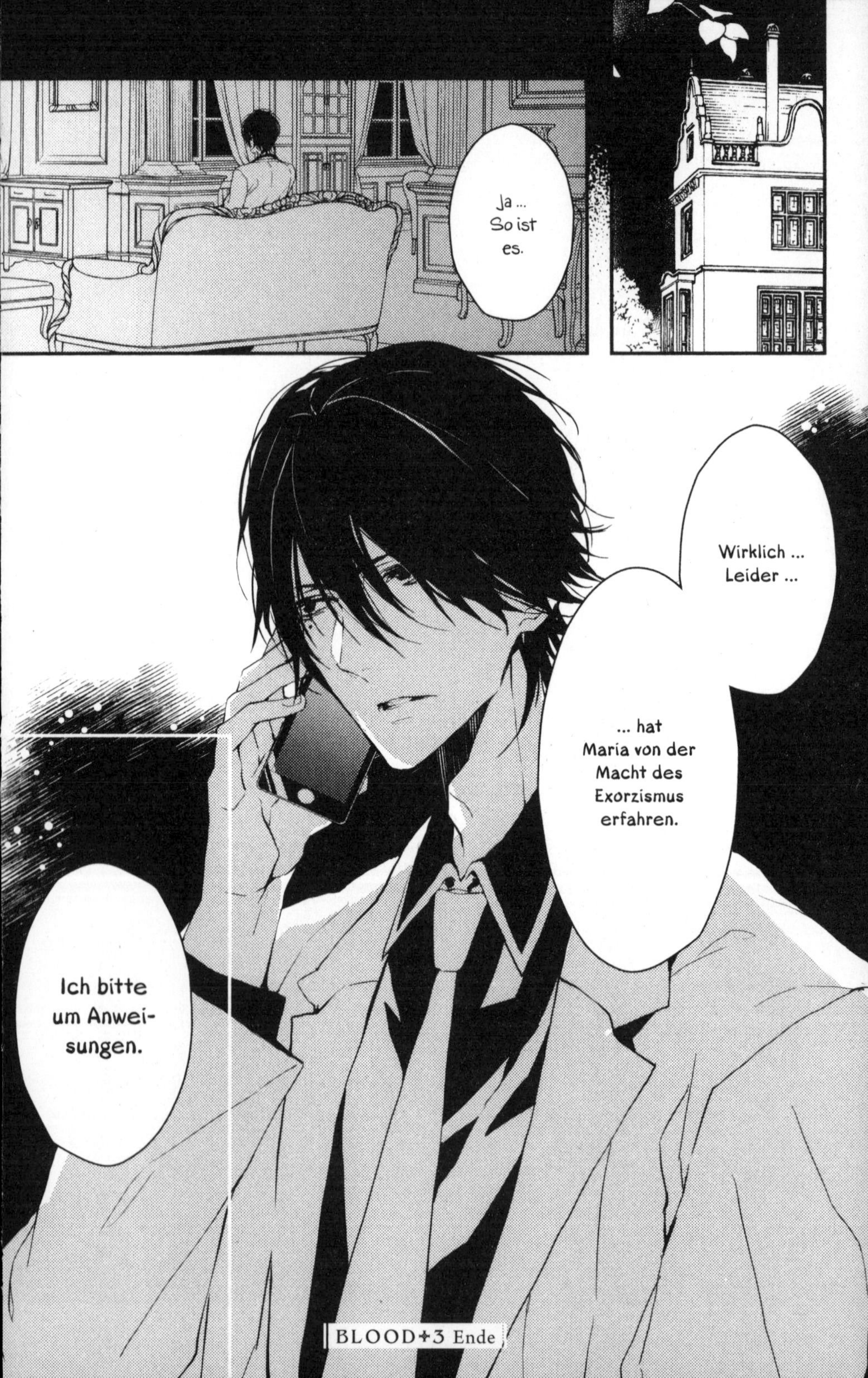
Ja ... So ist es.
Wirklich ... Leider ...
... hat Maria von der Macht des Exorzismus erfahren.
Ich bitte um Anweisungen.

BLOOD+3 Ende

Bloody+Mary

A vampire who wants to die. And a priest who wants to live.
Crossing purposes in life and death.

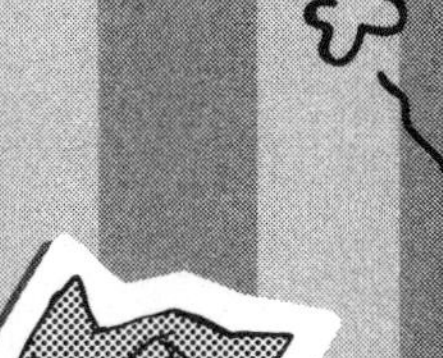

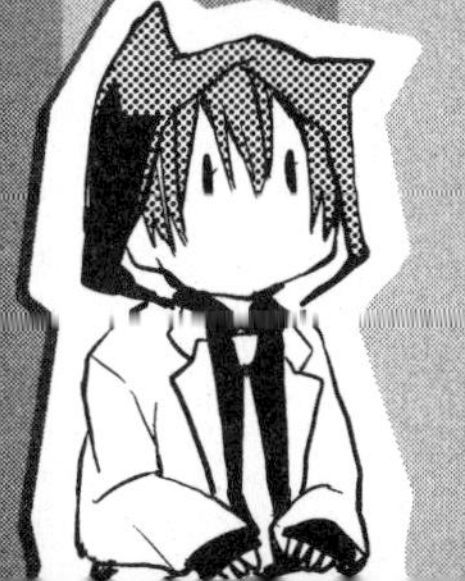

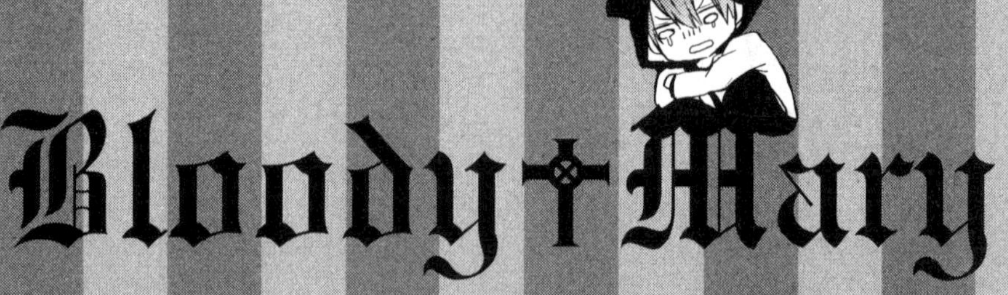

A vampire who wants to die. And a priest who wants to live.
Crossing purposes in life and death.

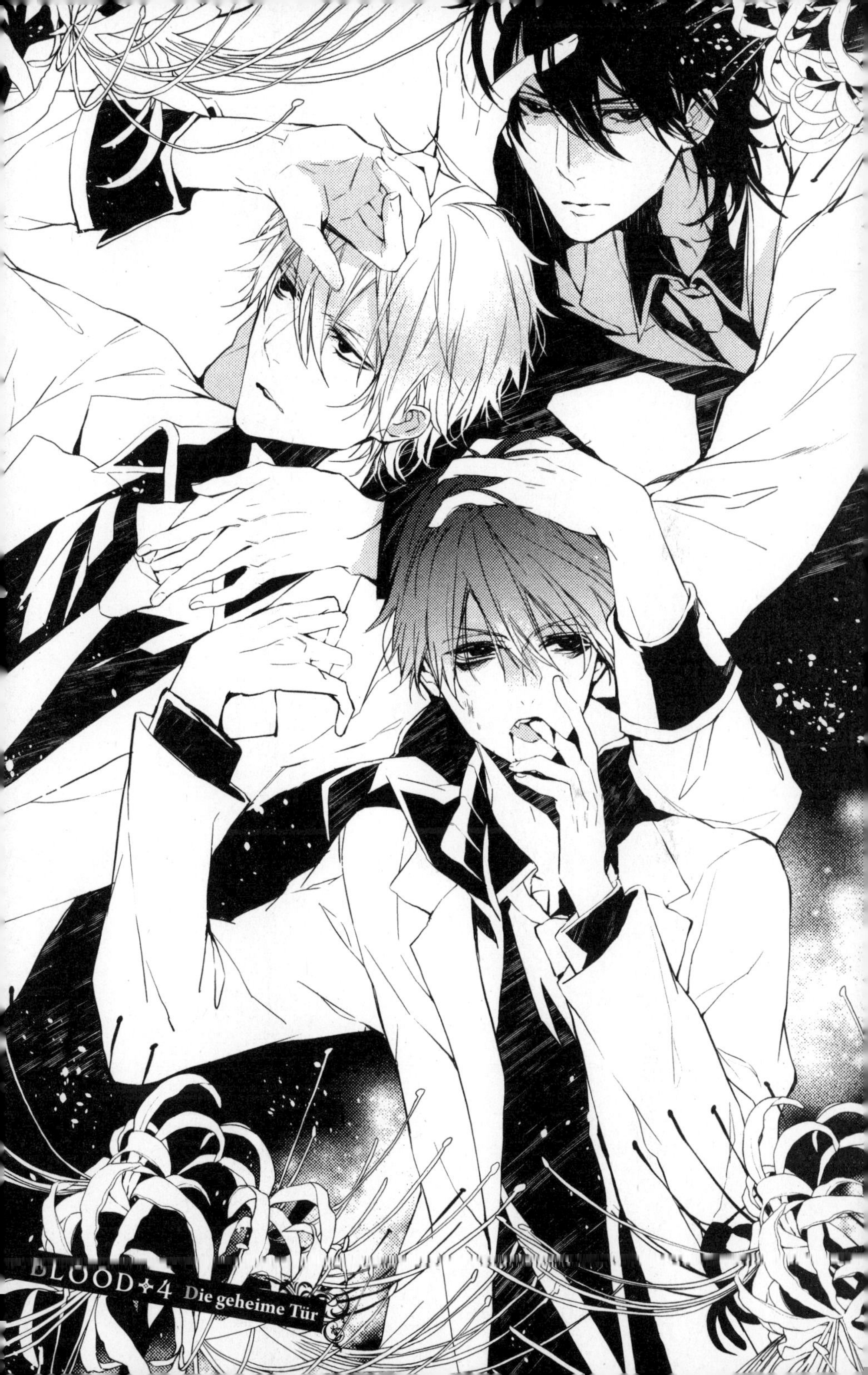
BLOOD✦4 Die geheime Tür

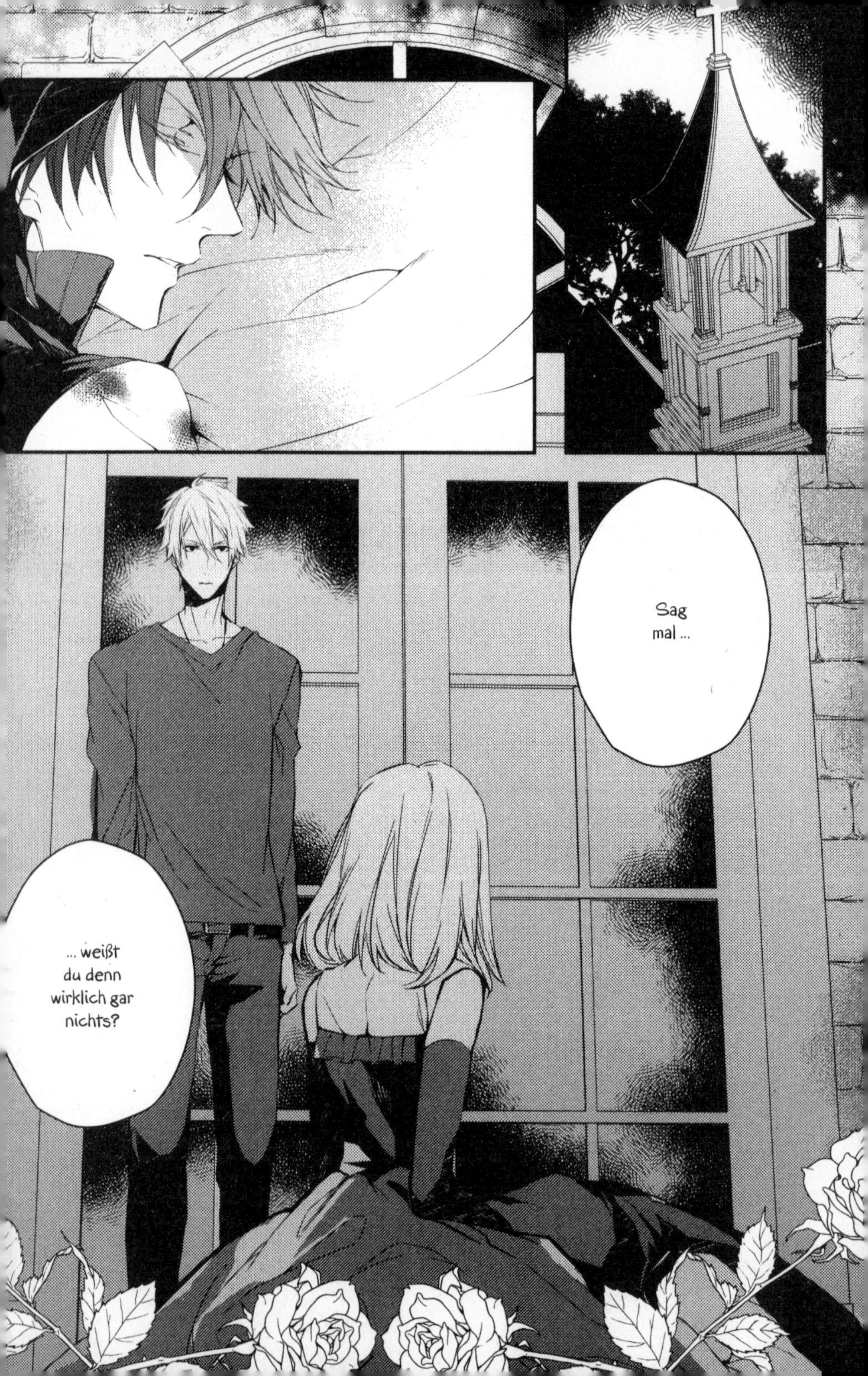
Sag mal ...
... weißt du denn wirklich gar nichts?

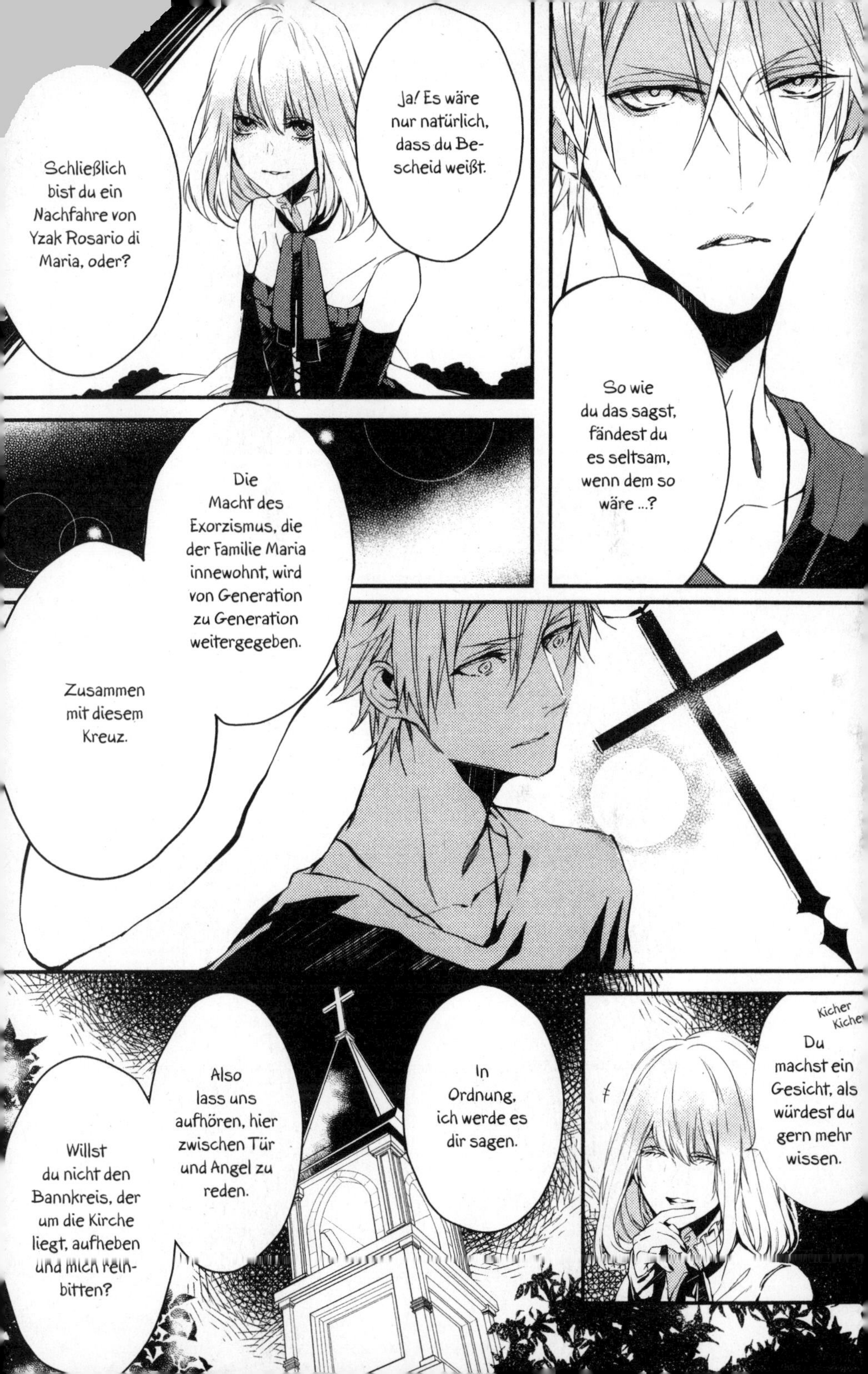
So wie du das sagst, fändest du es seltsam, wenn dem so wäre ...?
Ja! Es wäre nur natürlich, dass du Bescheid weißt.
Schließlich bist du ein Nachfahre von Yzak Rosario di Maria, oder?
Die Macht des Exorzismus, die der Familie Maria innewohnt, wird von Generation zu Generation weitergegeben.
Zusammen mit diesem Kreuz.
Kicher
Kiche
Du machst ein Gesicht, als würdest du gern mehr wissen.
In Ordnung, ich werde es dir sagen.
Also lass uns aufhören, hier zwischen Tür und Angel zu reden.
Willst du nicht den Bannkreis, der um die Kirche liegt, aufheben und mich reinbitten?

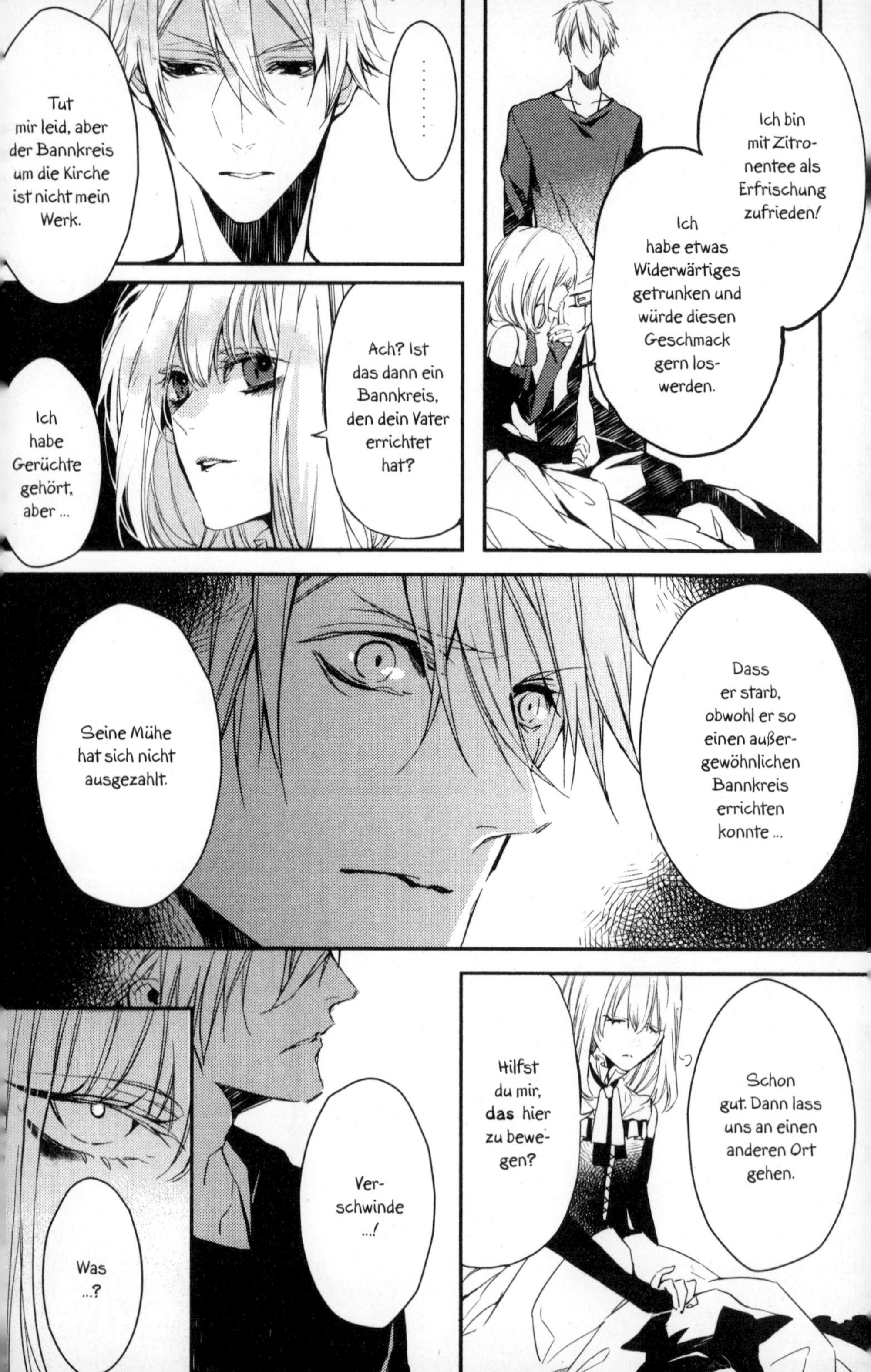
Ich bin mit Zitronentee als Erfrischung zufrieden!
Ich habe etwas Widerwärtiges getrunken und würde diesen Geschmack gern loswerden.
....
Tut mir leid, aber der Bannkreis um die Kirche ist nicht mein Werk.
Ach? Ist das dann ein Bannkreis, den dein Vater errichtet hat?
Ich habe Gerüchte gehört, aber ...
Dass er starb, obwohl er so einen außergewöhnlichen Bannkreis errichten konnte ...
Seine Mühe hat sich nicht ausgezahlt.
Schon gut. Dann lass uns an einen anderen Ort gehen.
Hilfst du mir, das hier zu bewegen?
Verschwinde ...!
Was ...?

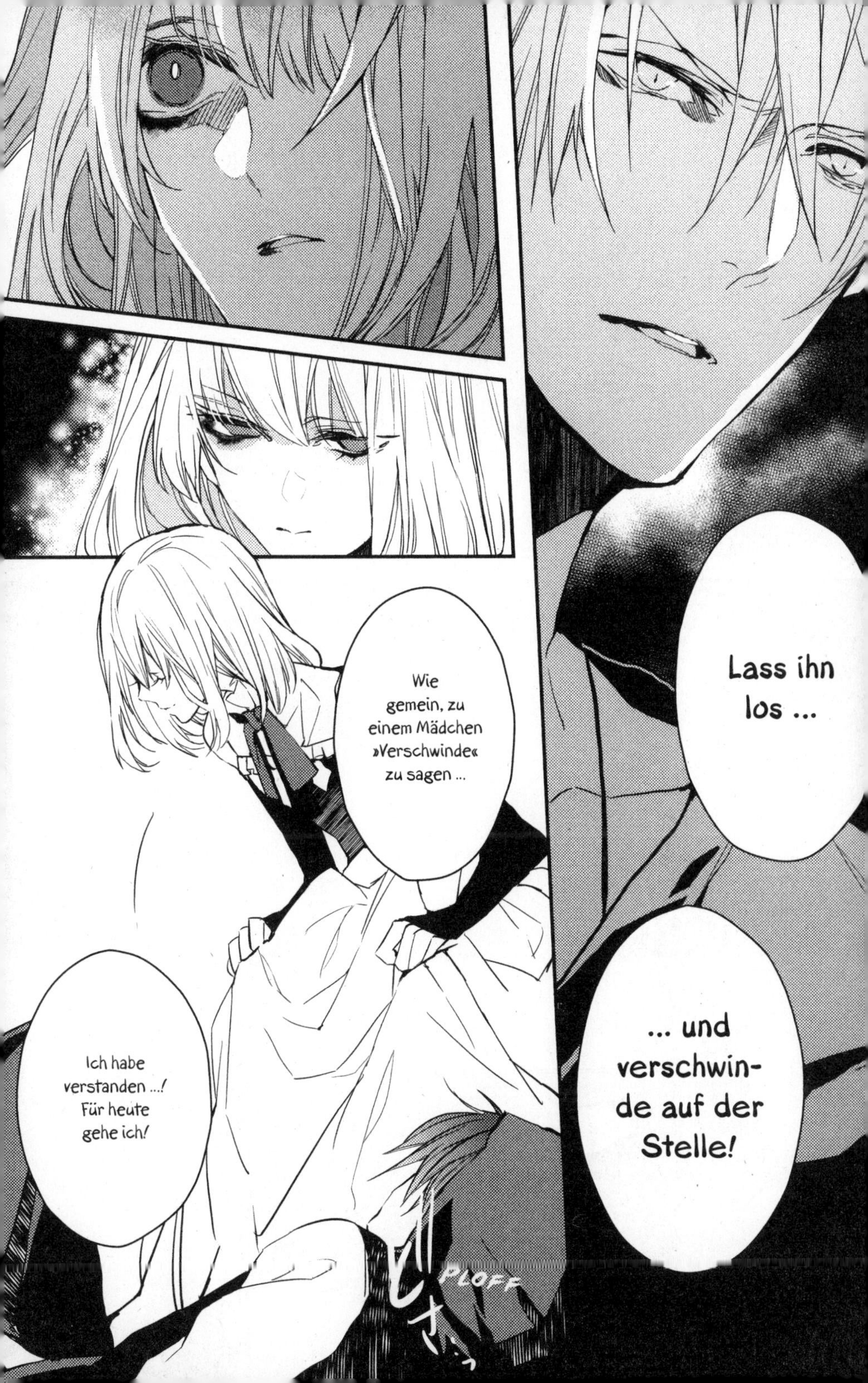
Lass ihn los ...
... und verschwinde auf der Stelle!
Wie gemein, zu einem Mädchen »Verschwinde« zu sagen ...
Ich habe verstanden ...! Für heute gehe ich!
PLOFF

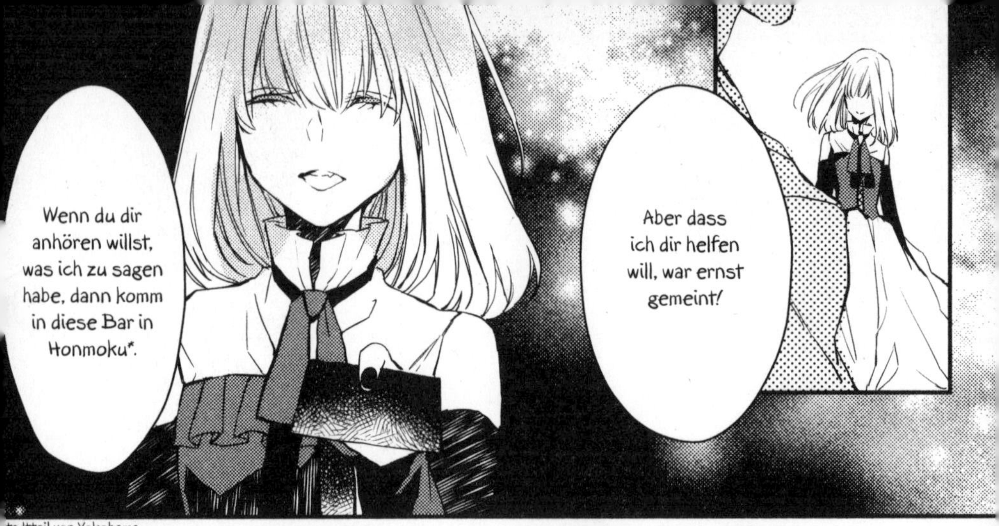

*tadtteil von Yokohama

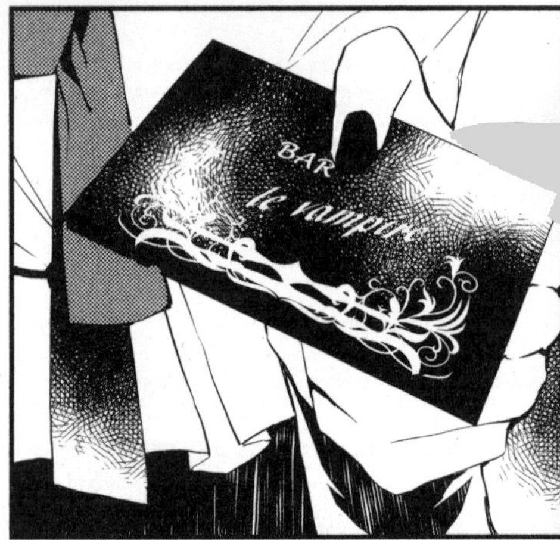

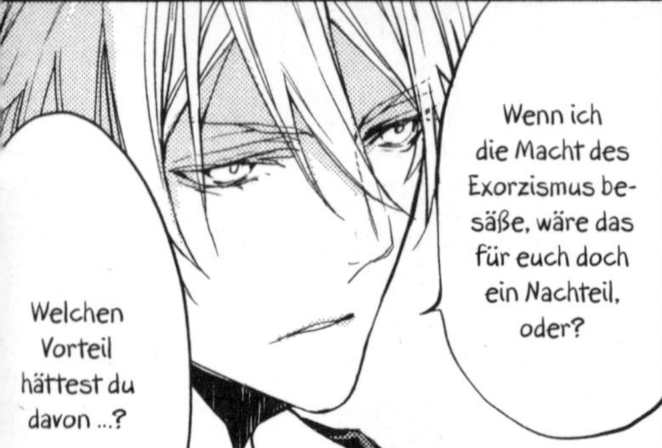

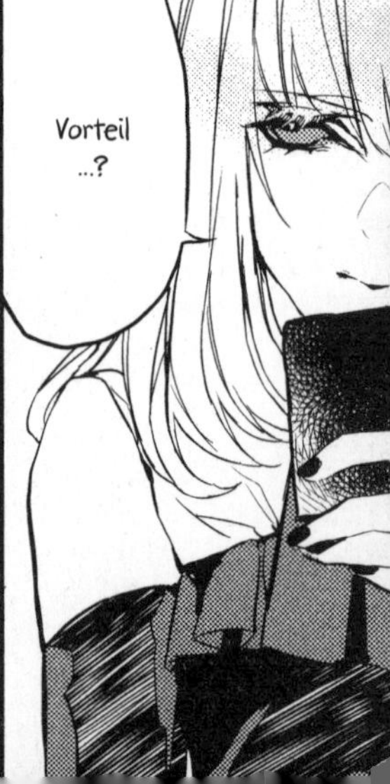

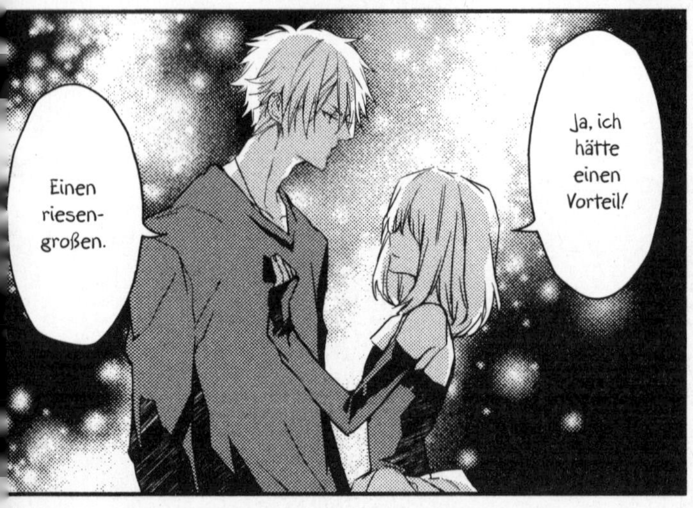

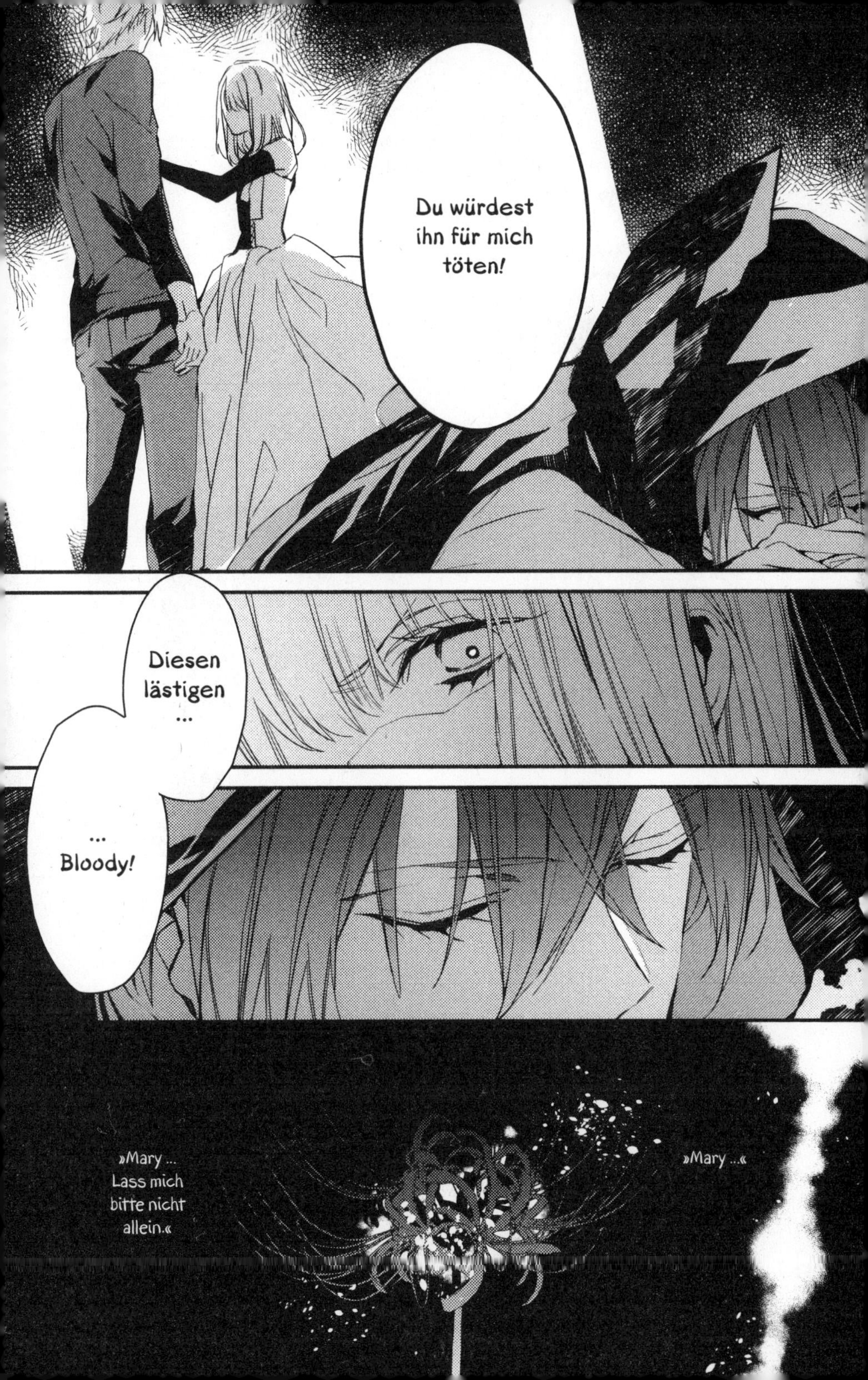
Du würdest ihn für mich töten!
Diesen lästigen …
… Bloody!
»Mary … Lass mich bitte nicht allein.«
»Mary …«

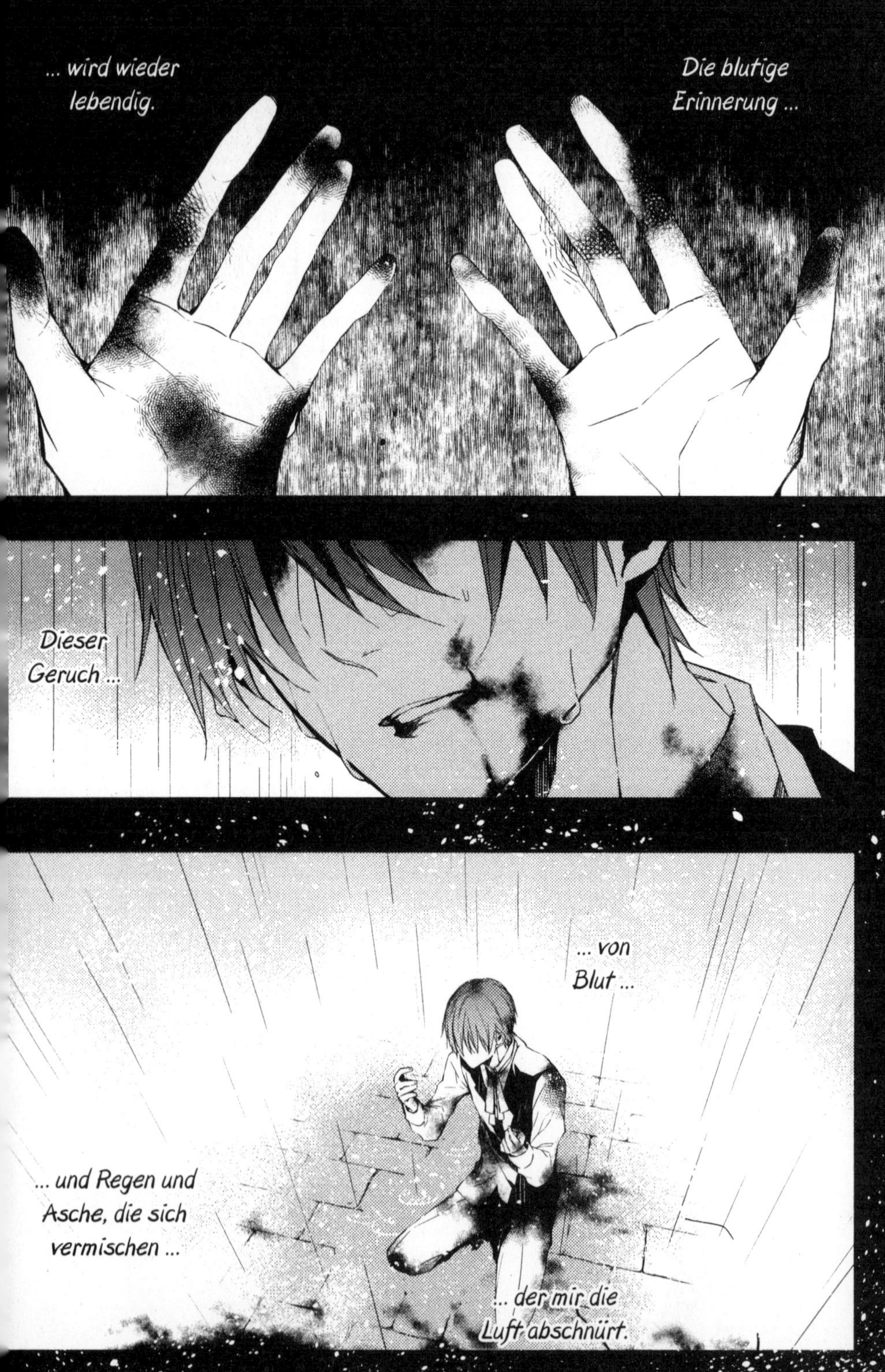
Die blutige Erinnerung ...
... wird wieder lebendig.
Dieser Geruch ...
... von Blut ...
... und Regen und Asche, die sich vermischen ...
... der mir die Luft abschnürt.

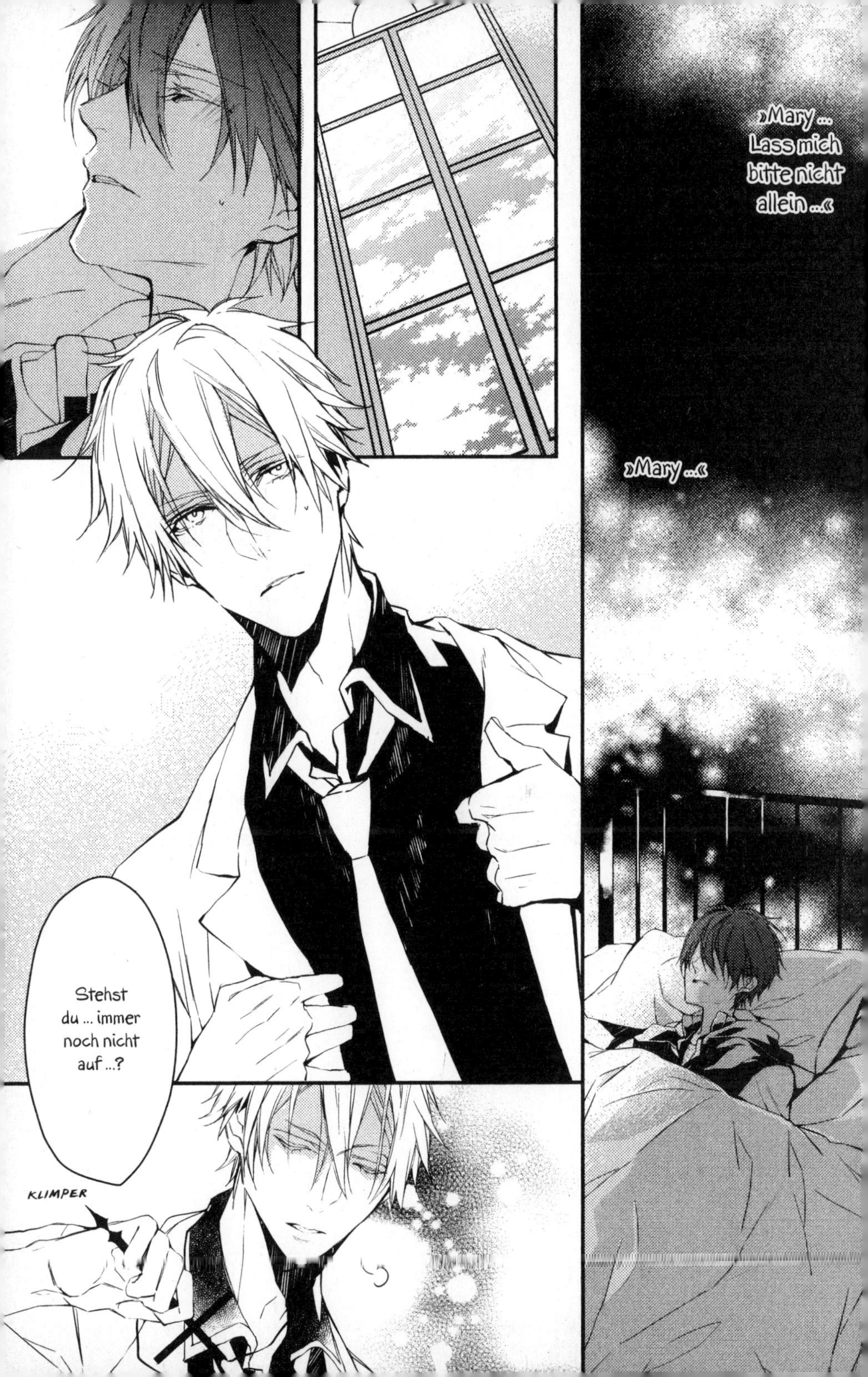
»Mary ... Lass mich bitte nicht allein ...«
»Mary ...«
Stehst du ... immer noch nicht auf ...?
KLIMPER

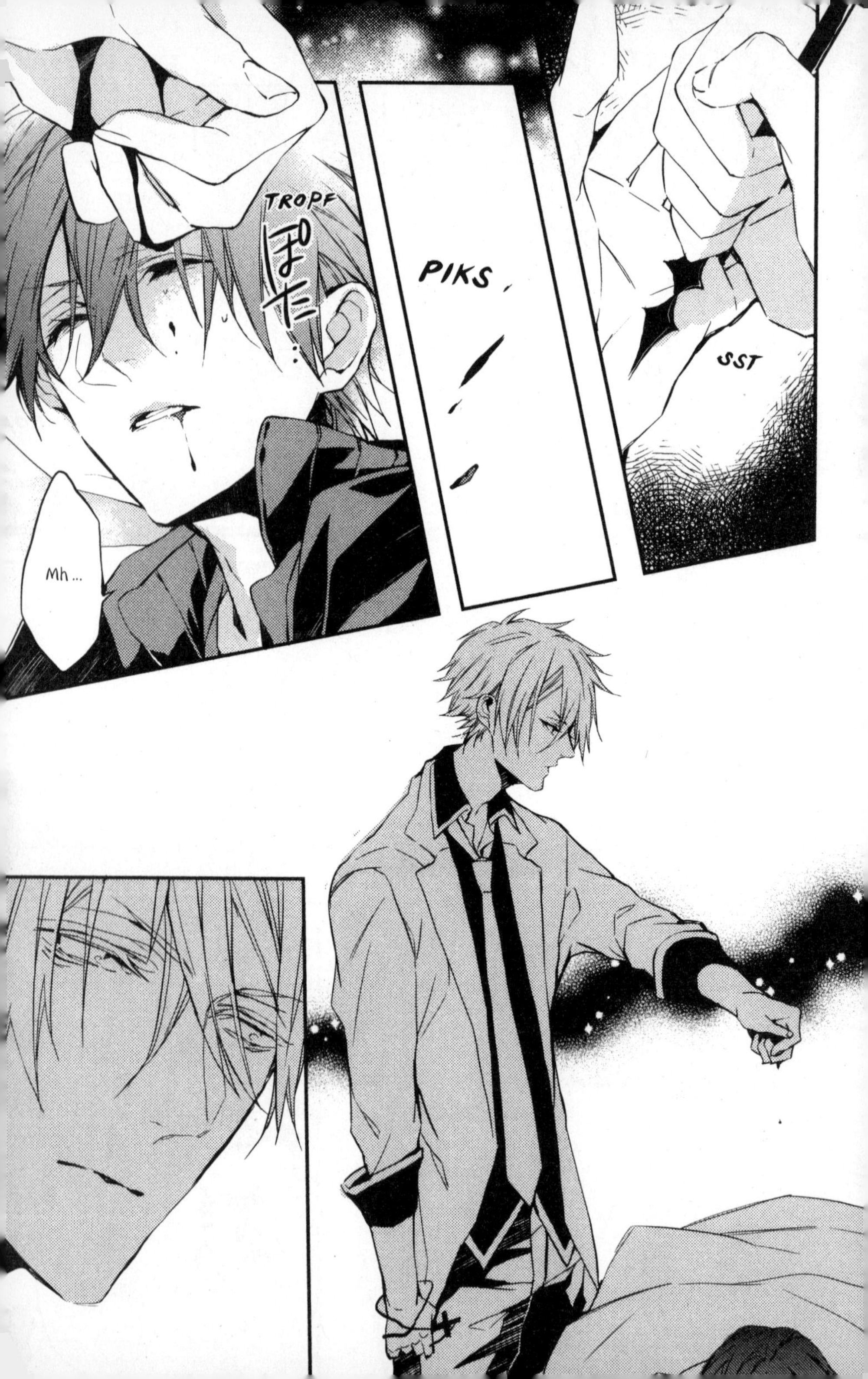
SST
PIKS
TROPF
ぽた…
Mh ...

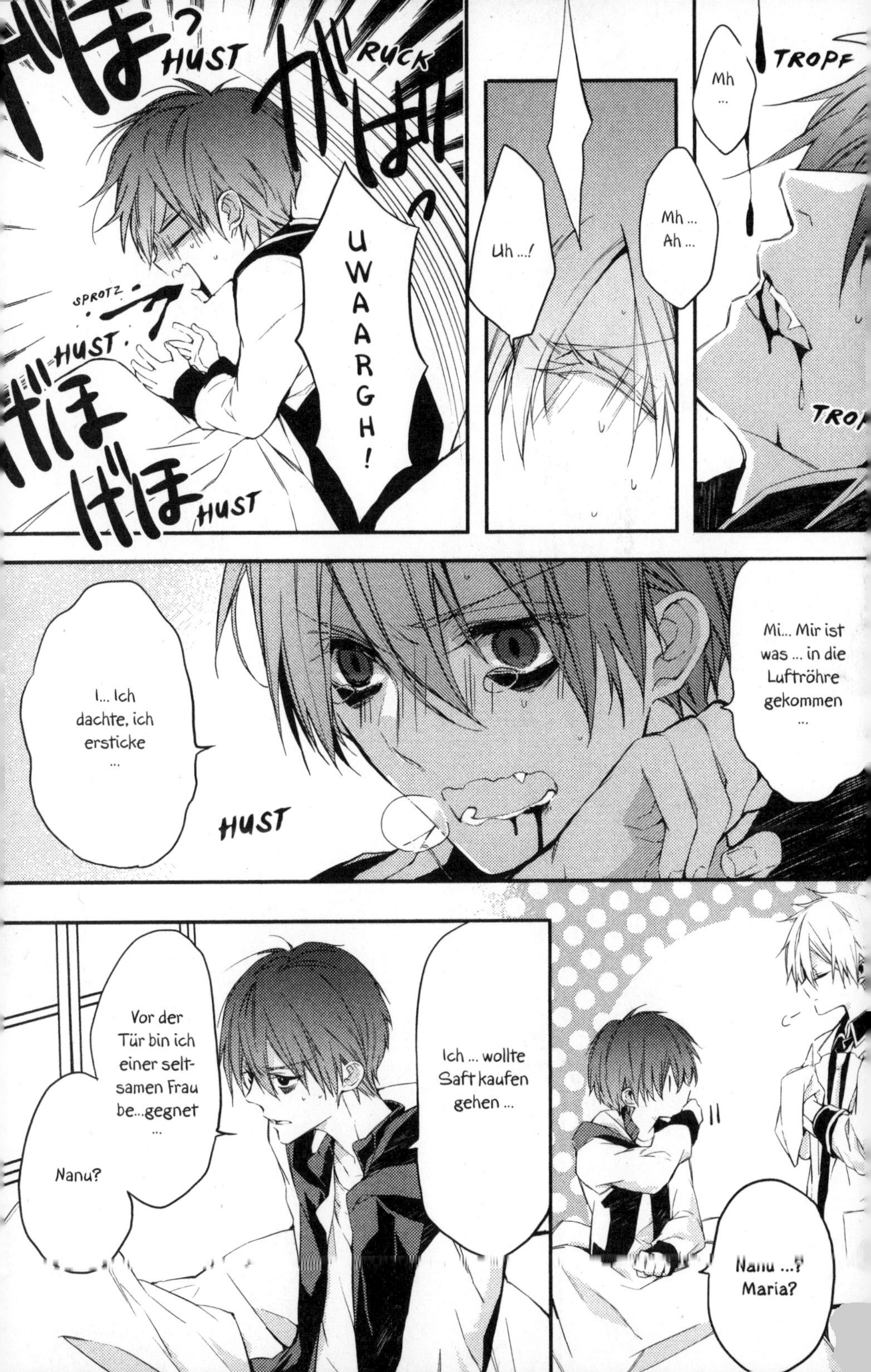
Mh ...
TROPF
Mh ...
Ah ...
Uh ...!
TROPF
RUCK
UWAARGH!
HUST
SPROTZ
HUST
HUST
Mi... Mir ist was ... in die Luftröhre gekommen ...
I... Ich dachte, ich ersticke ...
HUST
Nanu ...? Maria?
Ich ... wollte Saft kaufen gehen ...
Vor der Tür bin ich einer selt-samen Frau be...gegnet ...
Nanu?

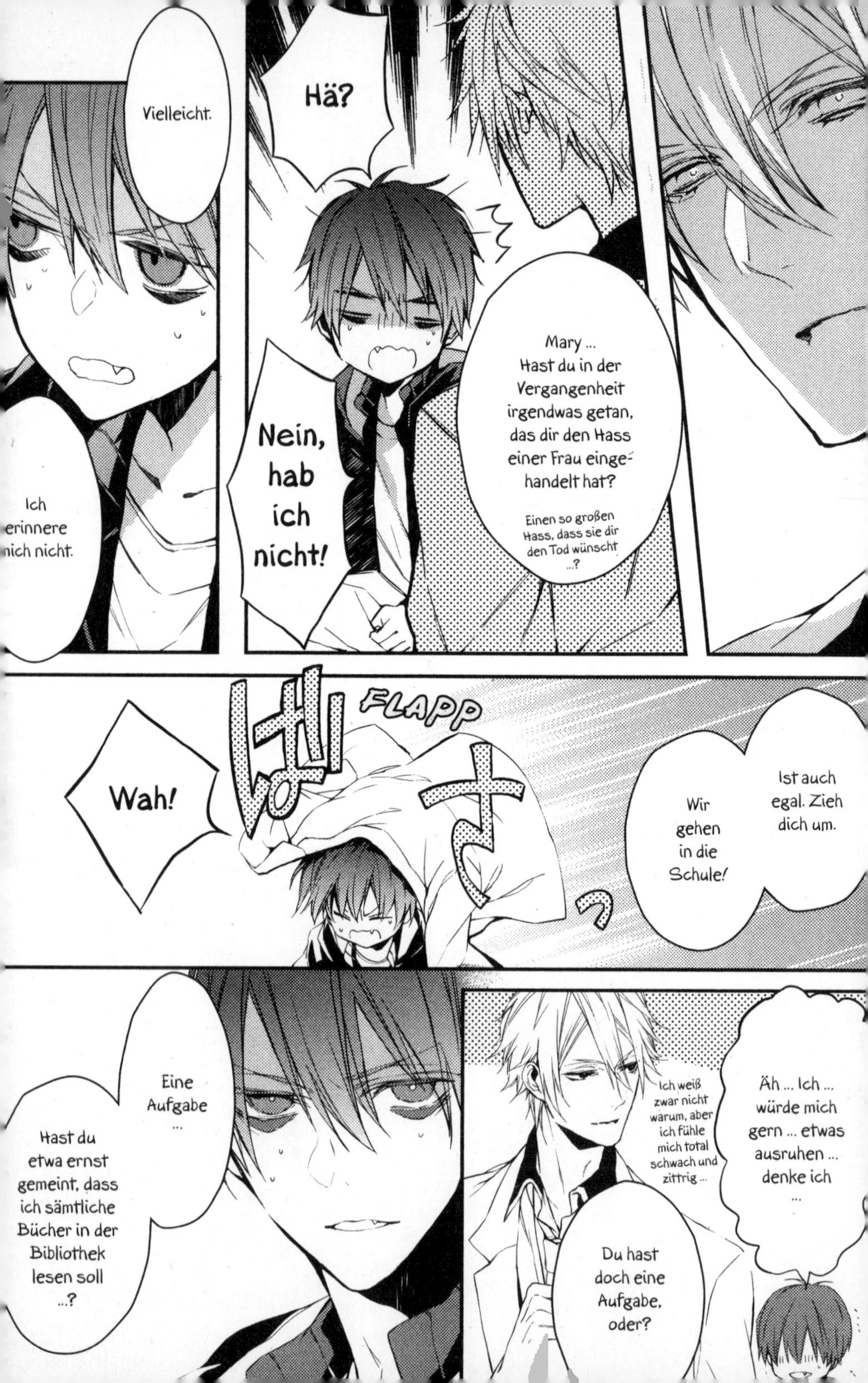

Mary ... Hast du in der Vergangenheit irgendwas getan, das dir den Hass einer Frau eingehandelt hat?
Einen so großen Hass, dass sie dir den Tod wünscht ...?
Hä?
Nein, hab ich nicht!
Vielleicht.
Ich erinnere mich nicht.
Ist auch egal. Zieh dich um.
Wir gehen in die Schule!
FLAPP
Wah!
Äh ... Ich ... würde mich gern ... etwas ausruhen ... denke ich ...
Ich weiß zwar nicht warum, aber ich fühle mich total schwach und zittrig ...
Du hast doch eine Aufgabe, oder?
Eine Aufgabe ...
Hast du etwa ernst gemeint, dass ich sämtliche Bücher in der Bibliothek lesen soll ...?

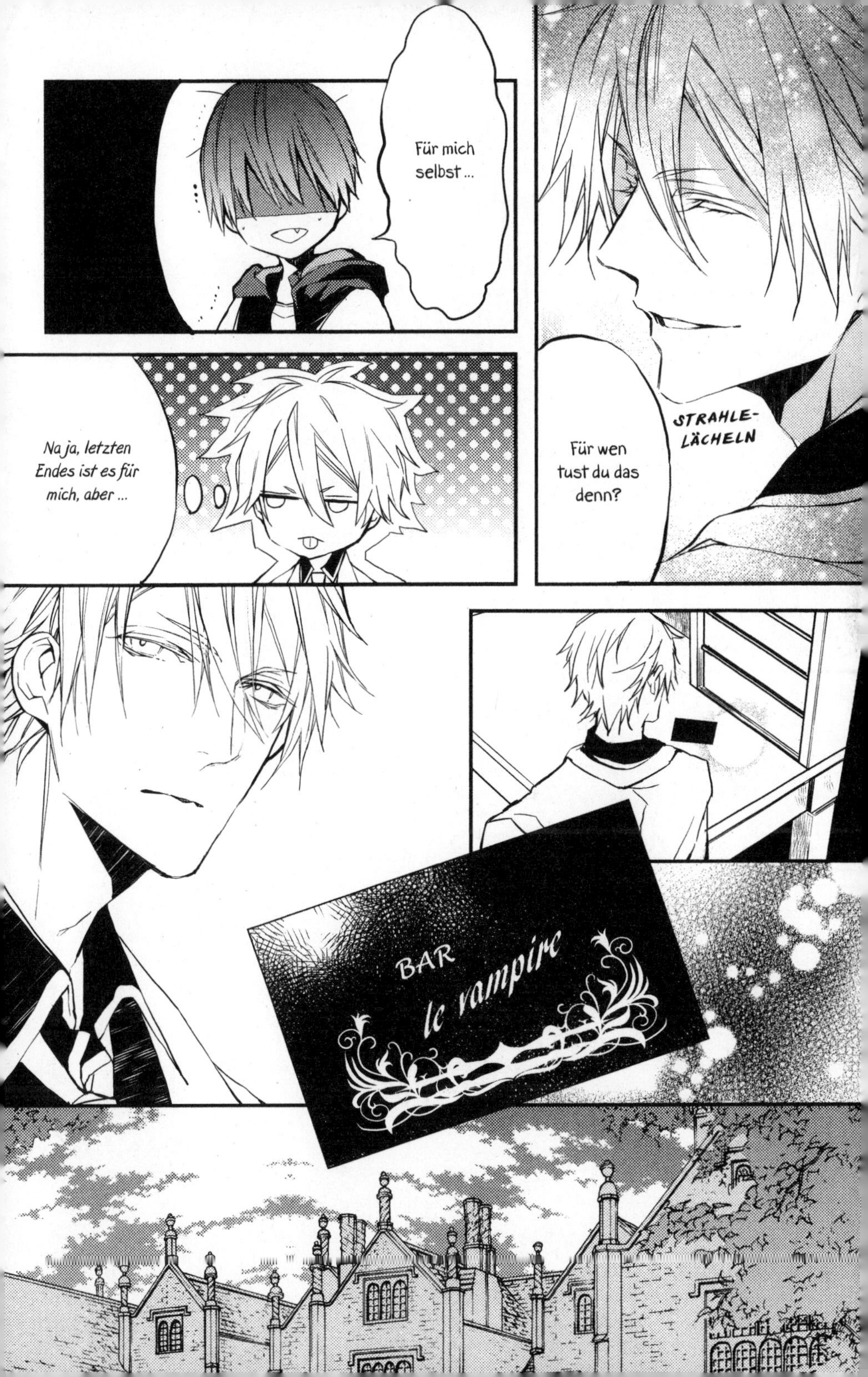
Für mich selbst ...
Für wen tust du das denn?
STRAHLE-LÄCHELN
Na ja, letzten Endes ist es für mich, aber ...
BAR
le vampire

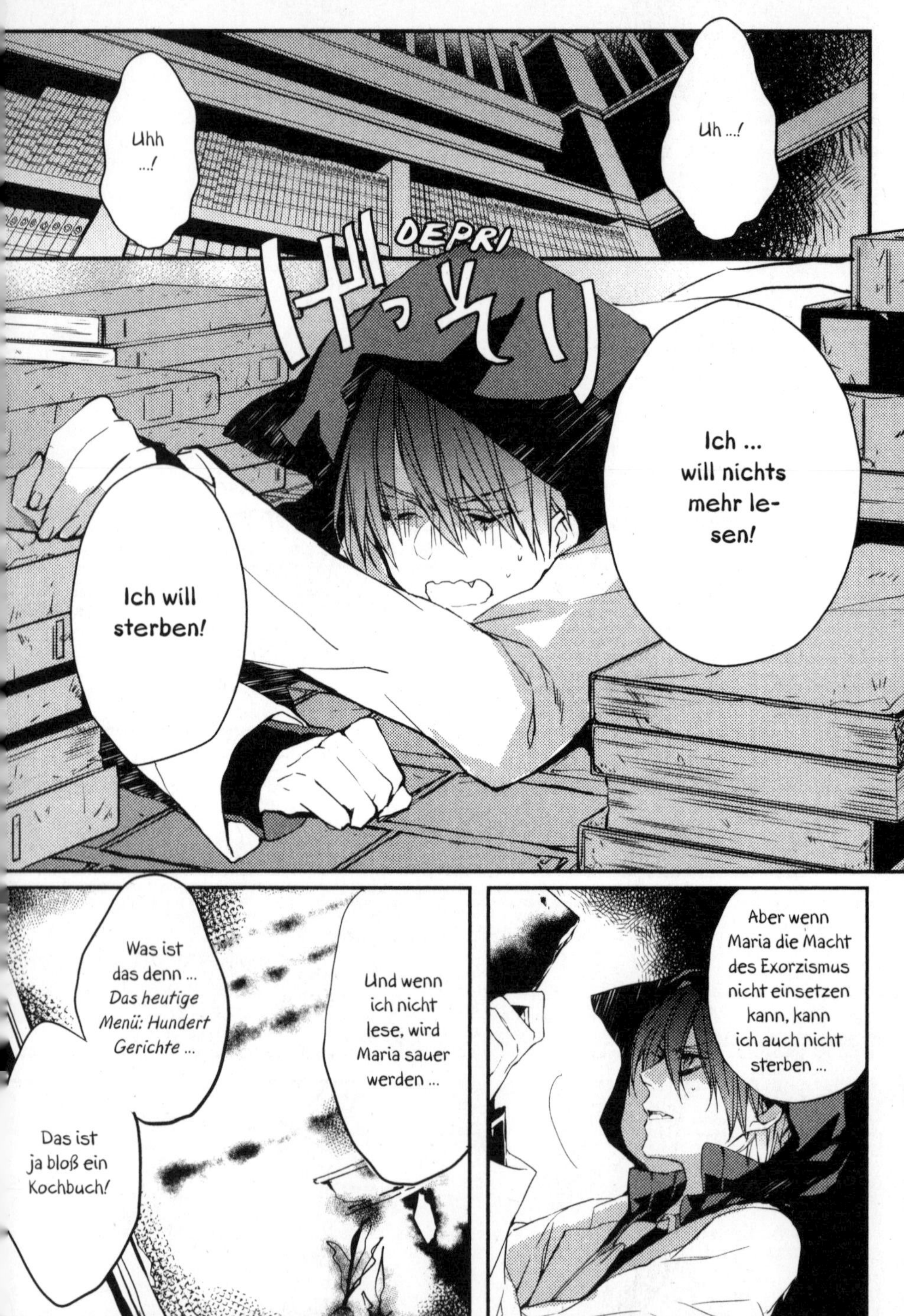
Uh ...!
Uhh ...!
DEPRI
Ich ... will nichts mehr le-sen!
Ich will sterben!
Aber wenn Maria die Macht des Exorzismus nicht einsetzen kann, kann ich auch nicht sterben ...
Und wenn ich nicht lese, wird Maria sauer werden ...
Was ist das denn ... *Das heutige Menü: Hundert Gerichte* ...
Das ist ja bloß ein Kochbuch!

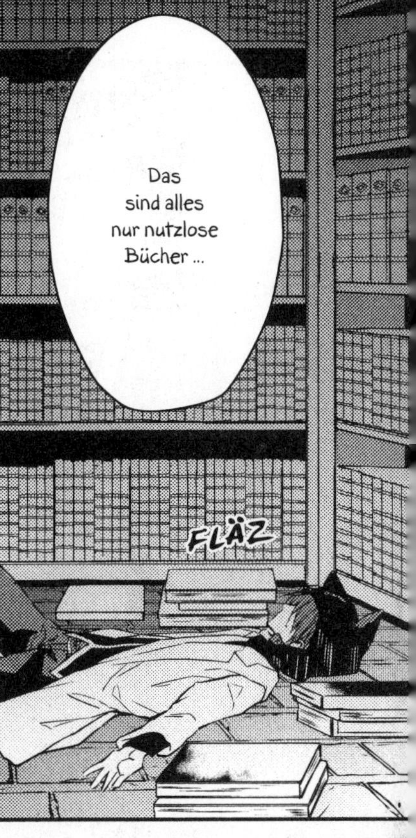
Das sind alles nur nutzlose Bücher ...
FLÄZ

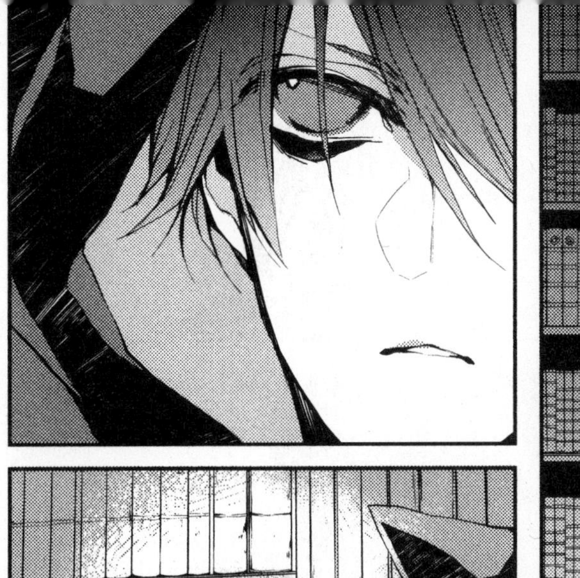

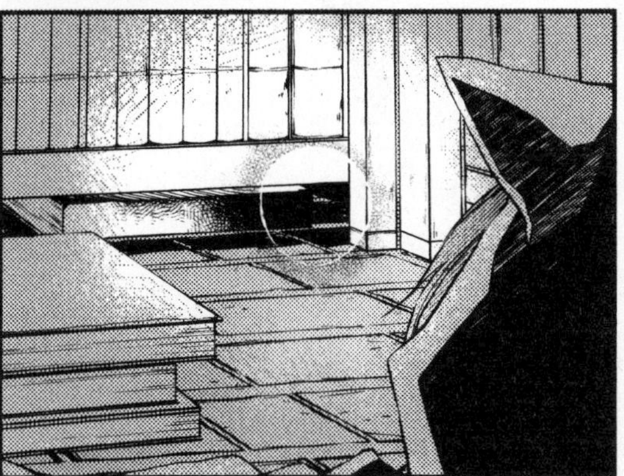

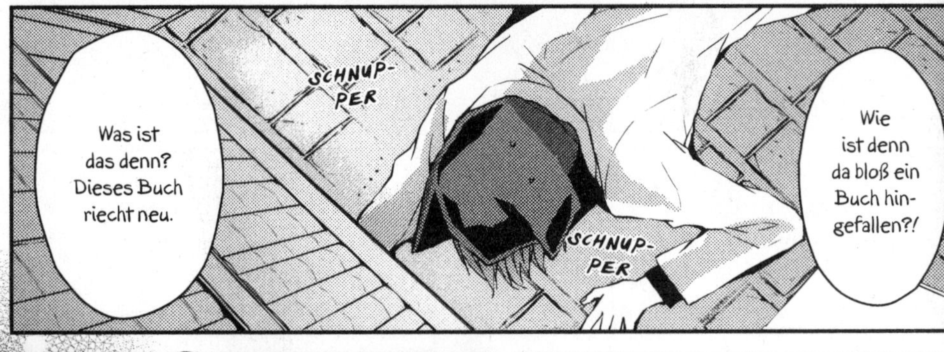
Wie ist denn da bloß ein Buch hin-gefallen?!
SCHNUP-PER
SCHNUP-PER
Was ist das denn? Dieses Buch riecht neu.

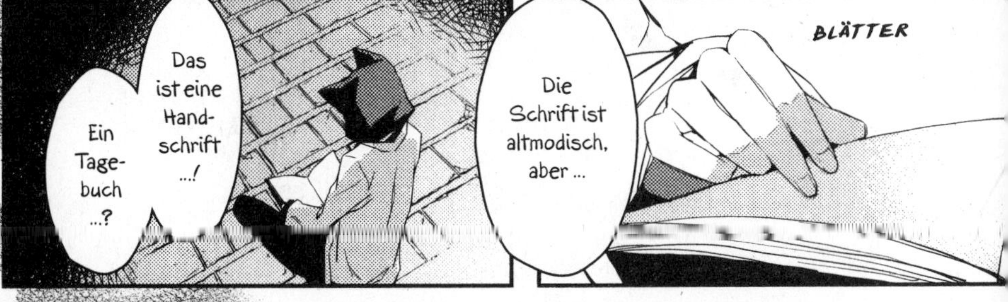
BLÄTTER
Die Schrift ist altmodisch, aber ...
Das ist eine Hand-schrift ...!
Ein Tage-buch ...?

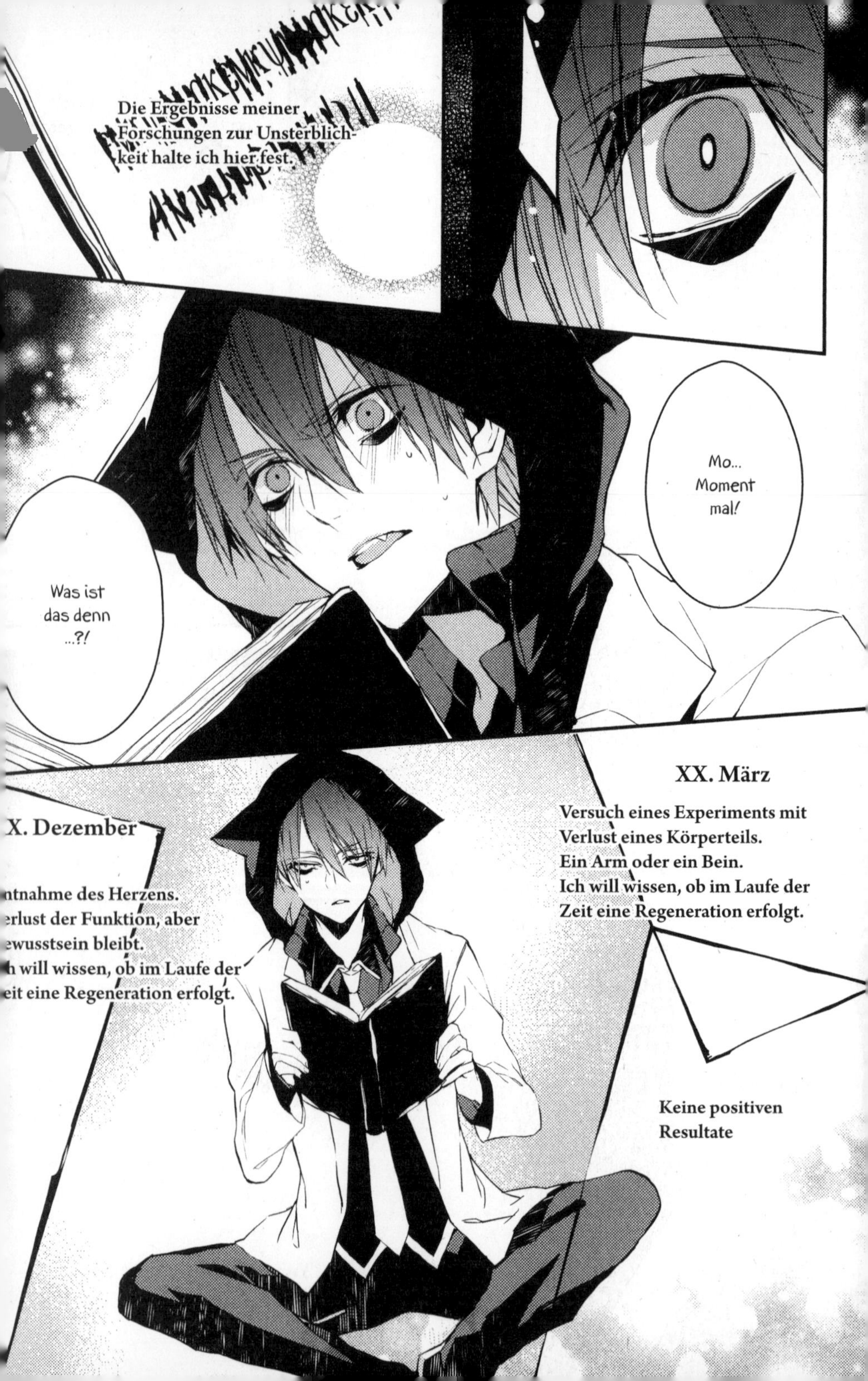
Die Ergebnisse meiner Forschungen zur Unsterblichkeit halte ich hier fest.
Mo... Moment mal!
Was ist das denn ...?!
XX. März
Versuch eines Experiments mit Verlust eines Körperteils. Ein Arm oder ein Bein. Ich will wissen, ob im Laufe der Zeit eine Regeneration erfolgt.
X. Dezember
ntnahme des Herzens. erlust der Funktion, aber ewusstsein bleibt. h will wissen, ob im Laufe der eit eine Regeneration erfolgt.
Keine positiven Resultate

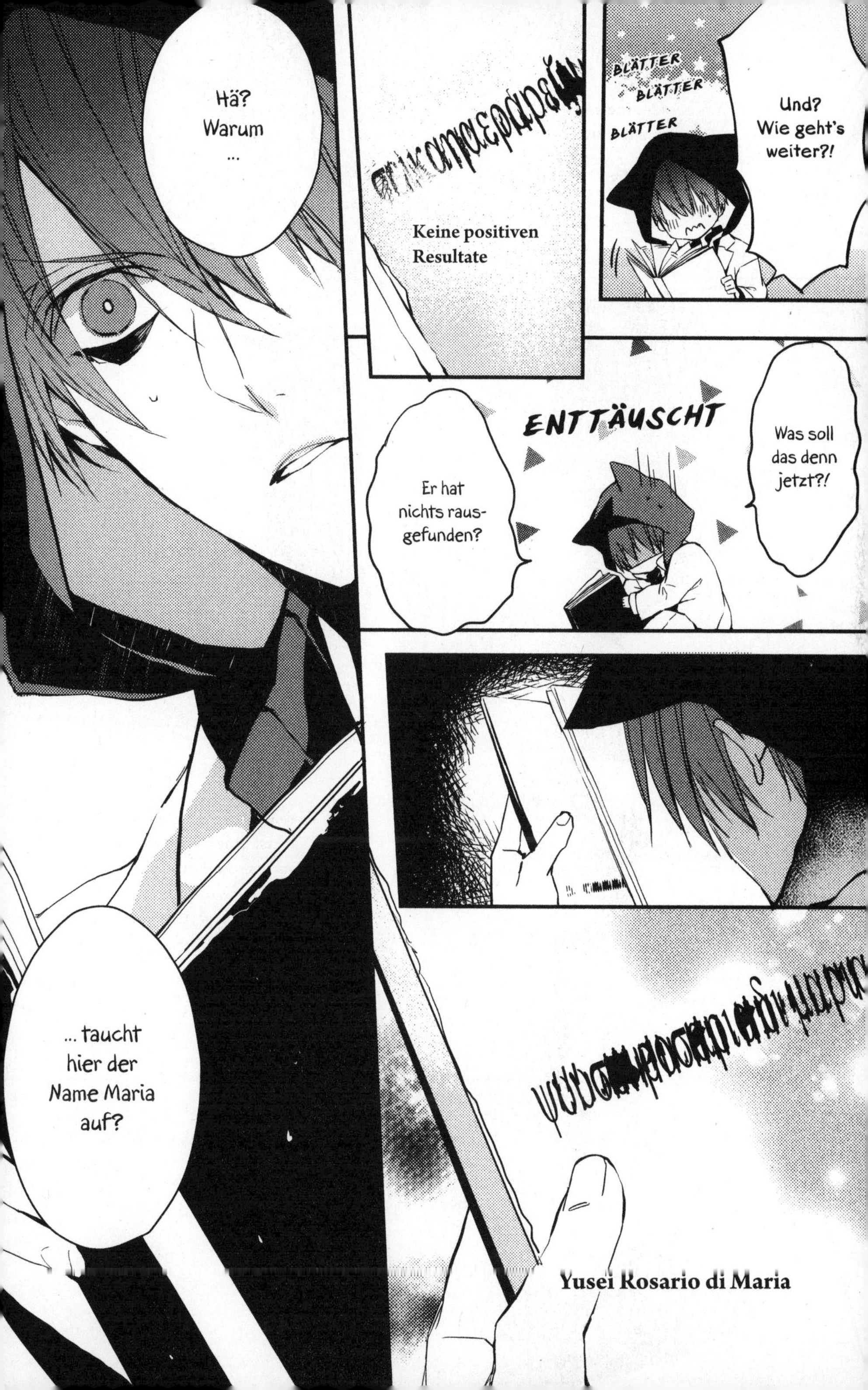

BLÄTTER
BLÄTTER
BLÄTTER
Und? Wie geht's weiter?!
Keine positiven Resultate
Was soll das denn jetzt?!
ENTTÄUSCHT
Er hat nichts raus-gefunden?
Yusei Rosario di Maria
Hä? Warum ...
... taucht hier der Name Maria auf?

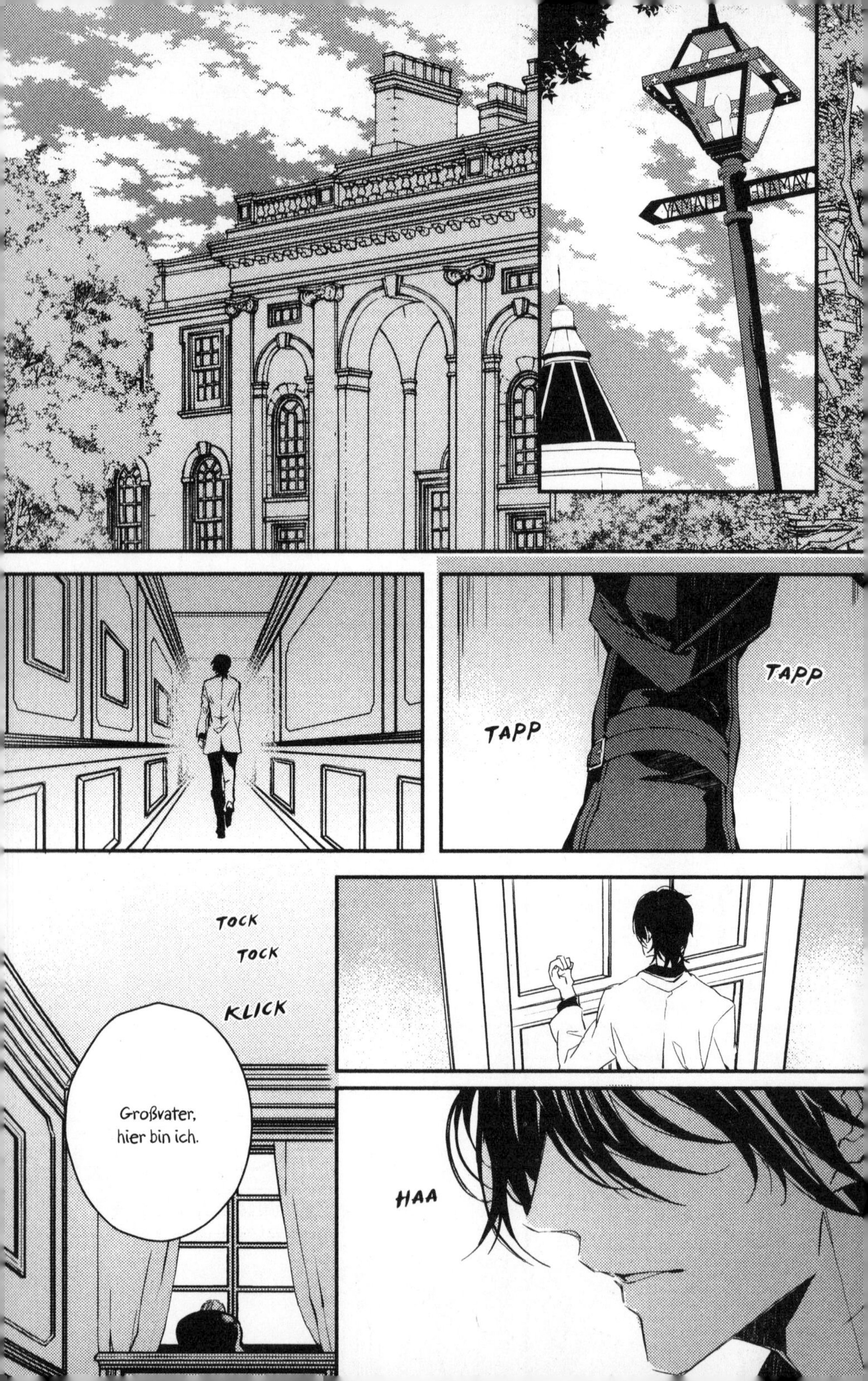
TAPP
TAPP
TOCK
TOCK
KLICK
Großvater, hier bin ich.
HAA

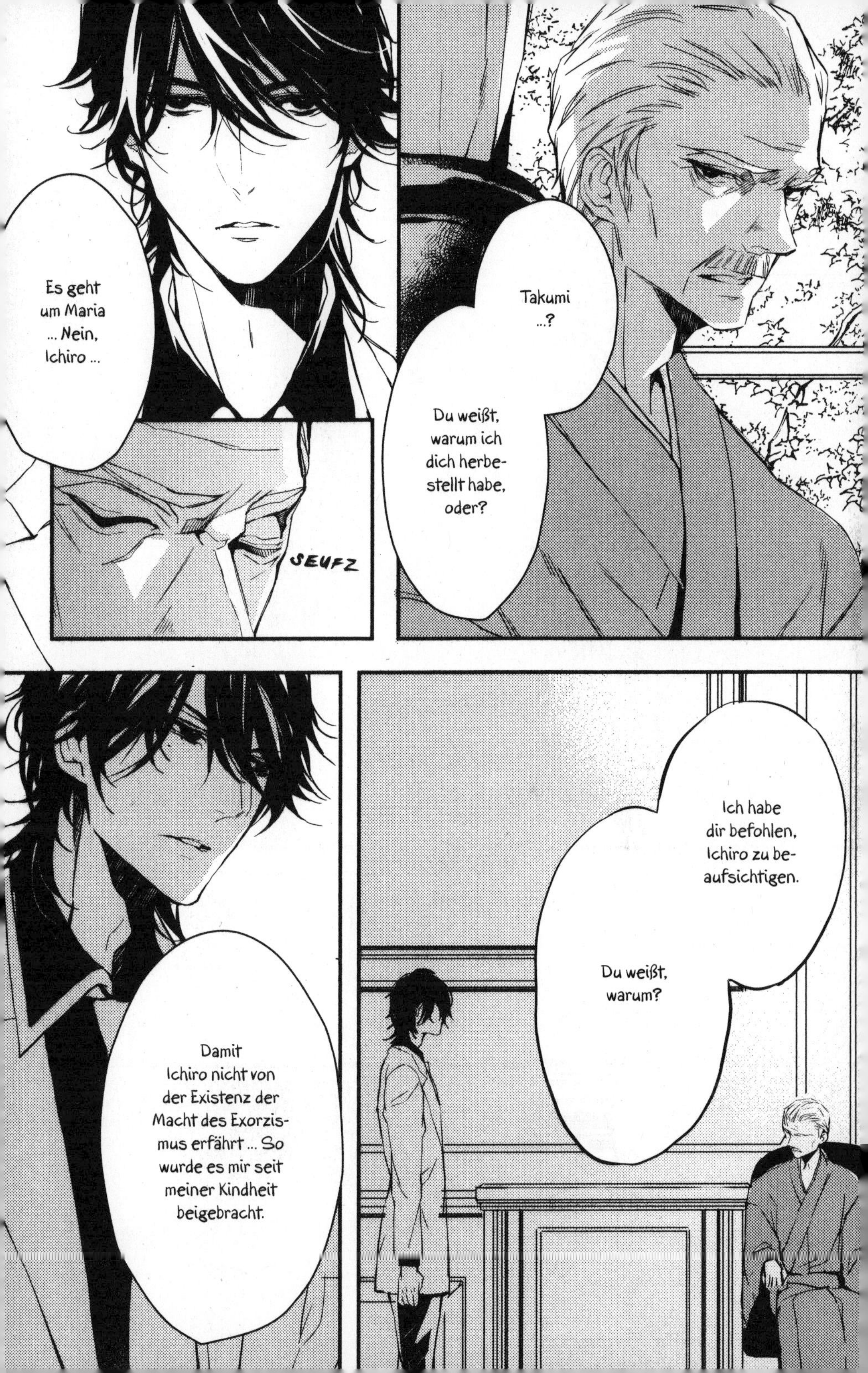

Takumi ...?

Du weißt, warum ich dich herbestellt habe, oder?

Es geht um Maria ... Nein, Ichiro ...

SEUFZ

Ich habe dir befohlen, Ichiro zu beaufsichtigen.

Du weißt, warum?

Damit Ichiro nicht von der Existenz der Macht des Exorzismus erfährt ... So wurde es mir seit meiner Kindheit beigebracht.

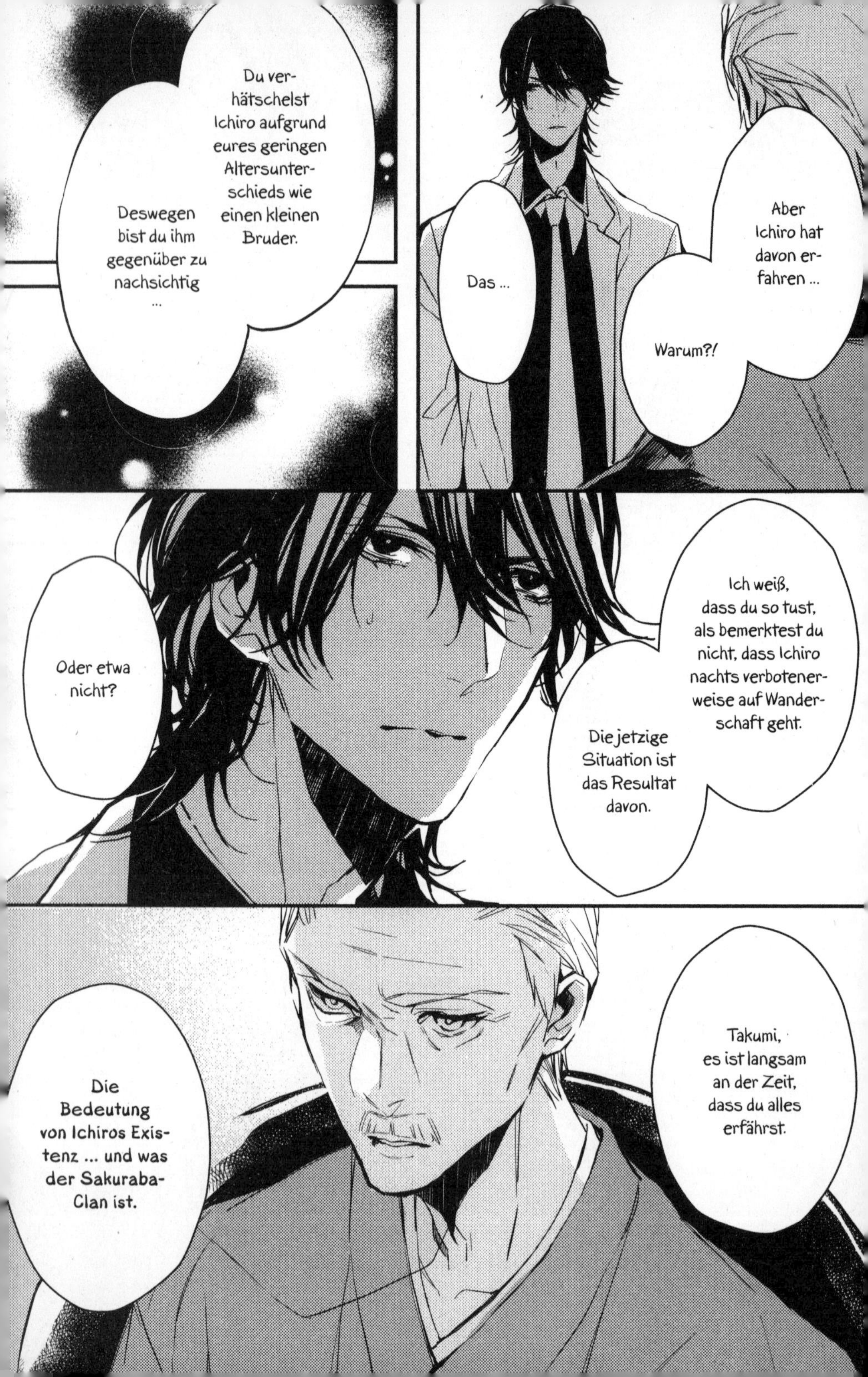
Aber Ichiro hat davon erfahren ...
Warum?!
Das ...
Du verhätschelst Ichiro aufgrund eures geringen Altersunterschieds wie einen kleinen Bruder.
Deswegen bist du ihm gegenüber zu nachsichtig ...
Ich weiß, dass du so tust, als bemerktest du nicht, dass Ichiro nachts verbotenerweise auf Wanderschaft geht.
Die jetzige Situation ist das Resultat davon.
Oder etwa nicht?
Takumi, es ist langsam an der Zeit, dass du alles erfährst.
Die Bedeutung von Ichiros Existenz ... und was der Sakuraba-Clan ist.

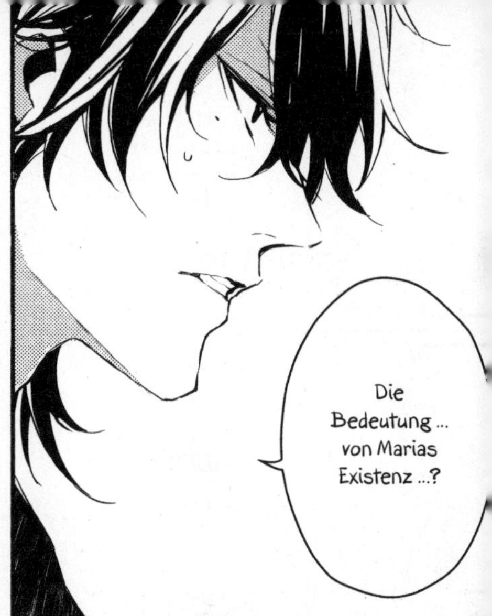

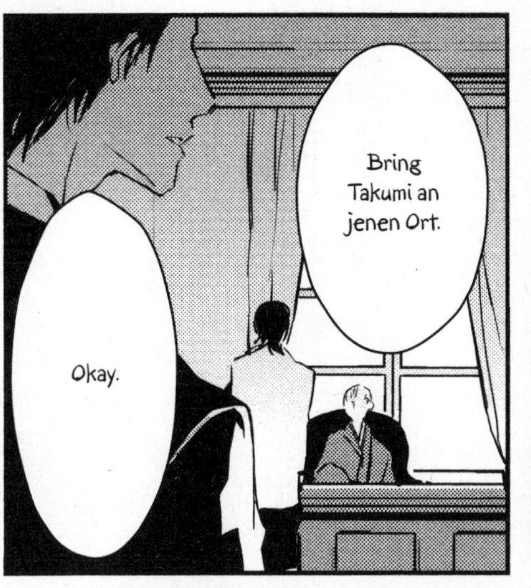

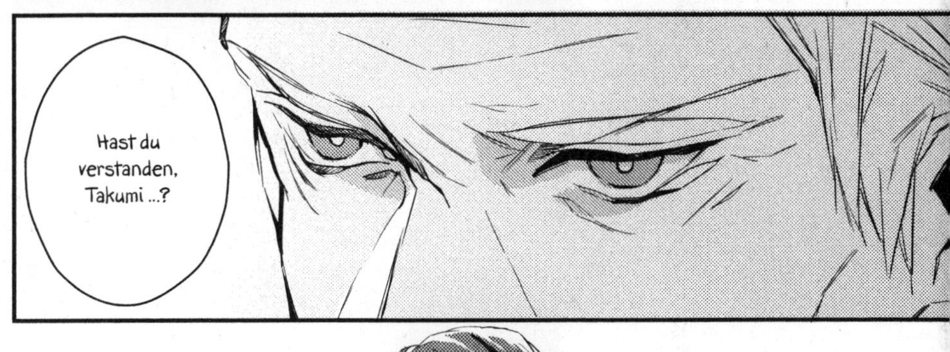

Ichiro weiß noch nicht, was die Macht des Exorzismus ist.

Sorg dafür, dass sie nie in ihm erwacht.

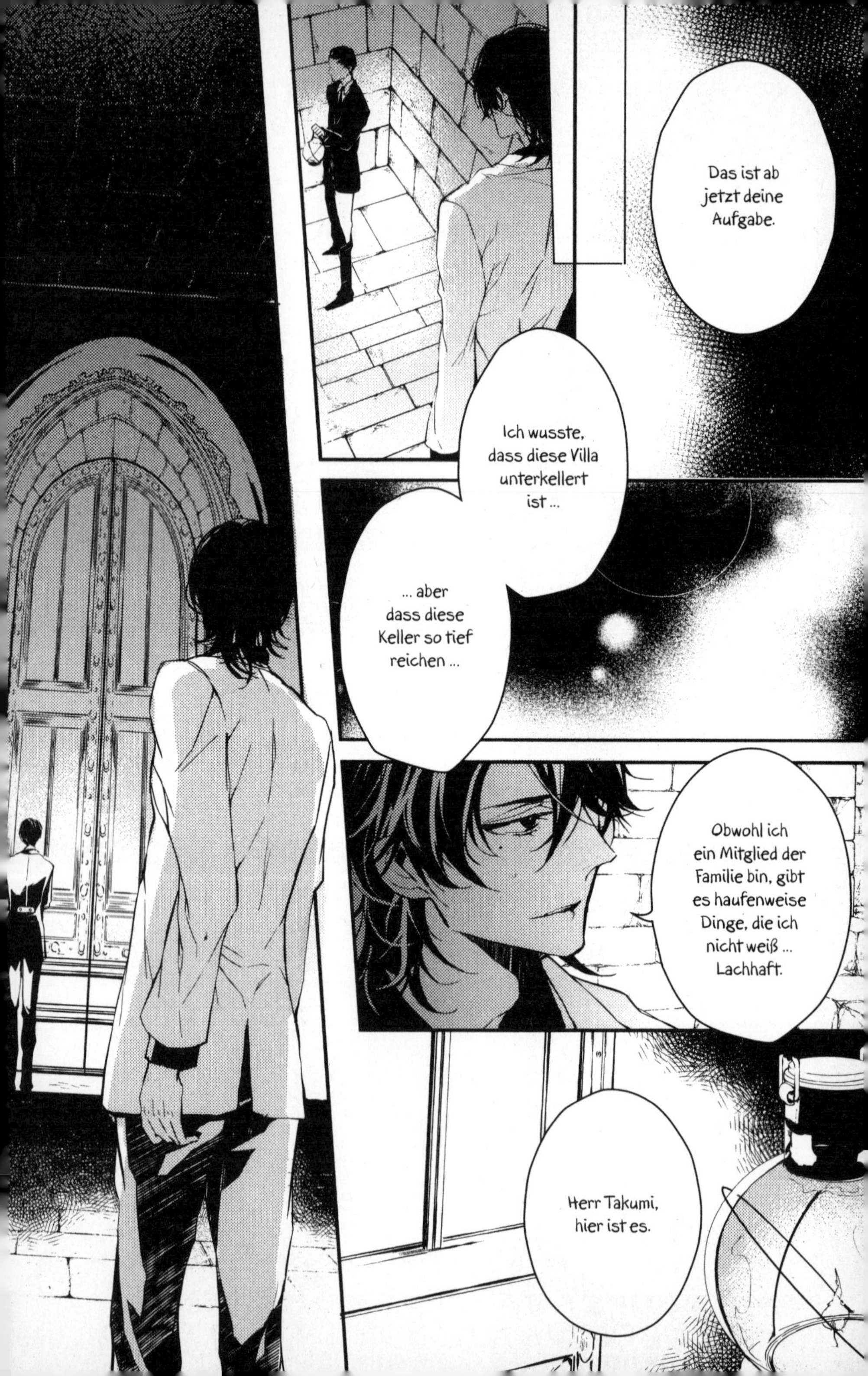
Das ist ab jetzt deine Aufgabe.
Ich wusste, dass diese Villa unterkellert ist ...
... aber dass diese Keller so tief reichen ...
Obwohl ich ein Mitglied der Familie bin, gibt es haufenweise Dinge, die ich nicht weiß ... Lachhaft.
Herr Takumi, hier ist es.

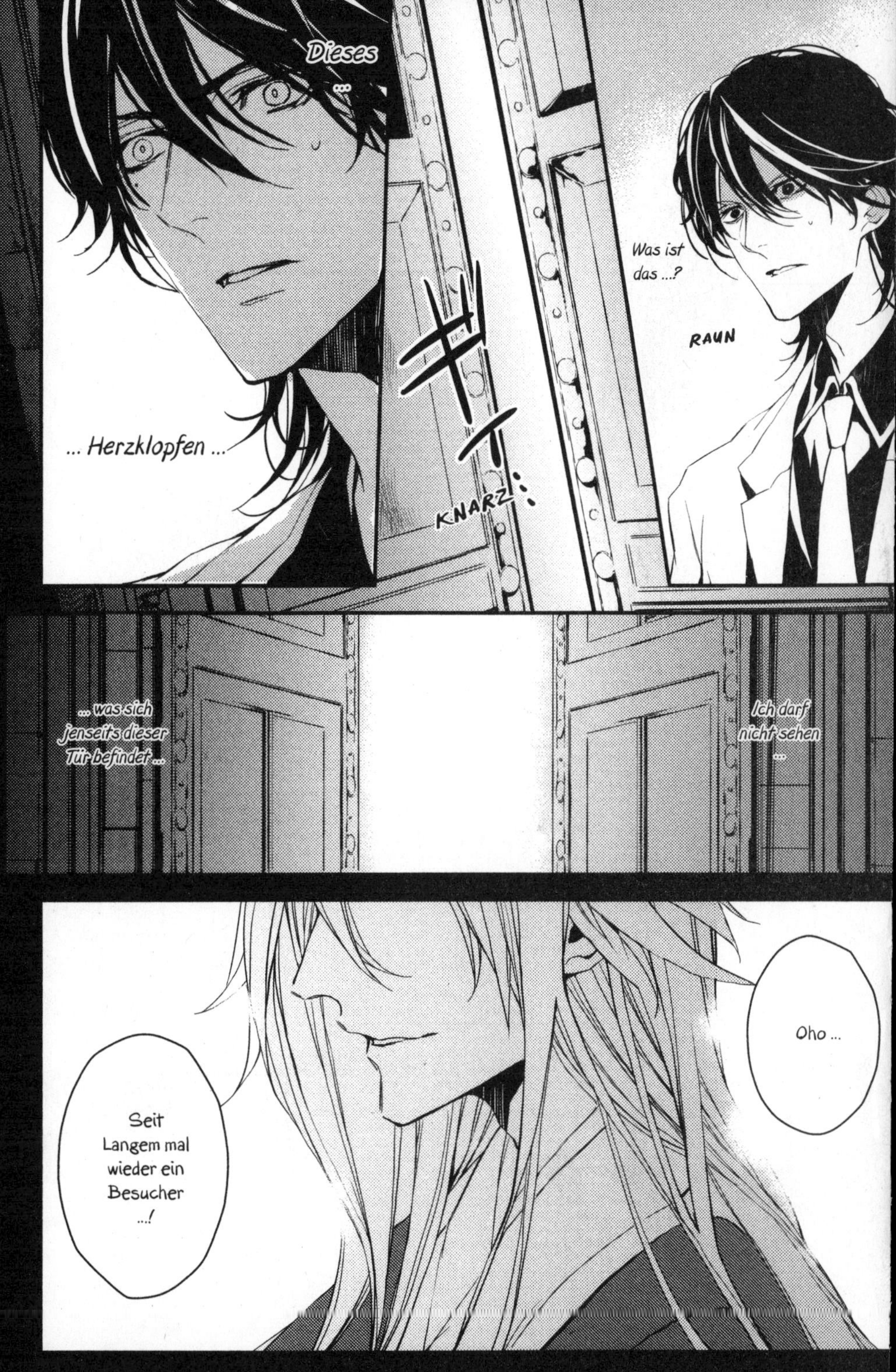
Was ist das ...?
RAUN
Dieses ...
... Herzklopfen ...
KNARZ
Ich darf nicht sehen ...
... was sich jenseits dieser Tür befindet ...
Oho ...
Seit Langem mal wieder ein Besucher ...!

Es freut mich, dich kennenzulernen ...
... mein geschätzter Helfer.
Ma... ria ...?
BLOOD✦4 Ende

Bloody†Mary

A vampire who wants to die. And a priest who wants to live.
Crossing purposes in life and death.

TAPP

TAPP

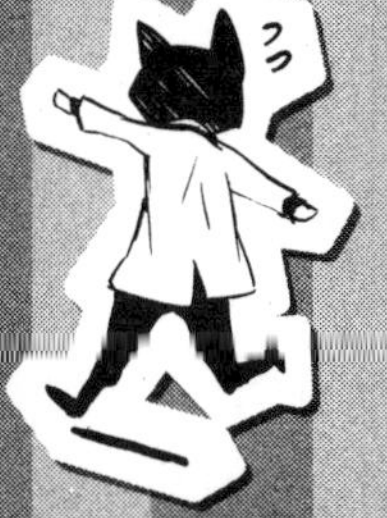

Nachwort

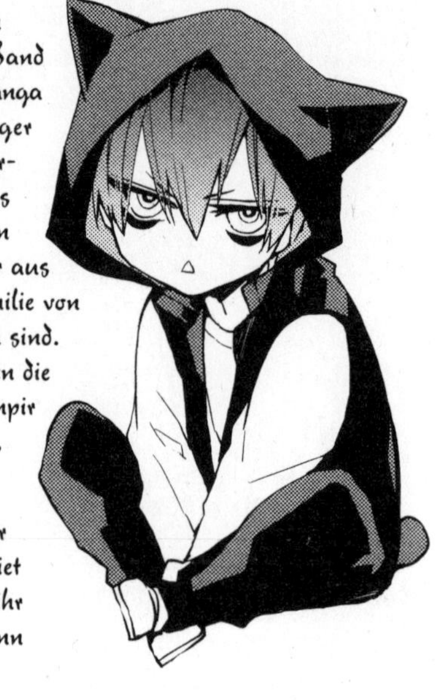

Freut mich, euch kennenzulernen. Guten Tag. Ich bin Akaza Samamiya. Vielen Dank, dass ihr den ersten Band von *Bloody Mary* zur Hand genommen habt! Dieser Manga hat seinen Anfang genommen, als mir mein damaliger Redakteur kurz nach dem Abschluss meines Vorgängerwerks, *Bilder der Liebe*, den Auftrag gab, als Nächstes »was mit Vampiren« zu zeichnen. Zuerst dachte ich an eine Familie von Vampiren, die gern sterben wollen, aber aus irgendeinem Grund unheimlich stark sind, und eine Familie von Vampiren, die unbedingt leben wollen, aber sehr schwach sind. Doch nachdem meine Ideen abgelehnt wurden, entstanden die jetzigen beiden Protagonisten. Ein etwas dämlicher Vampir und ein gemeiner Priester, Mary und Maria. Ich hoffe, ihr mögt sie!

Der Schauplatz von *Bloody Mary* ist Yokohama in der Präfektur Kanagawa. Die beiden laufen meist im Gebiet zwischen Minato Mirai und Honmoku herum. Wenn ihr mal nach Yokohama kommt, würde ich mich freuen, wenn ihr euch, wenn auch nur vage, daran erinnert.

Ab diesem Manga hat mein zuständiger Redakteur gewechselt ...! Das ist mein erster Vampirmanga und auch sonst ist es ein Neuanfang, und ich denke, ich muss mir viel Mühe geben. Ich würde mich unheimlich freuen, wenn ihr auch den nächsten Band lest.

Akaza Samamiya

Twitter: samamiya
HP: http://sama.ciao.jp/

Besonderer Dank:

Mifuru, S-ki, H-saka, S-to, Madame, meinem Redakteur S., meinem vorherigen Redakteur W., den Grafikern
Allen, die geholfen haben und allen, die den Band gelesen haben!

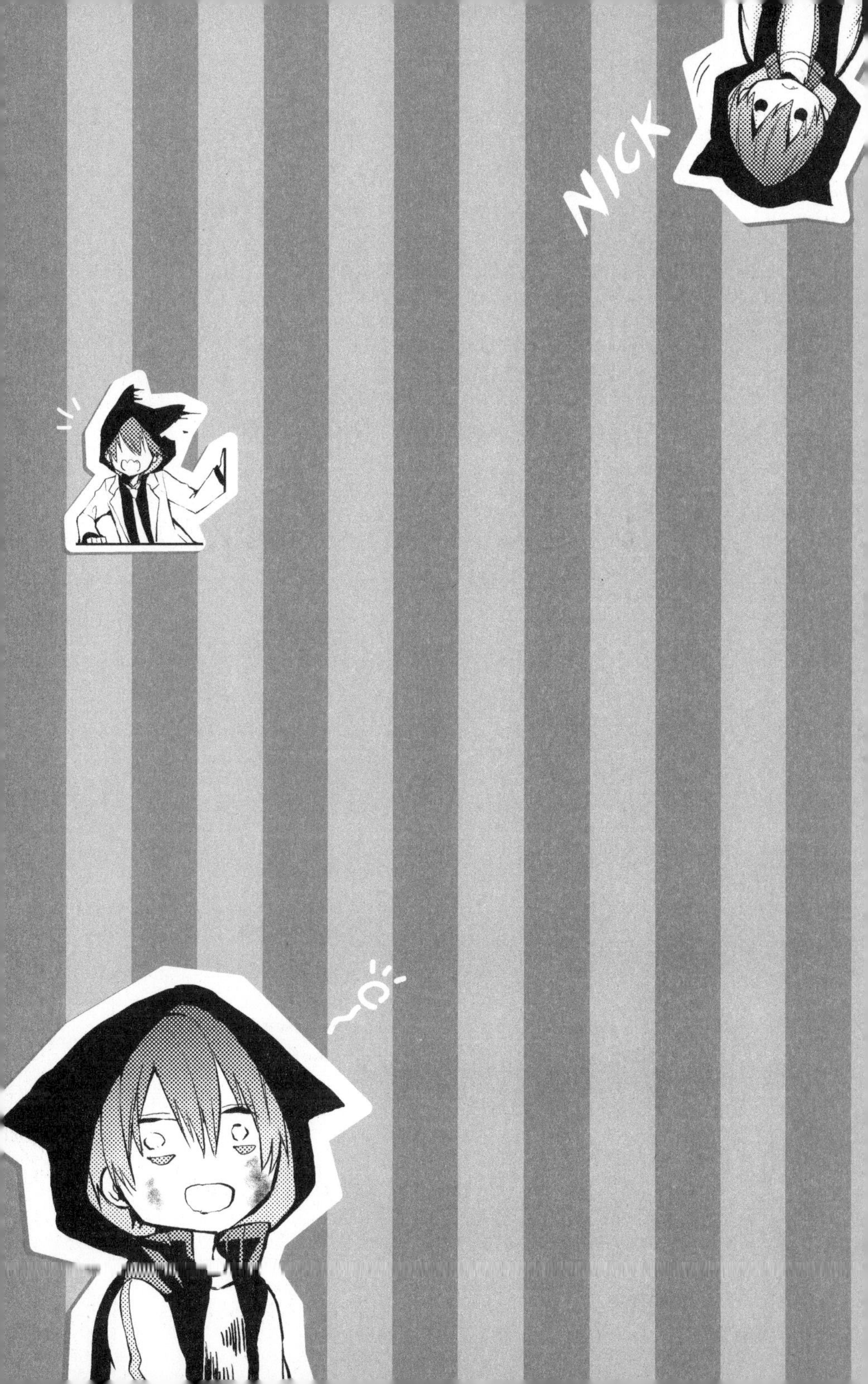
NICK

SCHWUPP

Okay.

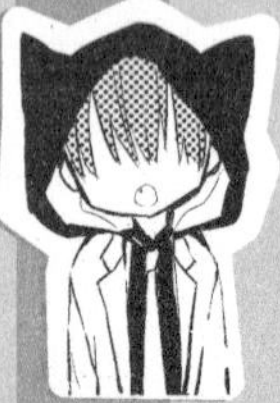

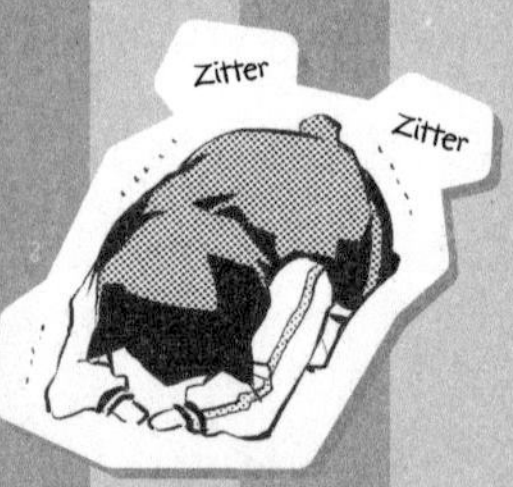

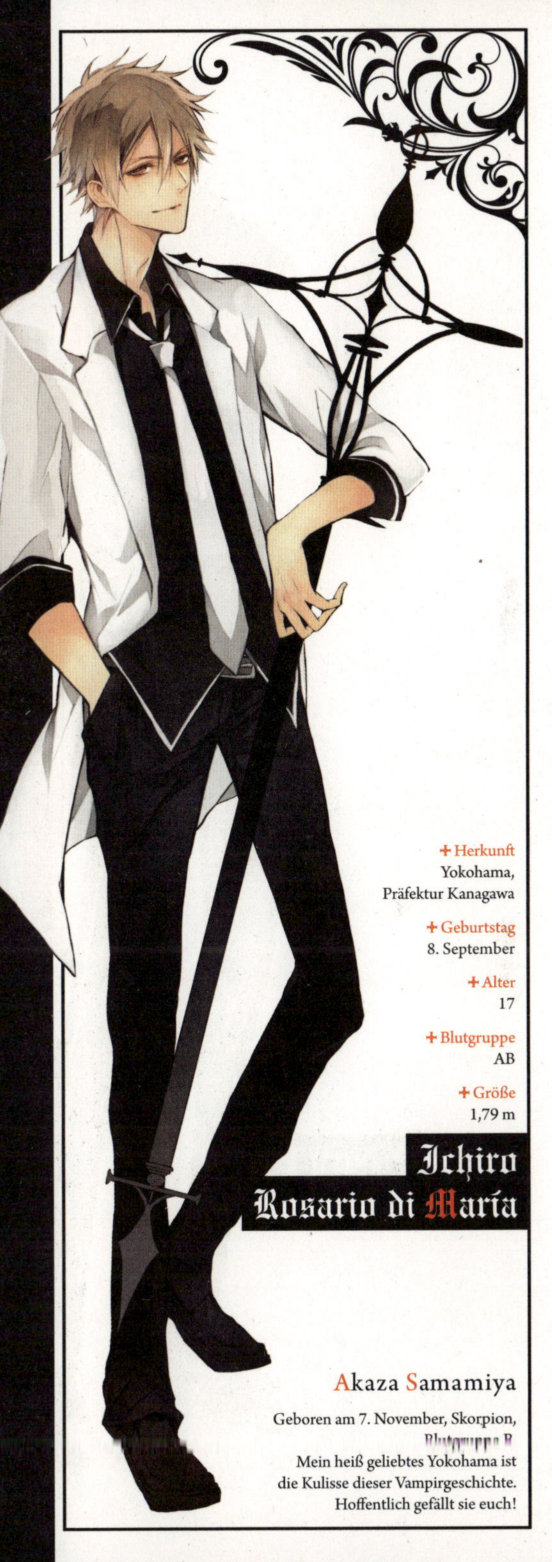
+ Herkunft
Yokohama,
Präfektur Kanagawa
+ Geburtstag
8. September
+ Alter
17
+ Blutgruppe
AB
+ Größe
1,79 m
Ichiro
Rosario di Maria
Akaza Samamiya
Geboren am 7. November, Skorpion,
Blutgruppe B
Mein heiß geliebtes Yokohama ist
die Kulisse dieser Vampirgeschichte.
Hoffentlich gefällt sie euch!

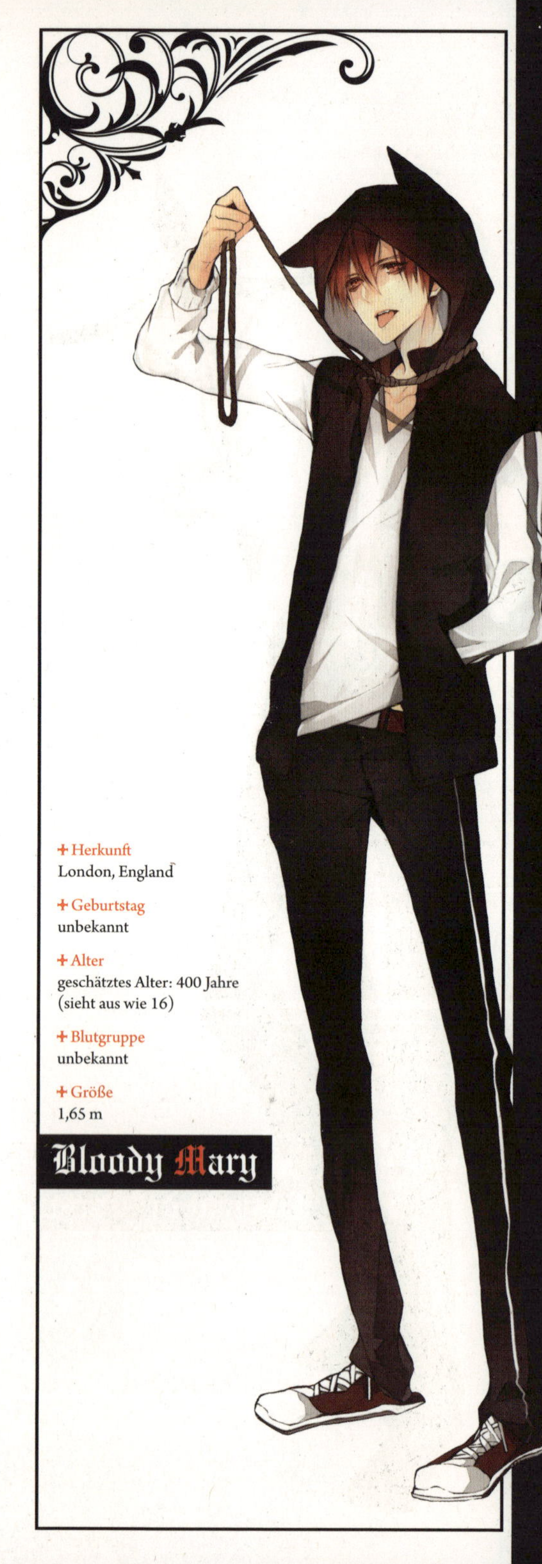
+ Herkunft
London, England
+ Geburtstag
unbekannt
+ Alter
geschätztes Alter: 400 Jahre
(sieht aus wie 16)
+ Blutgruppe
unbekannt
+ Größe
1,65 m
Bloody Mary

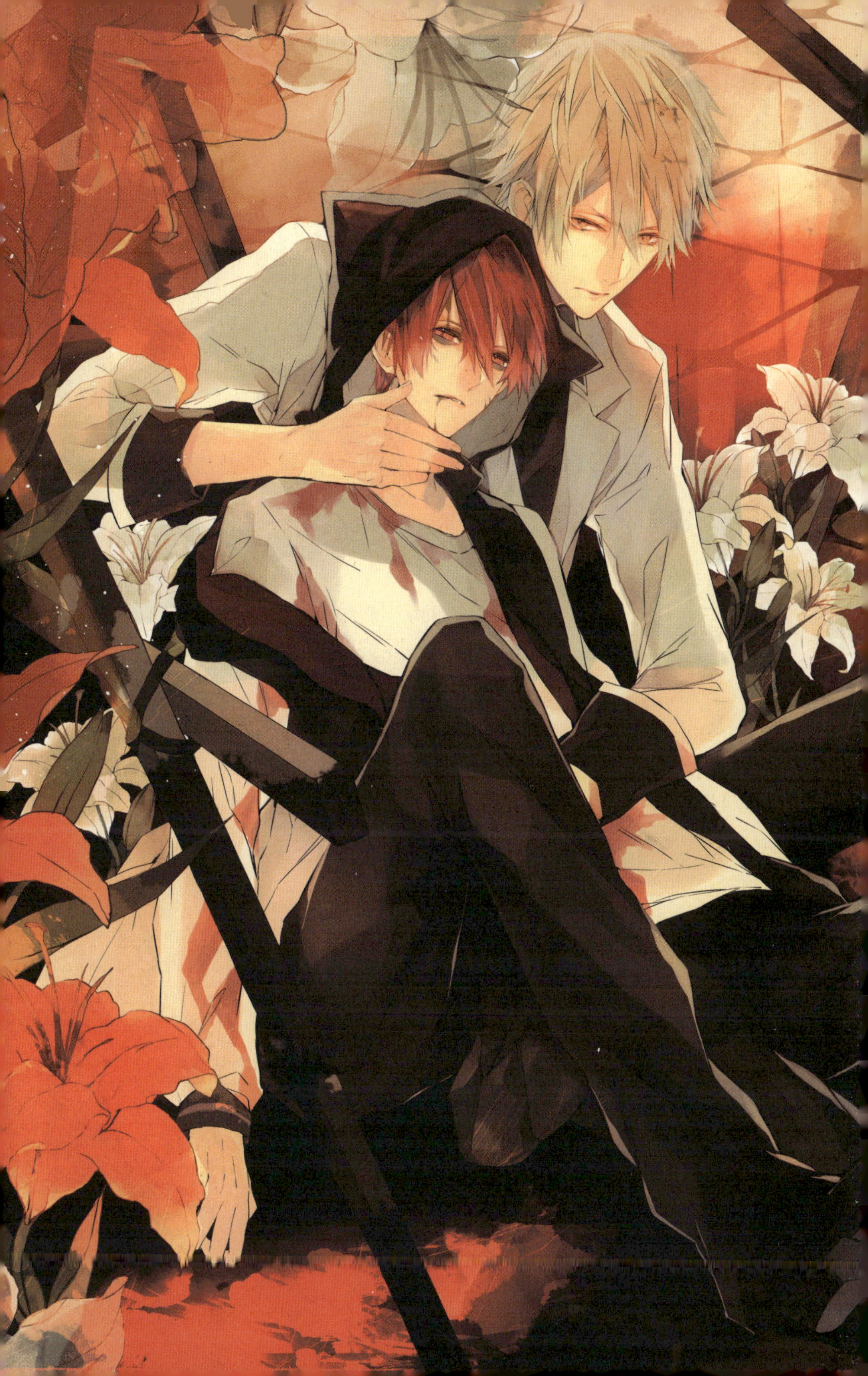

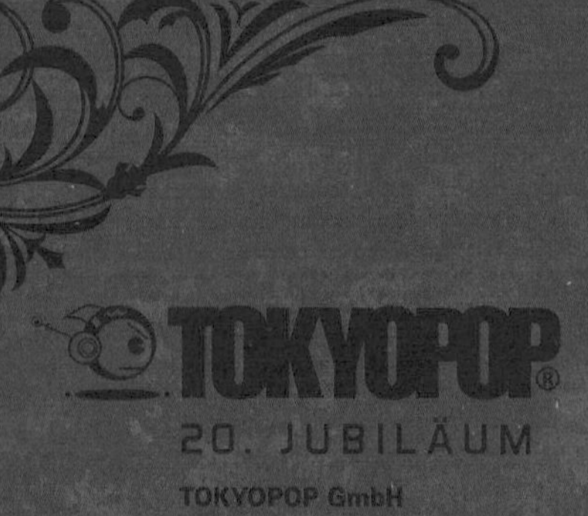

TOKYOPOP GmbH
Hamburg

TOKYOPOP
Einmalige Auflage, 2024
Deutsche Ausgabe/German Edition

Aus dem Japanischen von Alexandra Keerl

BLOODY MARY Vol. 1 Anniversary Edition

Konzept der Jubiläumsedition: Benjamin Spinrath
Coverdesign der Jubiläumsedition: Annika Meyer-Wülfing

Redaktion: Benjamin Spinrath, Beatrice Tavares
Herstellung: Annika Meyer-Wülfing, Sonja Lesch
Lettering: Vibrant Publishing Studio
Druck und buchbinderische Verarbeitung:
CPI – Clausen & Bosse GmbH, Leck
Printed in Germany

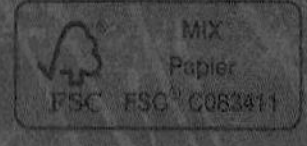

Wir achten auf die Umwelt.
Dieses Produkt besteht aus FSC®-zertifizierten und anderen kontrollierten Materialien.

ISBN 978-3-7593-0281-6

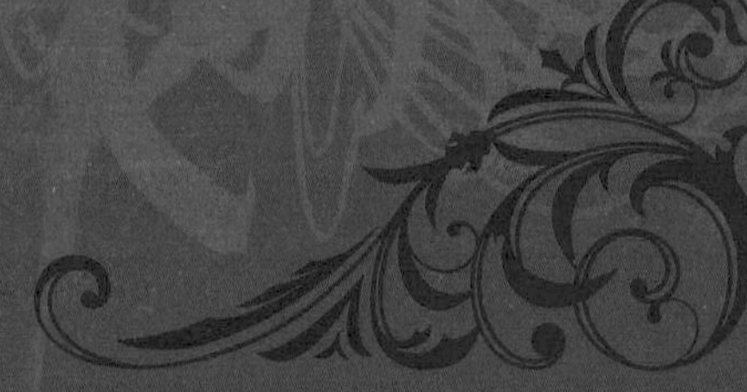

www.tokyopop.de